Jan Ole Arps
Frühschicht

Jan Ole Arps

Frühschicht

Linke Fabrikintervention in den 70er Jahren

Assoziation A

Jan Ole Arps, Jahrgang 1978, hat Politikwissenschaft studiert. Er lebt in Berlin, ist Redakteur bei ak – analyse & kritik, in der Gruppe FelS (Für eine linke Strömung) und dem Euromayday Netzwerk aktiv und arbeitet – wenn möglich – als freier Autor.

Die Arbeit an diesem Buch wurde von der Stiftung Menschenwürde und Arbeitswelt, die Publikation von der Rosa-Luxemburg-Stiftung gefördert. Diskussionen aus dem Gesprächskreis »Jetztzeit« sind in den Text eingeflossen.

© Berlin/Hamburg 2011 | Assoziation A | Gneisenaustr. 2a | 10961 Berlin
Tel.: 030-69582971 | hamburg@assoziation-a.de | berlin@assoziation-a.de
www.assoziation-a.de | Titelgestaltung und Satz: kv | Druck: Winddruck Siegen
ISBN 978-3-935936-83-5

Inhalt

Einleitung

Klaus Franz hat es getan, Berthold Huber hat es getan, Joschka Fischer hat es getan. »Ich wusste nicht, was auf mich zukam. Aber ohne die Arbeiterklasse hatten wir keine Chance, die Welt zu verändern, so viel war klar.« Das schrieb ein revolutionärer Aktivist 1977, bereits im Rückblick, Jahre nachdem er bei Opel in Rüsselsheim angeheuert hatte, über seine Motivation, vom Studenten zum Arbeiter zu werden. Was heute kaum vorstellbar klingt, war Anfang der 1970er Jahre weit verbreitet. Auf die antiautoritäre Revolte von 1968 folgte für viele der Schritt in die Produktion. Einige Tausend junge Linke tauschten den Seminarstuhl gegen die Werkbank ein, um sich mit den Arbeitern am Fließband zu vereinen. Das Ziel: aus der kleinbürgerlichen Klasse »herausspringen«, »den antikapitalistischen Kampf von der Universität in die Betriebe tragen« – so formulierte es der Schriftsteller Peter Schneider (er hat es ebenfalls getan) im Jahr 1970.

Heute ist Klaus Franz (ehemals Mitglied der maoistischen KPD/AO) Betriebsratsvorsitzender bei Opel, die Presse nennt ihn gern den »heimlichen Boss von Opel« (*Handelsblatt*) oder auch »Mr. Opel« (*Süddeutsche Zeitung*). Berthold Huber (ehemals Kommunistischer Arbeiterbund Deutschlands, der Vorgängerorganisation der MLPD) ist Vorsitzender der IG Metall, und Joschka Fischer (ehemals Revolutionärer Kampf, Frankfurt) war der erste grüne deutsche Außenminister. Inzwischen arbeitet er als Berater für RWE, Siemens, BMW und andere Unternehmen. Die Geschichten vom revolutionären Kampf am Fließband sind zu schmückenden Anekdoten aus der wilden Jugendzeit geworden, ein Ausweis dafür, dass man schon immer »seinen eigenen Weg« gegangen und »auch mal angeeckt« sei.

Als ich mich für das Thema zu interessieren begann, stand die Verwunderung über einen anderen Widerspruch im Mittelpunkt. Ich kannte das Bild der vor den Fabriktoren agitierenden Studenten; die Geschichte der Arbeiter-Agitation hatte etwas Hilfloses. Hat damals wirklich jemand geglaubt, nur weil man den Arbeitern ein paar Zeitungen unter die Nase hält, werden sie zu Kommunisten? Sicher, in Frankreich und Italien (und anderswo) hatte es heftige Arbeiterkämpfe gegeben. Aber in Deutschland? Das war ja wohl eher eine Sache der Gewerkschaften. Oder? Allerdings hatte ich bereits davon gehört, dass auch in deutschen

Unternehmen wild gestreikt worden war – beim berühmten Streik der türkischen Gastarbeiter im Kölner Fordwerk 1973 zum Beispiel. Als ich dann einen Text von 1970 entdeckte, der den – damals noch bevorstehenden – Schritt in die Fabrik gut durchdacht, besonnen und präzise zur Diskussion stellte, war ich sprachlos. So etwas gab es auch? Der Text war übrigens von Joschka Fischers damaliger Gruppe Revolutionärer Kampf.

Nach und nach stieß ich auf die zahlreichen unterschiedlichen Versuche linker Betriebs- und Gewerkschaftsarbeit, die der Maoisten, der Spontis, der DKP, und ziemlich schnell wurde klar, dass das keine Geschichte einer Handvoll Träumer war, sondern dass eine große Zahl Studentinnen und Studenten zumindest vorübergehend in revolutionärer Mission in die Fabrik gegangen war. Etwas länger dauerte es, bis mir auffiel, dass dies auch die Geschichte mancher heute etablierter Gewerkschafter ist. Noch länger, bis mir dämmerte, dass dabei nicht in erster Linie die Konzepte der Organisationen und die individuellen und kollektiven (Fehl-)Entscheidungen ihrer Mitglieder interessant sind, sondern die Frage, wie die revolutionären Absichten auf den Alltag in der Fabrik prallten und sich bei diesem Zusammenstoß verformten, wie sich der (Fabrik-)Alltag seinerseits durch die Revolte von 1968 veränderte und wie nicht zuletzt diese Veränderungen die Bedingungen unterhöhlten, unter denen das Experiment mit der Fabrik gestartet worden war.

Heute gibt es das Proletariat, an das sich die rebellierenden Studenten erwartungsvoll richteten, in dieser Form nicht mehr. Die »Fabrikgesellschaft« der 1960er und 1970er Jahre hat anderen Formen von Arbeit und Leben Platz gemacht. Die Fabriken sind geschrumpft, wenn sie nicht gleich in andere Weltregionen umgezogen sind. Die »werktätige« Bevölkerung hat ihr Gesicht verändert. Selbstständige Programmierer, Leiharbeiter an der Supermarktkasse und befristet beschäftigte Call Center Agents schlagen sich mit anderen Fragen herum als ein Montagearbeiter bei Opel. In der Zeit zwischen damals und heute hat sich die Gesellschaft derart gewandelt, dass nicht einmal die Personen zusammenzupassen scheinen, der Joschka Fischer, der bei Opel in Rüsselsheim feurige Reden hält, und der Joschka Fischer, der in der *Süddeutschen Zeitung* besorgte Kommentare über die Außenpolitik der schwarzgelben Bundesregierung schreibt. Warum sollte man sich also im Jahr 2011 mit einem Versuch beschäftigen, dessen Voraussetzungen längst nicht mehr bestehen und dessen Teilnehmer nicht die Revolution, sondern das Rentenalter erreicht haben – oder darauf zusteuern? Wo ist die Verbindung zur Arbeitswelt von heute mit ihren wechselnden Projekten, verstreuten Orten und prekären Existenzen?

Zunächst einmal sind viele der Fragen, die der Versuch aufgeworfen hat, immer noch aktuell: Nicht die Frage, wie Linke »das Proletariat organisieren« könnten – die wird glücklicherweise nicht mehr häufig gestellt. Ich meine die Frage nach einer Verbindung von radikaler Kritik und Arbeitsalltag: Wie kann eine Politisierung von Arbeitskonflikten aussehen, ohne dass sie sich in abstraktem Verbalradikalismus oder aber in betriebsblindem Vor-sich-hin-Werkeln verliert? Wie soll man an der Hoffnung auf grundlegenden gesellschaftlichen Wandel festhalten, wenn man sich in seinem Arbeitsalltag als machtlos und isoliert erlebt? Eines ist klar: Eine Politik, die die Welt des Alltags und die Macht des Alltäglichen ignoriert, kann nicht gelingen.

Ein Problem beim Nachdenken über »1968« besteht meines Erachtens darin, dass die Geschichte meist von ihrem Ergebnis her betrachtet wird, oder genauer: von einer bestimmten Deutung dieses Ergebnisses. Heute dominieren vor allem zwei große Erzählungen. Die eine betrachtet das Aufbegehren dieser Zeit als Beitrag zur Zivilisierung und Demokratisierung des konservativen Nachkriegsdeutschlands (West), die andere als massenpsychotisches Generationenereignis, das den Weg in den »Terror« der 1970er Jahre bereitete. Diese Erzählungen lenken den Blick auf bestimmte Ereignisse und blenden andere aus. Sie stellen einen Zusammenhang her, dessen Konsequenz immer schon feststeht. Ein Verständnis davon, wie sich die Situation den damals Beteiligten darstellte, können sie nicht entwickeln – es sei denn als »Verblendung« oder »Illusion«.

Mir geht es darum, nachzuvollziehen, was die gesellschaftlichen und historischen Bedingungen waren, unter denen der Schritt »vom Seminar in die Fabrik« gerade nicht als bizarres Manöver, sondern als folgerichtig erschien. Was erlebten die Beteiligten dort, und weshalb verabschiedeten sich wenige Jahre später nicht wenige von ihnen sowohl vom Proletariat als auch von ihren revolutionären Hoffnungen? Oder, um auf die drei Personen vom Beginn des Kapitels zurückzukommen: Warum war weder ihr damaliger Schritt in die Fabrik eine kuriose Lebensentscheidung »weltfremder Idealisten« noch ihr späterer Weg in die Spitzenpositionen einfach »Verrat an den früheren Idealen«?

Ich bin dieser Frage nicht »wissenschaftlich« nachgegangen. Ich erhebe weder den Anspruch, ein vollständiges Bild dieser Geschichte noch eine umfassende Erklärung zu bieten. Dieser Text behandelt vor allem die maoistische und die spontaneistische Strömung mit ihren Versuchen, politisch in der Arbeitswelt und am Klassenwiderspruch zu wirken. Darin erschöpft sich das Spektrum der am Proletariat orientierten Linken der 1970er Jahre allerdings nicht. Auch trotzkistische Gruppen waren in den Fabriken aktiv, Anarchisten und sogar linke Christen; außerdem gab es die Betriebs- und Gewerkschaftsarbeit der DKP und des Sozialistischen Büros. Für die Beschränkung auf die beiden genannten Strömungen spricht die spezielle Mischung von Gemeinsamem und Trennendem. Als 1968 ein Riss durch die außerparlamentarische Bewegung ging, verlief eine wichtige Trennlinie zwischen denen, die sich an den Institutionen der alten Arbeiterbewegung orientierten (SPD, Jusos und Gewerkschaften sowie die 1968 neu gegründete DKP, die sich zur Sowjetunion bekannte) und jenen, die sich auf der anderen Seite des »antiautoritären Aufbruchs« verorteten. Dies ist sicher eine etwas schematische Beschreibung, aber sowohl die am Maoismus (»Marxismus-Leninismus«) orientierten Organisationen als auch die »Spontis« beanspruchten, neue Antworten zu geben. Der Widerspruch zur Politik der alten Arbeiterbewegung ist für beide Strömungen von grundlegender Bedeutung, weil er den Aufbau eigener Organisationsansätze »im Proletariat« und damit den Schritt in die Betriebe notwendig machte. Die Leitlinien, an denen die beiden Strömungen ihre Versuche ausrichteten, konnten dabei unterschiedlicher kaum sein. Während die einen das leninsche Modell der Kaderpartei wiederentdeckten, griffen die anderen auf das operaistische Konzept der »Arbeiterautonomie« zurück. Während die einen »Klassenbewusstsein« vor allem »erzeugen« wollten, indem sie das Licht der Erkenntnis zur arbeitenden Bevölkerung trugen, suchten die anderen nach den Widersprüchen im Arbeiterbewusstsein und den Dynamiken spontaner Kämpfe. Dass beide Strömungen bei der politischen Arbeit im Betrieb auf sehr ähnliche Probleme stießen (auf die sie recht unterschiedlich reagierten), macht den Reiz aus, sie gemeinsam zu behandeln.

Ich habe für diesen Text auf Veröffentlichungen der beschriebenen Gruppen zurückgegriffen (Flugblätter, Betriebszeitungen, politische Zeitschriften), wenn möglich auch auf später verfasste Rückblicke einzelner Gruppen und Protagonisten.[1] Meine wichtigsten Quellen waren eigene

---

1 Einige Gruppen der Sponti-Strömung haben ihre Betriebsarbeit ausführlich aufgearbeitet; auch die Zeitschrift *Autonomie* ist eine echte Fundgrube. Aus dem maoistischen Lager geben die Aussteigerberichte ehemaliger K-Gruppen-Mitglieder, die in dem Band *Wir warn die stärkste der Partein* versammelt sind, einen guten Einblick; auch das Buch *Partei kaputt*, in dem drei ehemalige Mitglieder den Werdegang der KPD/AO unmittelbar nach ihrer Auflösung reflektieren, ist sehr zu empfehlen, außerdem der von Jochen Gester und Willi Hajek herausgegebene Sammelband *1968 – und dann?*. Außerdem gibt es ein paar autobiografische Texte ehemaliger Fabrik-Aktivisten, die einen guten Eindruck des »politischen Alltags« im Betrieb vermitteln. Neben Willi Hoss' Autobiografie *Komm ins Offene, Freund* ist hier vor allem der Rückblick Peter Vollmers auf seine *Zwei Jahre im Kabelwerk Winckler Berlin* hervorzuheben.

Gespräche mit Beteiligten dieses Versuchs. Die Interview-Reise, die ich im Sommer 2008 zu diesem Zweck unternommen habe, war eine Reise durch die Kernregionen der alten westdeutschen Wirtschaft: München, Frankfurt, Köln, Leverkusen, Bochum, Essen, Recklinghausen – Orte, an denen ich größtenteils nie zuvor gewesen war. Auch die Orte, um die es in den Gesprächen ging, kenne ich nicht von innen: Autofabriken, Stahlwerke, Produktionsstätten für Telefonanlagen. Meine Gesprächspartner haben sich große Mühe gegeben, mir ein Bild von diesen Orten zu vermitteln – und davon, was es heißt, dort zu arbeiten. Auch wenn einige von ihnen die Fabrik schnell wieder verließen und obwohl viele ihre damaligen Vorstellungen heute sehr kritisch sehen, habe ich niemanden getroffen, der diesen Schritt lieber rückgängig machen würde. (Ich muss allerdings hinzufügen, dass ich weder mit Leuten gesprochen habe, die sich von ihrer linken Vergangenheit distanzieren, noch mit solchen, die wie die drei eingangs beschriebenen Personen in den oberen Etagen der Gesellschaft gelandet sind.) Die Geschichten einiger meiner »Auskunftspersonen« nehme ich im Laufe des Textes auf, um die Ereignisse zu veranschaulichen. Die Schilderungen all jener, die nicht namentlich auftauchen, sind in Form von Einschätzungen und Hintergrundinformationen in den Text eingeflossen. Ermöglicht wurde mir diese Arbeit durch die materielle (und ideelle!) Unterstützung der Stiftung Menschenwürde und Arbeitswelt, ohne die es dieses Buchprojekt nicht geben würde!

Es hat erheblich länger gedauert, den Text fertigzustellen, als zunächst geplant war. Im Laufe der Arbeit hat sich auch meine eigene Lebenssituation verändert, was wiederum die Lebenswege meiner Gesprächspartner in einem anderen Licht erscheinen ließ – und mehr als einmal bedeutete, den Blickwinkel, unter dem ich ihre Geschichten betrachtet habe, zu ändern. Mittlerweile bin ich etwa in dem Alter, in dem die meisten von ihnen waren, als sie feststellten, dass es bis zur Revolution vermutlich ein weiterer Weg sein würde als gedacht und es deshalb notwendig

---

Während es mittlerweile einige Veröffentlichungen gibt, die sich materialreich mit der ML-Bewegung im Allgemeinen beschäftigen (z.b. Gerd Koenens *Rotes Jahrzehnt*, in dem das ehemalige KBW-Mitglied detailliert über das Innenleben verschiedener maoistischer Organisationen Auskunft gibt, Michael Steffens Doktorarbeit *Geschichten vom Trüffelschwein* über den Kommunistischen Bund sowie Andreas Kühns böswillige Darstellung *Stalins Enkel, Maos Söhne* über die »Lebenswelt der K-Gruppen«), hat die Geschichte der Fabrik-Agitation noch keine eigene Würdigung – jenseits von Kapiteln in diesen Gesamtdarstellungen – erfahren. Die einzige mir bekannte Ausnahme ist der Aufsatz *Zwischen Klassenkampf und Autonomie* von Gerhard Hanloser, der im Sammelband *Alte Linke – Neue Linke?* erschienen ist und der eine gute Einführung in das Thema bietet.

wurde, ein Arrangement mit der Arbeitssituation im Hier und Jetzt zu finden, ohne sich ganz an sie anzupassen. Dieser Moment war für viele ein großer Einschnitt, denn er stellte die Grundannahmen, auf denen ihre Arbeit beruht hatte, in Frage. Manchen wandten sich daraufhin von jeglicher Hoffnung auf Veränderung im Großen ab; viele versuchten, ihre Rolle im Unternehmen neu zu bestimmen. Mittlerweile habe ich begriffen, dass das nicht der unwichtigste Aspekt der Geschichte ist. Wie geht man damit um, wenn die Annahmen, auf denen man sein Leben aufgebaut hat, zusammenbrechen?

Das erste Kapitel widmet sich der Vorgeschichte der Fabrikintervention. Es soll die Motivation der Protagonisten verständlich machen, in die Fabriken zu gehen. Das zweite stellt die verschiedenen Organisationen und ihre Prämissen vor; das dritte folgt ihnen in die Betriebe und schildert ihre Erfahrungen und Erlebnisse der ersten Monate und Jahre. Das vierte Kapitel verfolgt, wie die verschiedenen Ansätze nach und nach in die Krise gerieten und wie ihre Protagonisten darauf reagierten. Das fünfte behandelt ihre Neuorientierung in einer Zeit, in der sich die Arbeitswelt und die politischen Bezugspunkte grundlegend wandelten und Impulse der Revolte in die Modernisierung der Arbeitsprozesse und der Unternehmenskultur eingingen. Das sechste Kapitel fragt schließlich danach, was diese Geschichten aus der Zeit der Großfabrik uns heute noch sagen können.

Ich habe dem Buch den Titel »Frühschicht« gegeben, weil dieser Begriff immer wieder auftaucht, wenn die Beteiligten ihre Schwierigkeiten mit der ungewohnten Arbeitssituation beschreiben. Kaum ein Begriff bringt den Übergang von einer Welt in die andere und den Rhythmus, den die Fabrik den Menschen aufzwingt, so gut zum Ausdruck. Vielleicht hätte ich das Buch auch »die Festung« nennen können, denn das war die Fabrik: eine Festung, gegen deren Mauern die Aktivisten anstürmten. Aber die Mauern dieser Festung sind inzwischen geschleift. Aus den Burgen der Arbeit ist ein Geflecht von Projekten und Arbeitssituationen geworden, das seine Bewohner nicht auf einen eng begrenzten Ort festlegt, sondern sie permanent in Bewegung hält. Die klare Trennung zwischen Arbeit und Freizeit, die in den Tagen der »Festung« dominierte, ist heute nur noch selten möglich. Der Frage, was das für politisches Handeln bedeuten könnte, versuche ich am Ende des Buches nachzugehen. Damit richtet sich der Text an alle, die die Widersprüche der Arbeitswelt noch immer als politische Fragen begreifen.

Danke, danke, danke!

Nichts entsteht einfach so, ohne fremde Hilfe, erst recht kein Text dieser Länge. Ich möchte deshalb allen, die einen Beitrag zu diesem Buch geleistet haben, von Herzen danken. Unter anderem: Bodo Zeuner für den Anstoß zu dem Text! Der Stiftung Menschenwürde und Arbeitswelt für Geld, Vertrauen und große Geduld. Peter B., Frank Borris, Christine Dombrowsky, Rolf Euler, Werner Imhof, Barbara Köster, Nico Roth, Robert Schlosser, Reiner Schmidt, Jutta Schneider, Annette Schnoor, Peter Vollmer sowie zwei weitere Personen, die es vorziehen, anonym zu bleiben, dafür, dass sie ihre Erinnerungen unvoreingenommen und in großer Offenheit mit mir geteilt haben. Familie Choi und allen anderen, die mich bei der Interviewfahrt beherbergt haben, für die nette Aufnahme. Jochen Gester und Willi Hajek danke ich für wichtige Hinweise und die Vermittlung zahlreicher Kontakte. Arndt Neumann und Peter Birke für Lektüre und kritische Kommentare, ebenso Romin Khan und Ute Meyer. Johanna Hess für Kritik, Ermutigung und einen kleinen roten Faden. Thomas Seibert für interessante Auskünfte. Theo Bruns für das gründliche Lektorat, Klaus Viehmann für die Cover-Gestaltung.

Der Rosa-Luxemburg-Stiftung danke ich für einen Zuschuss zu den Druckkosten. Dem Papiertiger Archiv in Berlin und dem Münchener Archiv 451 für all das Papier, das sie jahre-jahrelang aufbewahrt haben – es ist wahr: Ohne Archive geht es nicht. Meiner Gruppe FelS (Für eine linke Strömung) und dem Euromayday Netzwerk für viele Diskussionen und gemeinsame Aktionen, die zwar nicht direkt mit dem Buch zu tun hatten, die aber trotzdem ihren Weg hinein gefunden haben. Ingo Stützle dafür, dass er mir vor Jahren einen Text unter die Nase gehalten und dadurch mein Interesse geweckt hat.

Ein besonderer Dank geht an Stina Hoffmann für große Unterstützung in schwierigen Zeiten, echte Aha-Effekte und für die Erkenntnis, dass nicht alles stimmen muss, was im Internet steht. An meine Schwester Anne Britt dafür, dass sie die ganze Zeit daran geglaubt hat, dass ich das Buch noch fertig kriege – und nicht umgekehrt! An meine Eltern für denselben unerschütterlichen, manchmal schwer nachzuvollziehenden Glauben und vor allem für ihre liebevolle Unterstützung! Schließlich an Irene Hatzidimou für einen genialen Fluchtplan und an meine WG, weil sie – in wechselnder Besetzung – meine Launen und Krisen, die mit dem Schreiben verbunden waren, ausgehalten hat.

Berlin, Januar 2011

1. Kapitel

Lärm

Trotzdem zweifle ich daran, dass unsere Entscheidung, im Betrieb zu arbeiten, hauptsächlich eine politische Entscheidung war. Wir wussten nicht genau, was dabei herauskommen würde; vielleicht nicht einmal, was wir herausfinden wollten. Der wichtigste Antrieb war wohl die Neugier, die Arbeiterklasse, von der wir nichts weiter kannten als ihre historische Aufgabe, innerhalb der Produktionssphäre kennenzulernen. Manchen Genossen, die die marxistischen Begriffe nur noch als Klinken benutzen, mit denen sie die Tür zu neuen Theorien öffnen, statt zu einer neuen Praxis, scheint diese Neugier völlig zu fehlen.

Peter Schneider: Die Frauen bei Bosch[1]

Die riesenhafte Kulisse der Werkshalle, erster Arbeitstag.

Das Auge findet keinen Halt, es wird bestürmt von einem Sammelsurium an Eindrücken – ein Bildersalat aus Maschinen, Bändern, Lampen, Wagen, Menschen. Es gibt kein Wort, das die Überforderung des Auges in einer Silbe zusammenfasst. Da das Sehorgan hektisch umherfliegt, wendet sich das Gehirn den Schallwellen zu, die die Ohrmuschel erreichen, von dort über das Trommelfell und die Gehörschnecke bis zu den Nervenzellen des Innenohrs weiterwandern, verformt und verarbeitet werden – und lässt nach etwa einer Zehntelsekunde ein Wort aufblinken, das man jetzt auch aussprechen könnte: Lärm.

»In den ersten Tagen war es für mich unmöglich, aus den Geräuschen der arbeitenden Maschinen die Einzelstimmen herauszuhören und die verschiedenen Arbeitsvorgänge, die zu jedem Geräusch gehören, in ihrer Abfolge zu begreifen. Die Halle mit dem durchsichtigen Kunststoffdach kam mir vor wie ein enormes Zelt über einem Gewirr von Lauten und Stimmen, aus dem ich zunächst nur unterscheiden konnte, dass die Maschinen der eigentlich lebendige und tätige Teil der Halle sind: die Maschinen stampfen, dröhnen, grunzen, spucken, die Ventile fauchen, die Maschinenhämmer

---

1 Peter Schneider: Die Frauen bei Bosch, in: Kursbuch 21: Kapitalismus in der Bundesrepublik, Berlin 1970, 83.

knallen, die Schräubchenteller klicken, die Maschinen werden gefüttert,
geputzt und, wenn etwas nicht funktioniert, sofort repariert.«²

Als H. im November 1970 zum ersten Mal in der Produktionshalle im
Opelwerk Rüsselsheim steht, ist die Lautstärke kaum zu ertragen. Vor
zwei Tagen hat er im Werk angeheuert, eine ziemliche Prozedur. Seine
Legende besagt, er habe das Studium abgebrochen, weil seine Freundin
schwanger sei. Nun brauche er einen Job, um Geld für die werdende
Familie zu verdienen. Vom Einstellungsbüro in der Personalabteilung
geht's ins Vorzimmer des Werksleiters und von dort zum Meister. Dann
zurück in die Personalabteilung, zum Fotografen, zum Werksarzt, zum
Betriebsrat, der den Eintritt in die Gewerkschaft regelt. Es folgen »Form-
sachen« (z.b. ein Vortrag zum Arbeitsschutz), dann muss H. erneut zum
Meister und ihm die Einstellungspapiere aushändigen. Am nächsten
Morgen um Viertel vor sechs steht er in der Halle und wartet auf den
Beginn des ersten Arbeitstages.

Er beobachtet, denkt er in diesem Moment, seine eigene Verwandlung. Aus dem jungen Studenten, der er vor etwas mehr als einem Jahr
noch war – eine Ewigkeit ist das her –, wird nun Stück für Stück ein Arbeiter. Ein »Hilfshärter« bei Opel in Rüsselsheim. Vielleicht nur vorübergehend, vielleicht für immer. Doch der Grund seiner Arbeitsaufnahme
ist nicht der, den er angegeben hat. Er unterscheidet sich auch von dem
der meisten seiner Kollegen. H. ist nicht zum Geldverdienen bei Opel. Er
will die Lage der Arbeiterklasse kennenlernen, kämpferische Mitstreiter
ausfindig machen und sie für revolutionäre sozialistische Organisation
gewinnen. H. wird sich Mühe geben, diese Aufgabe nach bestem Wissen
und Gewissen zu erfüllen. Er ist noch etwas unsicher in seiner neuen
Haut, aber voll guter Vorsätze. Ein kleiner Schmetterling, eben aus dem
Kokon geschlüpft.

H. war nicht der Einzige, der in den Jahren nach 1968 sein Studium ab-
brach und sich in einem Industriebetrieb anstellen ließ. Einige Tausend
Schüler und Schülerinnen, Studentinnen und Studenten heuerten ab
1970 – mancherorts bereits vorher – in den nahe westdeutschen Universitätsstädten gelegenen Fabriken an. Was heute kaum vorstellbar klingt,
erschien den Beteiligten nur folgerichtig. Die Studentenbewegung war
an ihre Grenzen gestoßen, allein kam sie nicht weiter. Einfach wieder
zurück ins Seminar – für viele war das nicht vorstellbar. Sie wollten »an

---

2 Ebd., 91.

die Basis der kapitalistischen Gesellschaft«: in die Betriebe, sich mit der Arbeiterklasse verbünden.

Was war passiert, dass so viele angehende Akademikerinnen und Akademiker den Seminarstuhl gegen die Werkbank, den Universitätsabschluss gegen eine Anstellung als Hilfsarbeiter eintauschten? Um diesen Schritt nachzuvollziehen, ist es notwendig, den Blick zurückzurichten, auf die Vorgeschichte der »Fabrikintervention«, die Ereignisse und Bewegungen, die die zweite Hälfte der 1960er Jahre prägten. Diese Vorgeschichte beginnt mit der Öffnung des Bildungssystems für breitere Schichten der Bevölkerung oder plakativer gesagt: mit dem Einzug von Arbeiterkindern in Schulen und Universitäten.

Bildung, Beat und Vietnam – die Zutaten der Revolte

Universitäten waren – nicht nur in Deutschland – traditionell exklusive Orte, die der Ober- und Mittelschicht vorbehalten waren. 1960 studierten gut 200.000 junge Männer und Frauen an den Hochschulen der Bundesrepublik.[3] Keine sechs Prozent von ihnen gehörten zur »Unterschicht« – zu der man immerhin gut die Hälfte der Gesamtbevölkerung zählte.[4] Doch der Bedarf an Fachkräften wuchs. Die Abschaffung des Schulgeldes 1962 war der erste Schritt zur Öffnung des Bildungssystems. Die Zahl der Kinder, die Realschule und Gymnasium besuchten, stieg zwischen 1965 und 1975 von zusammen etwa 1,5 Millionen auf über 3 Millionen. 1964 erwarben 60.000 Schülerinnen und Schüler die Mittlere Reife, fast ebenso viele das Abitur. Zehn Jahre später konnten 250.000 Schulabgänger einen Realschulabschluss vorweisen und 160.000 das Abitur – die »allgemeine Hochschulreife«.

Auch an den Universitäten begann der Wandel mit der Öffnung für größere Massen von Studierenden. Bis 1968 war die Zahl der Studierenden an deutschen Hochschulen auf etwa 360.000 gestiegen, davon gut 70.000 Frauen. Verglichen mit den mehr als zwei Millionen Studierenden heutiger Tage erscheint diese Zahl klein. Dennoch hatte sie sich seit Ende der 1950er Jahre beinahe verdoppelt.[5] Eine solche »Bildungsexpansion«

---

3 Der Frauenanteil lag bei knapp 25 Prozent, siehe Statistisches Bundesamt: Statistisches Jahrbuch für die Bundesrepublik Deutschland 1968.
4 Die Zahl geht auf eine von Ralf Dahrendorf 1965 zitierte Berechnung zurück. Siehe Ralf Dahrendorf: Arbeiterkinder an deutschen Universitäten, Tübingen 1965, 9.
5 Nach der Abschaffung der Studiengebühren 1970 erhöhten sich die Studentenzahlen bis Mitte der 1970er Jahre auf etwa 800.000. 1969 waren Universitäten mit mehr als

gab es in den meisten Industrienationen. Allerdings ging die Zunahme der Studierendenzahlen nicht mit einer verbesserten Ausstattung oder veränderten Lehrformen und -inhalten einher. Die jungen Erwachsenen, deren Weg an die Universitäten von Begriffen wie Fortschritt und Demokratie begleitet worden war, sahen sich dort mit einer erschreckend unterentwickelten demokratischen Kultur konfrontiert. In der Ordinarienuniversität der 1960er Jahre waren die Professoren die unangefochtenen Autoritäten.

Der Konflikt war vorprogrammiert. Der massenhafte Zugang zu Bildung förderte auch das Bedürfnis nach Selbstverwirklichung. Dem standen gesellschaftliche Werte und Normen gegenüber, die sich an der autoritären Disziplin der Großfabrik orientierten. Angesichts dieses Widerspruchs stellten sich immer mehr junge Menschen die Frage nach ihrer gesellschaftlichen Funktion, nach dem Sinn ihres Lebens. Sie stießen auf existenzialistische Philosophen wie Jean-Paul Sartre und Simone de Beauvoir, aber auch auf die Autoren der »Beat Generation«, die den amerikanischen Traum schon seit den 1950er Jahren in ihren Schriften attackierten. Die »Beatniks« verweigerten die Teilnahme an der Konsumgesellschaft und der bürgerlichen Lebensweise und propagierten die freie Selbstfindung und -entfaltung des Individuums. Ihre Texte, die das Leben als Roadmovie beschrieben, zu dem Drogen, lange Reisen, sexuelle und spirituelle Experimente gehörten, übten starken Einfluss auf die entstehende Hippie-Kultur aus und trafen auch das Lebensgefühl vieler junger Erwachsener außerhalb der USA.

Durch diese Stimmung bestärkt, begann eine wachsende Zahl Studierender, die universitäre Ordnung in Frage zu stellen. In Lesekreisen außerhalb des offiziellen Lehrprogramms beschäftigten sie sich mit den Thesen der Existenzialisten und den Schriften von Marx und Engels, entdeckten die Kritische Theorie, lasen Texte von Wilhelm Reich, Gedichte von Bertolt Brecht, Satiren von Kurt Tucholsky und zahlreichen anderen, die während des Nationalsozialismus aus den Bibliotheken verbannt und in den Nachkriegsjahren weitgehend ignoriert worden waren. Von ihnen holten sie sich Anregungen zur Interpretation der Wirklichkeit. Eine dieser Anregungen, die elfte Marxsche These über Feuerbach, be-

---

20.000 Studierenden noch die Ausnahme. Die größten Universitäten gab es in München (etwa 28.500 Studierende), Hamburg (gut 21.000), Münster, Köln (je 19.000), Bonn und Frankfurt (je 16.000). Westberlins etwa 25.000 Studenten verteilten sich auf die Freie Universität (etwa 15.000) und die Technische Universität (knapp 10.000). Zahlen nach Statistisches Bundesamt: Jahrbuch 1968.

sagte, die Philosophen hätten die Welt nur unterschiedlich interpretiert, es komme aber darauf an, sie zu verändern. In einigen anderen Ländern war die Kritik schon weiter. Rund um den Erdball formierten sich im Laufe der 1960er Jahre Protestbewegungen gegen die antiquierten gesellschaftlichen Verhältnisse, gegen die Werte und politischen Ansichten der Elterngeneration oder für politische Unabhängigkeit. Sie reichten von den antikolonialen Befreiungskämpfen in vielen afrikanischen Ländern und der kubanischen Revolution über die amerikanische Bürgerrechtsbewegung und die Proteste gegen den Vietnamkrieg bis zum »Prager Frühling«, der die Hoffnung auf eine Reformierung und Demokratisierung der realsozialistischen Staaten formulierte. Und während in China der Aufruf Maos zur Kulturrevolution scheinbar in einer breiten Jugendbewegung gegen altgediente Parteifunktionäre mündete, formierte sich an westdeutschen Universitäten der Widerstand gegen die feudal anmutende Herrschaft der Professoren und Dekane.

Innerhalb weniger Jahre war die ganze Welt in Aufruhr geraten. Aus den USA und England kam die Musik, die das neue Lebensgefühl am besten ausdrückte. Bob Dylan traf 1964 dieses Gefühl, als er der alten Gesellschaft mit *The Times They Are a-Changin'* ein Abschiedslied sang. Man musste nicht unbedingt gut Englisch können, um die Botschaft dieser Lieder zu verstehen. Den Klängen und Bildern der kulturellen Revolte, die sich via Radio und Fernsehen weltweit verbreiteten, konnten sich auch die Heranwachsenden im biederen Deutschland nicht entziehen. Waren die Debatten über sexuelle Befreiung und Experimente mit neuen Modellen des Zusammenlebens noch vor allem im universitären Milieu entstanden, rissen Rockmusik, lange Haare und Drogen Jugendliche aller Schichten mit.

In Deutschland lieferte die verdrängte nationalsozialistische Vergangenheit dem Unbehagen gegenüber Autoritäten in Politik und Gesellschaft weitere Munition. Wer hatte nicht alles mitgemacht in den zwölf Jahren, über die niemand sprechen wollte! Bundespräsident Lübke war Bauleiter für eine KZ-Außenstelle an der Ostsee gewesen. Kanzler Kiesinger seit 1933 NSDAP-Mitglied und später Mitarbeiter der Propagandaabteilung im NS-Außenministerium. Und Baden-Württembergs Ministerpräsident Filbinger hatte noch 1945 als Marinerichter Todesurteile gegen Deserteure gesprochen. Der NS-Staatsphilosoph Carl Schmitt wurde in Universitätsvorlesungen weiterhin und meist ohne jede Problematisierung als Klassiker gerühmt. Nicht wenige der Professoren, die an den Unis lehrten, hatten den Grundstein für ihre akademische Laufbahn während des Nationalsozialismus gelegt. Die Zweifel am Zustand der Demokratie wurden durch Pläne der Bundesregierung zur Einführung von Notstandsgesetzen verstärkt. Nur 15 Jahre nach dem Ende des Nationalsozialismus klang die Absicht, mit Sonderrechten und ohne Rücksicht auf Parlament und Gerichte zu regieren, für viele bedrohlich. Im Deutschen Gewerkschaftsbund DGB wurden Stimmen laut, die vor einem »neuen 1933« warnten. Die Gewerkschafter sahen in den Plänen der Regierung den Versuch, die politischen Spielräume der Arbeiterbewegung deutlich einzuschränken. 1960 erklärte der damalige IG-Metall-Vorsitzende Otto Brenner, die Gewerkschaft werde die Einführung von Notstandsgesetzen durch einen politischen Streik verhindern, wenn es sein müsste.

Außerhalb des Parlaments formierte sich eine Bewegung gegen die Notstandsgesetze, der neben Gewerkschaftern (vor allem aus IG Metall und IG Chemie) und Wissenschaftlern der Sozialistische Deutsche Studentenbund (SDS) angehörte. Der SDS nahm schnell eine führende Rolle in dieser Bewegung ein. Doch die zunächst enge Allianz zwischen SDS und Gewerkschaften war fragil. Im Dezember 1966 trat die SPD in die Große Koalition unter Führung der CDU ein – in einem Dreiparteiensystem aus CDU, SPD und FDP bedeutete das den faktischen Verlust einer parlamentarischen Opposition. Und die Gewerkschaften ließen sich immer fester ins sozialpartnerschaftliche Gefüge einbinden. Seit Dezember 1967 nahm der DGB an der »Konzertierten Aktion« teil, in deren Rahmen Unternehmer, Gewerkschaften und Regierung wirtschaftspolitische Fragen berieten und ihr Handeln aufeinander abstimmten. Bundeskanzler Ludwig Erhards Formel von der »Formierten Gesellschaft«, in der die antagonistischen Kräfte ihren Frieden miteinander geschlossen hätten und gemeinsam für den Wohlstand der Nation arbeiteten, schien Wirklichkeit geworden zu sein. Viele der durch die Notstandsbewegung politisierten Studentinnen und Studenten sahen darin allerdings eher das Schreckensbild der von Herbert Marcuse beschriebenen »Gesellschaft ohne Opposition«. In Marcuses Vorstellung hatten die neuen technischen Möglichkeiten, Werbung und Massenkonsum eine totalitäre Dynamik in Gang gesetzt, die kritische Regungen und Gedanken tendenziell auslösche. Mit seinen Thesen traf Herbert Marcuse bei vielen Studierenden einen Nerv. In Ermangelung einer parlamentarischen Opposition wollten sie nun als Teil der Außerparlamentarische Opposition, kurz: APO, die Regierung von der Straße aus unter Druck setzen.

Der SDS und andere studentisch Organisationen mobilisierten ihre Anhänger zudem in weiteren Kampagnen, vor allem für die Demokratisierung der Hochschule und gegen den Krieg der USA in Vietnam. Für diese Proteste markiert der 2. Juni 1967, der Tag, an dem der Polizist Karl-Heinz Kurras am Rande einer Protestdemonstration gegen den Schah-Besuch in Westberlin den Studenten Benno Ohnesorg erschoss, einen Wendepunkt. Bis dahin hatte die Bewegung vor allem mit spielerisch-provokanten Aktionen Aufmerksamkeit erregt. Nun hatte »der Staat«, so die weit verbreitete Stimmung, Ernst gemacht und die Waffe auf die protestierenden Studenten gerichtet. Und viele Bundesbürger applaudierten – aufgehetzt durch die Springerpresse – dem gewaltsamen Polizeieinsatz. Die Erfahrung der jungen APO-Anhänger, von weiten Teilen der Bevölkerung abgelehnt zu werden, bestärkte den antiautoritären Flügel des SDS, dem Kampf um das Bewusstsein oberste Priorität einzuräumen. Rudi Dutschke erklärte, angesichts der Manipulation durch die Massenmedien müssten die Studenten die Bevölkerung aufrütteln und als revolutionäre Avantgarde die gesellschaftlichen Widersprüche zuspitzen. Die Vorstellung, mit Agitation und Aufklärung »die Massen« zu gewinnen, prägte die Debatten der Bewegung – und sollte noch von Bedeutung sein. Der SDS leitete eine weitere Kampagne zur Enteignung des Springer-Konzerns und zur Demokratisierung der Öffentlichkeit ein.

Unterdessen überschlugen sich die Ereignisse. In Berlin hielten die Prozessauftritte von Mitgliedern der Kommune 1 die Öffentlichkeit in Atem. Im November 1967 organisierten Studierende und Lehrkräfte an der FU die Kritische Universität, eine Gegenveranstaltung zum regulären Uni-Betrieb. Eine Welle von Demonstrationen, Sit-ins und Happenings ging durch nahezu alle größeren und mittelgroßen deutschen Städte. Die Aktionen fügten sich ein in die Abfolge von Protestereignissen in der ganzen Welt. Die Verbindung zwischen diesen Bewegungen schuf der Vietnamkrieg. Die Anti-Kriegs-Proteste in den USA hatten sich immer mehr ausgeweitet. Im Januar 1968 startete der Vietcong die Tet-Offensive gegen die US-Streitkräfte und die südvietnamesischen Truppen. Auch wenn sie militärisch wenig Erfolg hatte – der offene Angriff Zehntausender Vietcong-Kämpfer auf die überrumpelte US-Militärmacht war von enormer symbolischer Bedeutung. Im Februar besuchten 5.000 Teilnehmer und mehrere Delegationen aus dem Ausland den Internationalen Vietnam-Kongress in Westberlin. 12.000 Kriegsgegner demonstrierten anschließend gegen die USA und für den Sieg des Vietcong.

Gegen diese Aktionen hetzten die Publikationen des Springer-Verlags. Allen voran die BILD-Zeitung beschwor die »rote Gefahr« an den Universitäten und rief die Bevölkerung zum Handeln auf.[6] Das zeigte Wir-

---

6   Die BILD-Zeitung hatte vor Beginn des Vietnam-Kongresses mit dem Titel »Stoppt

kung. Am 21. Februar 1968 folgten 60.000 Berliner Bürger einem Aufruf des Senats zur Solidaritätsdemonstration mit den USA und gegen die protestierenden Studenten. Zu den Aufrufenden gehörte auch der Berliner DGB-Vorsitzende und Präsident des Abgeordnetenhauses, Walter Sickert. In Parolen forderten die Demonstranten einen harten Kurs gegen die Studenten und die Ausweisung Rudi Dutschkes aus Westberlin, der als »Volksfeind Nr. 1« (Aufschrift eines Banners) gebrandmarkt wurde. Zwei Monate später entlud sich die durch die Springer-Presse geschürte Hexenjagd-Stimmung gegen Rudi Dutschke. Am Morgen des 11. April feuerte der 23-jährige Münchener Arbeiter Josef Bachmann mehrere Schüsse auf Dutschke ab, dem er in der Nähe der SDS-Zentrale am Ku'damm aufgelauert hatte.

Die Schüsse lösten einen Flächenbrand aus, der sich als Erstes gegen den Springer-Verlag richtete. »Die Kugel«, gab Bommi Baumann einige Jahre später über sein Gefühl nach dem Attentat zu Protokoll, »war genauso gegen dich, da haben sie das erste Mal nun voll auf dich geschossen. Wer da schießt, ist scheißegal. Da war natürlich klar: jetzt zuhauen, kein Pardon mehr geben. Deshalb sind wir auch gleich auf dieses Springer-Haus zu und haben Steine reingeschmissen.«[7] In den folgenden Tagen kam es überall in der Bundesrepublik zu spontanen Demonstrationen, Straßenschlachten mit der Polizei und Angriffen auf die Gebäude und den Fuhrpark des Springer-Verlags. An den Straßenkämpfen beteiligten sich nicht nur Studenten, sondern auch zahlreiche Schüler, junge Arbeiter und Angestellte.[8] Doch das Ziel, die Auslieferung der Springerpresse auch nur für einen Tag zu verhindern, wurde nicht erreicht. Diese Erfahrung führte den Akteuren der Protestbewegung ihre Ohnmacht vor Augen.

---

den Terror der Jungroten jetzt!« aufgemacht. Darunter stand: »Man darf über das, was zur Zeit geschieht, nicht einfach zur Tagesordnung übergehen. Und man darf auch nicht die ganze Drecksarbeit der Polizei und ihren Wasserwerfern überlassen.«

7 Bommi Baumann: Wie alles anfing, Berlin 1994, 46.
8 Dies zeigt eine Aufstellung der sozialen Zusammensetzung der 847 im Zuge der Osterunruhen festgenommenen Beschuldigten, die Bundesinnenminister Ernst Benda am 30. April 1968 vor dem Deutschen Bundestag präsentierte: »Von den Beschuldigten sind 87 bis zu 18 Jahren alt, 210 zwischen 19 und 21 Jahren, 246 zwischen 22 und 25 Jahren, 286 Personen sind älter als 25 Jahre. Nach Berufen aufgegliedert ergibt sich folgendes Bild: 92 sind Schüler, 286 sind Studenten, 185 Angestellte, 150 Arbeiter, 31 sonstige Berufe, 97 ohne Beruf, unbekannt ist der Beruf bei 26 Personen. Meine Damen und Herren – diese Aufgliederung scheint mir zu zeigen, wie falsch es wäre, die Gewaltaktionen als Studentenunruhen zu bezeichnen« (in: Peter Mosler: Was wir wollten, was wir wurden. Studentenrevolte – zehn Jahre danach, Reinbek 1977, 76).

Zwar hatten die Oster-Ereignisse trotz allem das Gefühl hinterlassen, einer starken Bewegung anzugehören, jedoch kam bald eine zweite Erfahrung der Machtlosigkeit hinzu, die auch für das weitere Verhältnis der Studenten zu den Gewerkschaften von Bedeutung war. Trotz aller Anstrengungen wurde der Protest gegen die Notstandsgesetze zum Reinfall. Am 11. Mai mobilisierte die APO an die 50.000 Anhänger nach Bonn, um gegen die Annahme der Gesetze zu protestieren. Bei den Gewerkschaften stießen die radikaler werdenden Parolen jedoch zunehmend auf Widerspruch. IG-Metall-Chef Otto Brenner etwa hatte im Anschluss an die April-Unruhen erklärt, die Krawalle seien falsch, da sie das »Alibi für Notstandspläne« abgäben. Der DGB befand, die gemeinsame Mobilisierung gefährde die gewerkschaftliche Glaubwürdigkeit als Verhandlungspartner des Staates, und zog sich zurück. Er warb nun nicht mehr für den Sternmarsch nach Bonn, sondern für eine Alternativveranstaltung, die am gleichen Tag in Dortmund stattfand. Dort versammelten sich 15.000 in der Westfalenhalle und lauschten den gewerkschaftlichen Rednern – im Saal statt auf der Straße.

Diese Politik stieß nicht bei allen Gewerkschaftsmitgliedern auf Zustimmung. An der SDS-Demonstration in Bonn nahmen einige Tausend Arbeiter[9] und kritische Gewerkschafter teil, anlässlich der 2. Lesung des Gesetzes kam es in mehreren Städten zu Warnstreiks. Zumindest punktuell war eine Kooperation zwischen SDS und Arbeitern möglich. In Frankreich dagegen legten Arbeiter und Angestellte, inspiriert durch die Proteste französischer Studenten, zur selben Zeit das gesamte Land lahm und stürzten beinah die Regierung. Ermutigt durch die Ereignisse jenseits des Rheins rief der SDS gemeinsam mit dem Kuratorium »Notstand der Demokratie« und der »Kampagne für Demokratie und Abrüstung« für den 27. Mai 1968 zum Generalstreik auf. Der DGB mochte sich dieser Initiative nicht anschließen. Einen Generalstreik, so ÖTV-Chef Kluncker auf der DGB-Saalveranstaltung in Dortmund, fasse man als letzte Möglichkeit ins Auge, falls die Regierung die Notstandsgesetze tatsächlich anwende. Das kam den Studierenden, die aufgrund ihrer Erfahrungen mit polizeilicher Repression bereits von »praktiziertem Notstand« sprachen, wie eine Verhöhnung vor.

---

9 Vor allem aus dem Kölner Ford-Werk, wo Mitglieder des SDS in den 1960er Jahren an einem frühen Befragungs- und Organisierungsprojekt, der »Ford-Aktion« der IG Metall, beteiligt gewesen waren und auch im Frühjahr 1968 noch eine Arbeiter- und Studentenversammlung abgehalten hatten. Vgl. Peter Birke: Wilde Streiks im Wirtschaftswunder. Arbeitskämpfe, Gewerkschaften und soziale Bewegungen in der Bundesrepublik und Dänemark, Frankfurt/New York 2007, 186.

An den Universitäten beförderte diese Erfahrung Diskussionen um organisierte Betriebsarbeit, mit der man die Arbeiter und Arbeiterinnen auch jenseits der Gewerkschaften für die sozialistische Sache zu gewinnen hoffte. Die im Rahmen der gewerkschaftlichen Bildungsarbeit in den Jahren zuvor entstandenen Kontakte wurden wiederbelebt, erste Betriebsprojektgruppen zur eigenständigen Mobilisierung der Arbeiterschaft entstanden. Begleitet wurden diese Diskussionen von einer Verlagerung der Aktionszentren der Studentenbewegung in stadtteil- oder betriebsbezogene Projekt- und Basisgruppen.

In Berlin hatten die aktiven FU-Studenten bereits unmittelbar nach den Osterunruhen in der ganzen Stadt Basis- und Stadtteilgruppen gegründet. Sie konzentrierten sich zunächst auf die Herstellung von Gegenöffentlichkeit: Eine Woche lang verteilten sie jeden Morgen Flugblätter vor Betrieben, Bahnhöfen und Schulen, die der Berichterstattung der Springer-Presse etwas entgegensetzten. Gleichzeitig begann eine Welle von Universitätsbesetzungen von bislang unbekanntem Ausmaß. Dabei verband sich der Protest gegen die Notstandsgesetze mit der Forderung nach einer Hochschulreform.[10]

Auch zahlreiche Schulen wurden besetzt, symbolisch umbenannt und in Protestzentren gegen die Notstandsgesetze verwandelt. In den Fabriken fand der Aufruf zum Generalstreik indes kaum Widerhall. In einigen Betrieben – vor allem in Frankfurt und dem Ruhrgebiet - fanden Warnstreiks gegen das Gesetz statt, und immerhin 900 Soldaten der Reserve kamen der Aufforderungen des SDS nach, ihr Soldbuch zurückzuschicken.[11] Doch zur zentralen Kundgebung gegen die Notstandsgesetze am 27. Mai in Frankfurt kamen nur 12.000 Teilnehmer. SDS-Redner Hans-Jürgen Krahl kritisierte in seiner Ansprache das bremsende Verhalten der Gewerkschaften in den Protesten scharf und forderte die Arbeiter auf, die Radikalisierung ihrer Institutionen selbst in die Hand zu nehmen.

Als der Bundestag das Gesetz am 30. Mai 1968 ungeachtet aller Proteste mit 384 zu 100 Stimmen verabschiedete, war dies eine politische Niederlage für den SDS. Dieser gab zwar die Parole aus, wichtiger als der konkrete politische Erfolg sei die langfristige Politisierung zahlreicher Studenten. Eine Perspektive für die Zukunft wusste er allerdings nicht

---

10 Dabei konnten auch grundsätzliche Veränderungen der Universitätsordnung durchgesetzt werden, etwa die Drittelparität, die eine Abschaffung der Ordinarienherrschaft bedeutete. In Berlin wurde die universitäre Mitbestimmung im Hochschulgesetz festgeschrieben. Vergleichbares geschah in einigen anderen Bundesländern.
11 Siehe Tilman Fichter/Siegward Lönnendonker: Kleine Geschichte des SDS. Der Sozialistische Deutsche Studentenbund von 1946 bis zur Selbstauflösung, Berlin 1977, 135.

mehr zu formulieren. Nicht nur der SDS, auch viele Studenten gingen ratlos in die Semesterferien. Doch für viele hatte sich in den Wochen und Monaten, die hinter ihnen lagen, etwas Grundsätzliches geändert. Einfach mit der Uni weitermachen, die Seminare wieder aufnehmen, Arbeiten und Klausuren schreiben kam für sie nicht mehr in Frage. Etwas Neues musste geschehen. Doch auf sich allein gestellt, so viel war klar geworden, konnten die Studenten die Gesellschaft nicht grundlegend verändern. Sie brauchten Bündnispartner, genauer gesagt: die Arbeiterklasse.

»Und du weißt, es wird passiern! Wenn wir uns organisiern!« (Ton Steine Scherben)

Dass ein solches Bündnis möglich war, schien der Blick nach Frankreich zu beweisen. Als sich am 11. Mai 1968 die westdeutsche Antinotstandsbewegung auf den Weg nach Bonn (bzw. Dortmund) machte, hatte Paris gerade die erste Barrikadennacht hinter sich. Sie markiert das Datum, an dem in Frankreich der Funke der Protestbewegung von den Studenten auf die Arbeiter übersprang. Viele junge Arbeiter hatten die nächtlichen Straßenschlachten gegen die Polizei im Quartier Latin mindestens mit Sympathie beobachtet oder sogar dabei mitgemischt. Die Brutalität der Ordnungskräfte zog sie weiter auf die Seite der Studierenden. Die kommunistische Gewerkschaft CGT (*Confédération Général du Travail*), die noch kurz zuvor die Aktionen der Studenten kritisiert hatte, sah eine günstige Gelegenheit, sich Gehör zu verschaffen, und rief aus Protest gegen die Polizeigewalt für den 13. Mai zum Generalstreik auf.

Damit setzte sie eine Dynamik in Gang, mit der niemand gerechnet hatte, sie selbst am wenigsten. In den Folgetagen brachen in der Schwerindustrie und der Automobilproduktion vor allem rund um Paris und Lyon sowie im Seine-Tal und der Umgebung von Nantes neue Streiks aus. Die Streikenden forderten Arbeitszeitverkürzung, Mindestlohn und bessere Arbeitsbedingungen. Die Initiative der zunächst nicht miteinander vernetzten Aktionen lag bei einzelnen betrieblichen Gewerkschaftsvertretern und jungen Arbeitern. Sie scherten sich nicht um die Zustimmung der gewerkschaftlichen Führung, besetzten Betriebe, manche nahmen ihre Direktoren gefangen. Bis zum 17. Mai traten mehr oder weniger spontan an die 200.000 Arbeiter und Arbeiterinnen in den Ausstand. Um die Kontrolle über die Ereignisse nicht zu verlieren, setzte sich die CGT am nächsten Tag an die Spitze der Bewegung und löste Streiks in immer mehr Branchen und Betrieben aus. Am Abend des 18. Mai waren zwei Millionen Arbeiter und Arbeiterinnen im Streik, am 20. bereits vier Millionen. Weitere zwei Tage später streikten acht Millionen. Zwar gewann die Regierung im Laufe der ersten Juniwoche die Kontrolle über das Land zurück. Doch die drei Wochen, die dazwischenlagen, hatten Frankreich ökonomisch zum Stillstand gebracht. Sie hatten zudem gezeigt, dass gemeinsame Kämpfe von Arbeitern und Studenten möglich waren – auch gegen den Willen von CGT und Kommunistischer Partei. Und sie hatten deutlich gemacht, dass die KP sich im Ernstfall gegen den kaum kontrollierbaren Protest spontaner Bewegungen und für die Zusammenarbeit mit der Regierung entscheiden würde.

Auch in Italien zeigten sich die Arbeiter empfänglich für sozialistisches Gedankengut und radikale Aktionen. Hier entflammten immer heftigere Auseinandersetzungen zwischen den angelernten Massenarbeitern, die es zu Tausenden aus dem verarmten Süden in die Fabriken Norditaliens gezogen hatte, und ihren Arbeitgebern, den Bossen der großen Industrieunternehmen zwischen Turin und Venedig. Mit neuen Streikformen und Arbeiterversammlungen auf allen Ebenen des Unternehmens revolutionierten diese Aktionen die Methoden des Arbeitskampfs in Italien.

Wenn auch über die Einzelheiten der sozialen Explosionen in den Nachbarländern wenig bekannt war, machten die Ereignisse doch großen Eindruck auf die deutschen Studierenden. Aber was die hoffnungsvoll stimmenden Meldungen aus Italien und Frankreich für die Situation in Westdeutschland bedeuteten, die weniger reich an »heroischen« Taten der Arbeiterklasse war, darüber gingen die Meinungen auseinander. In den Hochburgen der Studentenproteste entbrannte in den Folgemonaten eine Organisationsdebatte. Die gemeinsame Prämisse dieser Debatte brachte Horst Mahler, damals der »Anwalt der APO«[12], im September 1968 im Republikanischen Club in Berlin auf den Punkt: Die Krise der Bewegung, referierte er, verdanke sich ihrem Wachstum, nicht ihrer Stagnation. Es sei nun von entscheidender Bedeutung, die organisatorischen

---

12 Horst Mahler verteidigte seit Mitte der 1960er Jahre als Anwalt vor Gericht Studenten, die durch ihr politisches Engagement mit dem Gesetz in Konflikt geraten waren. Am 1. Mai 1969 gründete er mit Hans-Christian Ströbele und Klaus Eschen das »Sozialistische Anwaltskollektiv«. Später gehörte er zu den Gründungsmitgliedern der RAF, wurde aber bereits 1970 inhaftiert. Nach seiner Haftentlassung wendete er sich in den 1990er Jahren mehr und mehr der politischen Rechten zu. Nachdem er einige Jahre Mitglied der NPD war, tut er sich inzwischen außerhalb der Partei als notorischer Holocaust-Leugner hervor.

Strukturen zu schaffen, die die Massenbasis der Proteste aufnehmen und in Bewegung setzen könnten. Darüber, wie diese auszusehen hätten, gab es allerdings sehr unterschiedliche Vorstellungen.

Mahler dachte an die Gründung einer revolutionären Organisation, die die Vorstufe zu einer neuen Partei sein sollte. Andere waren schon einen Schritt weiter. Im September 1968 gründeten ehemalige Mitglieder der illegalen KPD nach klärenden Vorgesprächen im Bundesjustizministerium die Deutsche Kommunistische Partei (DKP), der offizielle Gründungsparteitag fand im Frühjahr 1969 statt.[13] Große Teile des traditionellen marxistischen Flügels im SDS traten ihr bei. Die DKP orientierte sich in wichtigen Fragen an der Politik der Sowjetunion und entwickelte sich – mit großzügiger finanzieller Unterstützung durch die DDR – schnell zur mitgliederstärksten Organisation des linken Spektrums.[14]

Das ist auf den ersten Blick verwunderlich und sicher kaum mit einer besonderen Begeisterung für den Lebensstil der realsozialistischen Länder zu erklären. Der DKP-Beitritt bot den Linken, die im ersten Halbjahr 1968 die Grenzen ihres Protest-Engagements zu spüren bekommen hatten, die Möglichkeit, sich im Systemkonflikt als ernstzunehmender Faktor zu begreifen, schließlich stand man auf der Seite der zweiten großen Supermacht. Außerdem übte der Mythos der illegalen KPD und ihrer in jahrelanger Untergrundarbeit gestählten »Kämpfer« eine Faszination auf die studentischen Aktivisten aus. Die Alten waren oftmals richtige Arbeiter, und manche von ihnen schon seit Großvaters Zeiten Kommunisten. Sie hatten das Dritte Reich er- und überlebt und auch die lange Phase des KPD-Verbots überstanden. Sie boten den gegen die Nazi-Generation rebellierenden Studenten Gegenentwürfe zu ihren eigenen Elternhäusern, die sich mitunter tief in die Verbrechen der jüngeren deutschen Geschichte verstrickt hatten. Und schließlich ließ sich die realsozialistische Biederkeit der DKP auch als Gegenbild zum schreienden Quietschbunt des Kapitalismus interpretieren.[15]

---

13 Justizminister Heinemann hatte in den Vorgesprächen signalisiert, sein Ministerium werde auf die Prüfung der Frage, ob die DKP eine Nachfolgeorganisation der 1956 verbotenen KPD sei, verzichten, wenn die DKP ihrerseits auf ein offen verfassungsfeindliches Programm verzichte. Dieses Entgegenkommen konnte als Signal an die Sowjetunion verstanden werden, das die Regierung Brandt/Kiesinger im Zuge der »neuen Ostpolitik« aussandte.

14 Im Gründungsjahr konnte die DKP 9.000 Mitglieder vorweisen, bis 1972 soll sie an die 34.000 Mitglieder gehabt haben. Danach sind die Zahlen – wenn auch weniger sprunghaft – weiter gestiegen. Nach 1989/90 setzte ein rapider Zerfall der DKP ein. Heute hat sie nur noch gut 4.000 Mitglieder.

15 Gerd Koenen schreibt über die Anziehungskraft der DKP: »Der graue Utilitarismus

Doch trotz eines ansehnlichen Stamms von Aktiven, einer opulenten finanziellen Ausstattung, jahrelanger mühevoller Basisarbeit und namhaften intellektuellen und künstlerischen Unterstützern (Franz Josef Degenhardt, Erika Runge, Uwe Timm, Karin Struck, Franz Xaver Kroetz waren einige der prominenten DKP-Mitglieder) gelang es der DKP nie, nennenswerten öffentlichen Zuspruch zu erlangen. Sie blieb auch in guten Zeiten bei Landtags- oder Bundestagswahlen eine 0,5-Prozent-Partei. Als Fürsprecherin der DDR bekam sie in der Bundesrepublik keinen Fuß auf den Boden.

Auch die meisten Vertreter der bereits auseinanderfallenden antiautoritären Bewegung konnten sich für dieses Projekt nicht erwärmen. Für sie roch das Gründungsverfahren nach legalistischer Unterwerfung unter die bundesdeutsche Verfassung, die politische Ausrichtung nach einem Retortenbaby des Sowjetmarxismus. Und der hatte sich durch die Niederschlagung des Prager Frühlings gerade wieder diskreditiert. Ein weiteres gemeinsames Vorgehen der Antiautoritären kam allerdings nicht mehr zustande. Auf der letzten ordentlichen Delegiertenkonferenz des SDS, die im September 1968 in Frankfurt stattfand, wurden die Zerfallstendenzen bereits deutlich. Am Ende der Konferenz traten die SDS-Frauen mit der Forderung nach mehr innerverbandlicher Demokratie, nach paritätischer Aufteilung der Ämter zwischen Männern und Frauen und nach Beteiligung der Männer am Aufbau der Kinderläden auf den Plan. Helke Sander, Sprecherin des Aktionsrats zur Befreiung der Frauen, kritisierte, die Ursachen der mangelnden Beteiligung von Frauen im SDS liege darin, dass diese sich ans Leistungsprinzip anpassen müssten, ohne dass die Voraussetzungen für ihre Partizipation geschaffen würden. Die Konflikte mit ihrer gesellschaftlichen Rolle müssten auch die SDS-Frauen im Privatbereich austragen, und der werde aus der politischen Diskussion im Verband verdrängt. Die wichtigste Aufgabe bestehe deshalb in der kollektiven Organisierung der Kinderbetreuung, um Frauen überhaupt den Raum zu verschaffen, politisch aktiv sein zu können. In ihrer Rede appellierte Helke Sander an die Delegierten, das von den Frauen aufgebrachte Problem endlich ernst zu nehmen: »Die Hilflosigkeit und Arroganz, mit der wir hier auftreten müssen, macht keinen besonderen

---

und das armselige Angebot der sozialistischen Waren- und Lebenswelt hatten etwas scheinbar Grundehrliches, schwer Erarbeitetes, auf seine Weise Kämpferisches – jedenfalls in der Perspektive derer, die die kapitalistischen Gesellschaften der ›freien‹ Welt‹ wegen ihres hemmungslosen Kommerzialismus, ihres frivolen Reichtums und schnöden Egoismus ablehnten« (Gerd Koenen: Das rote Jahrzehnt. Unsere kleine deutsche Kulturrevolution 1967–1977, Frankfurt am Main 2007, 264).

Spaß. Hilflos sind wir deshalb, weil wir von progressiven Männern eigentlich erwarten, dass sie die Brisanz unseres Konfliktes einsehen. Die Arroganz kommt daher, dass wir sehen, welche Bretter ihr vor den Köpfen habt, weil ihr nicht seht, dass sich ohne euer Dazutun plötzlich Leute organisieren, an die ihr überhaupt nie gedacht habt, und zwar in einer Zahl, die ihr für den Anbruch der Morgenröte halten würdet, wenn es sich um Arbeiter handeln würde.«[16] Doch die Delegierten wischten die Forderung nach Diskussion beiseite. Aus Protest gegen diese Ignoranz warfen die Frauen mit Tomaten, und die Versammlung ging im Tumult unter. Die Aktion wurde zum symbolischen Startschuss für die neue Frauenbewegung. Im SDS dagegen begann der Stillstand; die Frage des »Wie weiter?« wurde in den SDS-Hochburgen in sich zunehmend voneinander abschottenden Kreisen erörtert.

Die Basisgruppen für Betriebsarbeit, Stadtteilarbeit etc., die großen Zulauf verzeichneten, waren Erben der antiautoritären Strömung. Hier wurden nicht nur die ersten Versuche einer »revolutionären Betriebsarbeit« unternommen (in Berlin etwa bei Gillette in Tempelhof, Bosch in Wilmersdorf oder bei AEG und Borsig im Wedding). Anhänger der Basisgruppen machten sich auch an den Aufbau einer sozialen Infrastruktur, in der die Revolutionierung der Gesellschaft im Kleinen begonnen werden konnte. So entwickelte sich in den westdeutschen Universitätsstädten ein dichtes Netz von antiautoritären Kinderläden, Stadtteil- und Mieterinitiativen, Kneipen und Buchläden, die vielfach eng mit den Basisgruppen verbunden waren, außerdem diverse Zeitungen und Zeitschriften. In diesem Kontext fand auch die von Herbert Marcuse inspirierte Theorie Resonanz, die das revolutionäre Subjekt nicht mehr in der scheinbar passiven und korrumpierten Arbeiterklasse sah, sondern in gesellschaftlichen »Randgruppen« ausmachte: bei Gastarbeitern und Arbeitslosen, Kleinkriminellen, Aussteigern und Heimkindern, die zur neuen, wütenden und aktionshungrigen Avantgarde des revolutionären Angriffs erklärt wurden. Die bekanntesten Praktiker der »Randgruppen-Theorie« waren die späteren RAF-Gründer Gudrun Ensslin und Andreas Baader, die eine Schar entflohener Heimzöglinge um sich sammelten. Manche von ihnen schlossen sich später der RAF an.

Auch die von Dutschke ausgegebene Parole, den langen Marsch durch die Institutionen mit dem Ziel ihrer revolutionären Unterwanderung an-

16 Helke Sanders Rede auf der SDS-Delegiertenkonferenz; gekürzter Abdruck in: ak – analyse & kritik, Nr. 531, 2008, 13.

zutreten, fand ihre Anhänger. Eine Organisation, die von diesem Appell besonders profitierte, waren die Jusos, die Jugendorganisation der SPD. In den Jahren nach 1968 strömten ihr so viele neue Anhänger zu wie nie zuvor und nie danach.[17] Sie verfolgten eine auf lange Frist angelegte Doppelstrategie: die Akzeptanz der Sozialdemokraten in der Bevölkerung für die Verbreitung sozialistischen Gedankenguts und die sozialistischen Impulse der neuen Bewegungen für eine Veränderung der SPD zu nutzen. Wieder andere diskutierten eine »revolutionäre Berufsperspektive« an den Schulen und Hochschulen oder in der Sozialarbeit. Überhaupt standen in dieser Orientierungszeit theoretische Debatten hoch im Kurs. An den Universitäten gründeten sich allenthalben Rote Zellen, in denen sich die politisierten Studenten sammelten, um sich einen »theoretisch fundierten« Standpunkt und die richtige revolutionäre Strategie zu erarbeiten. Stürzten sich die Basisgruppen zunächst in praktische Experimente, galt hier die Devise »von der Theorie zur Praxis«. Die Roten Zellen wurden vielerorts zu Rekrutierungsfeldern für neue Organisationsprojekte, so etwa die Rote Zelle Germanistik (RotZeG) an der FU Berlin, in der sich beinahe die gesamte Führungsriege der späteren KPD/ AO zusammenfand. Zunächst aber bestand zwischen all diesen Strömungen noch ein reger Austausch, und auf der Suche nach Orientierung wechselte man bald von dieser in jene Gruppierung und wieder zurück.

Auch die Abgrenzung von den »Traditionalisten« der DKP brauchte theoretische Bezugspunkte. Hier suchten und fanden zahlreiche Aktive aus dem SDS den Marxismus-Leninismus chinesischer Prägung. Der war schon in den Vorjahren rezipiert worden und trat nun einen wahren Siegeszug in der jungen Protestgeneration an. In China hatte sich seit den 1950er Jahren eine eigenständige Auffassung darüber entwickelt, wie der Weg zum Kommunismus aussehen könnte, die im Widerspruch zur sowjetischen Doktrin stand. Die KPdSU hatte nach Stalins Tod 1953 einen politischen Paradigmenwechsel vollzogen, der auf eine friedliche Koexistenz des kapitalistischen und des sozialistischen Lagers hinauslief. Vor dem Hintergrund der atomaren Bedrohung, so meinte die KPdSU unter Nikita Chruschtschow, sollte der Übergang zum Sozialismus in den kapitalistischen Ländern nicht mehr durch gewaltsamen Umsturz, sondern auf parlamentarischem Wege erreicht werden. Diesen Schwenk sah die KP Chinas als Verrat am Ziel der kommunistischen Weltrevolution und an den nationalen Befreiungskämpfen vieler Länder

---

17 Anfang der 1970er Jahre hatten die Jusos knapp 300.000 Mitglieder. Heute sind es
    noch etwa 70.000.

30

der Dritten Welt an. Sie warf der KPdSU »Revisionismus« vor.[18] Ende der 1950er Jahre kam es zum offenen Bruch zwischen beiden Ländern. Den Akteuren der Neuen Linken in Europa, die gerade den Aufschwung einer breiten antiparlamentarischen Bewegung als auch mitunter heftige staatliche Repressionsmaßnahmen erlebt hatten, leuchtete diese Kritik ein. Zudem konnte man sie auch hervorragend gegen »reformistische« oder »opportunistische« Abweichler aus dem eigenen Lager verwenden. So wurde der Revisionismus-Vorwurf bald zum Lieblingsschimpfwort im innerlinken Streit, mit dem man sich gegenseitig Inkonsequenz und Etikettenschwindel vorwarf.

Von den Stilblüten, die das maoistische Gründungsfieber hervorbrachte, wird noch zu berichten sein. Bedeutsam für die Faszination, die die »Mao-Tse-tung-Ideen« in den späten 1960er Jahren – weltweit – auf die rebellierende Jugend ausübten, war zunächst eine Rhetorik, die die Initiative und Beteiligung »der Massen« am Aufbau der kommunistischen Gesellschaft in den Vordergrund stellte. Der Maoismus verband diese Prämisse mit einem allgemeinen Kult der Jugend, die dabei die führende Rolle übernehmen sollte. Zentraler Baustein dieser Politik war die 1966 begonnene Kulturrevolution, mit der Mao vorgeblich die »Masseninitiative« fördern und die bürokratische Erstarrung der Partei überwinden wollte. Während der Sowjetmarxismus die Existenz gesellschaftlicher Widersprüche in seinem Hoheitsgebiet leugnete, schien die Politik der Kulturrevolution die Existenz von Klassenkämpfen und anderen Konflikten anzuerkennen und nach unkonventionellen Formen zu suchen, diese zu bearbeiten. »Bombardiert das Hauptquartier!« Mit dieser Losung forderte Mao »die Massen« auf, ihr Schicksal selbst in die Hand zu nehmen und alle Autoritäten – auch die Partei – in Zweifel ziehen. Diese Rhetorik klang den antiautoritären Aktivisten im Westen vertraut, die Parolen begeisterten. Und so fremd die chinesischen Verhältnisse ihnen ansonsten waren, die Bilder aus China – die man sich in der chinesischen

---

18 Der Begriff »Revisionismus« bezieht sich auf eine »Revision« der Marxschen Lehre. Er geht zurück auf die sogenannte Revisionismusdebatte innerhalb der deutschen Sozialdemokratie. Eduard Bernstein hatte in den letzten Jahren des 19. Jahrhunderts verkündet, angesichts der erstaunlichen Widerstandskraft des Kapitalismus seien der revolutionäre Weg zum Sozialismus und die Klassenkampfpolitik der SPD gescheitert. In seinem Aufsatz *Die Voraussetzungen des Sozialismus und die Aufgaben der Sozialdemokratie* von 1899 sprach er sich für eine Politik der schrittweisen Sozialreformen aus. Diese Auffassung bezeichneten Vertreter der Parteilinken (vertreten durch Rosa Luxemburg), des »marxistischen Zentrums« (vertreten durch Karl Kautsky) und der Parteiführung unter August Bebel als revisionistisch.

Auslandspublizistik wie z.B. der *Peking Rundschau* ansehen konnte – erweckten den Eindruck, dass große gesellschaftliche Umwälzungen stattfanden. Die Roten Garden machten Jagd auf »konterrevolutionäre Elemente« auch in hohen Parteifunktionen. Niemand war vor Kritik sicher, und überall wurde diskutiert – so sah es zumindest aus der Ferne aus. Der Maoismus erschien vielen Teilnehmern der antiautoritären Bewegung als Schlüssel zu den Herzen der ostblockfeindlichen »Massen« im Westen, die Kulturrevolution als antiautoritäre Revolte unter den Bedingungen eines sozialistischen Landes – und eines der Dritten Welt obendrein. In dieser Rebellion hatte revolutionäre Disziplin einen festen Platz. Diese Kombination fiel bei der rebellierenden Jugend des Westens auf fruchtbaren Boden. Als radikale Antithese zur bürgerlichen Gesellschaft wurde der Maoismus im Westen für kurze Zeit zu einer regelrechten Jugendmode. Über die Opfer erst der kulturrevolutionären Aktionen, dann ihrer Niederschlagung und die mit den Ereignissen verbundenen Gewaltexzesse sah man hinweg. »Die Gewalt, die von den ›revolutionären Massen‹ ausging«, heißt es in einem viele Jahre später verfassten Rückblick in der Zeitschrift *ak*, »wurde als notwendig akzeptiert, auch wenn sie in scheinbaren Einzelfällen bedauerlicherweise einige Unschuldige traf.«[19]

Doch so sehr die Faszination, die der Maoismus ausübte, von der Anrufung »der Massen« und deren Eigeninitiative lebte, so wenig boten sich hierfür in der Bundesrepublik erkennbare Anknüpfungspunkte. »Die Massen« strömten keinesfalls zur APO. Sie ergingen sich vielmehr in offener Ablehnung der »Langhaarigen« und Studenten – oder machten jedenfalls weiter wie bisher. Und so führte der Weg ins maoistische Jahrzehnt für viele zunächst zu den theoretischen Werken der »Klassiker«, von deren Lektüre man sich Hinweise darauf erhoffte, wie das Bündnis mit der Arbeiterklasse zu bewerkstelligen sei. Marx, Engels und vor allem Lenin wurden gelesen und diskutiert, aber auch Rosa Luxemburg und Karl Korsch, Georg Lukács' *Geschichte und Klassenbewusstsein* und alles, was der Marxismus an theoretischen Strömungen hervorgebracht hat.

Nach den Hochgefühlen, die mit der Revolte von Sommer 1967 bis Frühjahr 1968 verbunden waren, war diese Phase der Orientierung ein zähes Ringen. In der teilweise autobiografischen Erzählung *Lenz* beschreibt Peter Schneider die Diskussionen dieser Zeit als Rituale der Ab-

---

19 »nyg. sowie weitere Genossen aus Berlin«: Mao, oder die Hoffnung auf Glück. Die chinesische Geschichte von *ak* und KB, in: ak – analyse & kritik Nr. 397, 1996, 22.

grenzung und Selbstvergewisserung:»Das Zimmer war voller Rauch, er konnte die Gesichter nur undeutlich erkennen. Ein Text von Mao Tsetung wurde gelesen. Lenz konnte sich nicht auf den Text konzentrieren. (...) Er hörte immer dieselben Worte, sinnliche Erkenntnis, Bewusstsein, Proletariat, Strategie. In seinem Ohr setzte sich die getragene bruchlose Melodie dieser Sätze fest, es störte ihn, dass es keine Pausen, keine Neuanfänge, keine Anspielungen gab. Es kam ihm alles so artig, so nett vor, er hätte den Sprechern am liebsten lobend übers Haar gestrichen. Er stellte sich vor, dass sich andere Gruppen gleichzeitig an anderen Orten trafen und im gleichen Tonfall die gleichen Sätze sagten.«[20]

Während die Protagonisten von 1968 an der Universität oder im Stadtteil – und in Einzelfällen auch schon im Betrieb – Fragen der Organisation hin und her wälzten und sich die bundesdeutsche Gesellschaft auf die Bundestagswahl vorbereitete, die im Oktober 1969 zum Ende der Großen Koalition und dem Beginn der sozialliberalen Regierung Brandt führen sollte, sprang der Funke der Revolte plötzlich und unerwartet doch noch auf die Betriebe über.

»Man merkte, dass die Vorgesetzten einen Kopf kleiner waren« (Betriebsrat der Bremer Klöckner Hütte über die Septemberstreiks)

Am 2. September 1969 nahm bei der Dortmunder Hoesch AG, einem der größten Stahlproduzenten der Region, eine Welle wilder Streiks ihren Anfang, die in der Bundesrepublik bis dahin ohne Beispiel war. An diesem Tag ging ein Demonstrationszug durch die Westfalenhütte, einen Werksteil der Hoesch AG. Die Arbeiter protestierten gegen Überstunden und hohe Arbeitsintensität und forderten eine außertarifliche Erhöhung des Stundenlohns um 20 Pfennig. Hintergrund der Forderung war der neuerliche Auftragsboom in der Stahlindustrie, der auf die Rezession von 1966/67 gefolgt war. Die Unternehmen der gesamten Branche profitierten von der weltweit gestiegenen Nachfrage nach Stahl. Die Auftragsbücher der Hoesch AG waren gut gefüllt, im Laufe des Jahres 1969 wurde immer mehr und immer schneller gearbeitet. Der Unmut darüber, dass der Stahlboom nur mehr Arbeit, nicht aber mehr Geld brachte, aber auch spezifische Probleme bei Hoesch - etwa die zwischen den drei Werksteilen bestehenden Lohnunterschiede oder die mangelnde Bereitschaft der

---

20 Peter Schneider: Lenz. Eine Erzählung, Berlin 1976, 27.

Werksleitung, in den ungewöhnlich heißen Sommermonaten 1969 kühle Getränke bereitzustellen[21] - verbanden sich zu einem explosiven Gemisch.

Als sich die Geschäftsleitung weigerte, die geforderten 20 Pfennig zu zahlen, versammelten sich die Kollegen der Westfalenhütte vor dem Gebäude der Hauptverwaltung und forderten nun 30 Pfennig mehr pro Stunde. Ein Lautsprecherwagen des Werkschutzes, den der Betriebsrat bestellt hatte, um die Streikenden zum Abbruch der Versammlung aufzufordern, wurde übernommen und umfunktioniert. Den ganzen Tag diskutierten die Streikenden am offenen Mikrofon des Werkschutzwagens den weiteren Fortgang der Arbeitsniederlegung. Den unbeliebten Konzernchef Harders knüpften sie gleich symbolisch vor dem Hauptgebäude auf; die Verkaufsständer der BILD-Zeitung, die schlecht über die Streikenden berichtet hatte, schlugen sie kaputt. Am nächsten Tag demonstrierten an die 10.000 von insgesamt 27.000 Beschäftigten im Blaumann durch die Dortmunder Innenstadt. Schon am Nachmittag des zweiten Streiktages wurde die Forderung nach 30 Pfennig Lohnerhöhung erfüllt. Unter den Gesängen von *So ein Tag, so wunderschön wie heute* nahmen die Beschäftigten die Arbeit wieder auf.

Der Erfolg der Hoesch-Kollegen wirkte wie ein Startsignal. Innerhalb von weniger als drei Wochen legten mindestens 140.000 Beschäftigte in etwa 70 Betrieben ohne das Zutun der Gewerkschaft die Arbeit nieder und forderten meist lineare (d.h. nicht prozentuale) Lohnerhöhungen zwischen 30 und 70 Pfennig. Der Zeitpunkt war günstig: Wenige Wochen vor der Bundestagswahl taten die Wahlkämpfer aller Parteien ihr Möglichstes, die Lage zu entschärfen, und forderten die Unternehmer auf, den Streikenden entgegenzukommen. In den allermeisten Fällen konnten die geforderten Lohnerhöhungen binnen kürzester Zeit durchgesetzt werden.

Eine solche spontane Streikwelle hatte es in der Bundesrepublik noch nicht gegeben. Ihre bedrohliche Wirkung auf die Unternehmer war so groß, dass sich selbst Betriebe, die nicht von Streiks betroffen waren, zu außerplanmäßigen Lohnerhöhungen hinreißen ließen. Unter dem Eindruck der Ereignisse handelten die Gewerkschaften in zahlreichen Branchen vorzeitige Tarifverträge aus. So kamen letztlich etwa acht Millionen Beschäftigte in den Genuss unerwarteter Zusatzzahlungen – bei nur gut 140.000 Streikenden.[22] Im Gegensatz zu den meisten Protagonisten

---

21   Institut für Marxistische Studien und Forschungen (IMSF): Die Septemberstreiks 1969, Köln 1969, 54ff. und 10ff.; Peter Birke: Wilde Streiks im Wirtschaftswunder, 220ff.

22   Siehe Peter Birke: Wilde Streiks im Wirtschaftswunder, 230.

des Streiks sahen die Unternehmer durchaus Parallelen zu den Ereignissen in den Nachbarländern. Anders ist die Unruhe, die die Aktionen im Unternehmerlager auslösten, kaum zu erklären. So warnte die FAZ, dass das »von politischer Vernunft zusammengehaltene lohnpolitische Gebäude« ins Wanken geraten sei. Sie appellierte an die Gewerkschaften, die Wünsche und Absichten der Arbeitnehmer zu ergründen und deren Bindung an die Großorganisationen zu stärken. Denn: »Nur wenn sich die Arbeitnehmer mit ihnen identifizieren, behalten sie das Heft in kritischer Situation in der Hand« (FAZ vom 16. September 1969). Keiner hatte die Septemberstreiks kommen sehen. Aber aus dem Nichts kamen sie auch nicht.

Die Streiks von 1969 fielen in eine Zeit des neuerlichen wirtschaftlichen Aufschwungs, dem seinerseits ein Erlahmen des Wirtschaftswachstums vorausgegangen war. Auf die »kleine Krise« von 1966/67 reagierten zahlreiche Unternehmen mit Drosselung der Produktion und Entlassungen. Besonders hart traf es ausländische Arbeitskräfte, die die westdeutschen Unternehmen in den Jahren zuvor massenhaft angeworben hatten. Ihre Zahl sank kurzfristig um 400.000, von denen die meisten in Folge des Arbeitsplatzverlustes in ihre Herkunftsländer zurückkehren mussten. Doch auch an deutschen Facharbeitern ging die Krise nicht spurlos vorbei. Erstmals nach Kriegsende kehrte die Arbeitslosigkeit in die Bundesrepublik zurück. Im Februar 1967 erreichte die Arbeitslosenquote mit 3,1 Prozent (673.000 Personen) einen bis dahin ungekannten Höchststand.

Die Unternehmen nutzten die Situation für eine »Reinigungskur«. Sie steigerten die Arbeitsintensität und strichen betriebliche Sozialleistungen und Sonderprämien. Diese machten Mitte der 1960er Jahre einen nicht zu unterschätzenden Anteil an den Effektivlöhnen vor allem in der Metallindustrie aus.[23] In den Wirtschaftswunderjahren waren sie – von der Öffentlichkeit weitgehend unbemerkt – durch lokale Kurzstreiks strategisch gut platzierter Belegschaften als Ergänzungen zu den offiziellen Tarifabschlüssen der IG Metall nachverhandelt worden.[24] Trafen

---

23 »In der Automobilindustrie lagen die Effektivlöhne Mitte der 1960er Jahre im Schnitt um 68 Prozent, im Maschinenbau um 57 Prozent und in der elektrotechnischen Industrie immerhin noch um 47 Prozent über den zwischen den Tarifparteien vereinbarten Margen« (Peter Birke: Wilde Streiks im Wirtschaftswunder, 173).

24 Dieser Tradition, die als unsichtbare Vorgeschichte der wilden Streiks von 1969 angesehen werden muss, hat sich Peter Birke in seiner bereits zitierten umfangreichen Untersuchung gewidmet, aus der ich viele der hier verwendeten Informationen bezogen habe.

die Entlassungen noch im besonderen Maße die schlechter gestellten Arbeiterschichten, vor allem Gastarbeiter, aber auch Frauen, An- und Ungelernte, so gingen die Prämienkürzungen und Verschärfungen des Arbeitstempos ebenso zu Lasten der höher gestellten deutschen Facharbeiter. Karl Heinz Roth schrieb einige Jahre später von einer umfassenden Dequalifizierung der Facharbeiter durch die 67er-Krise.[25] Und so wurden die Maßnahmen der Unternehmen als Angriff auf die Ansprüche aller Beschäftigten empfunden.

Die Gewerkschaften reagierten auf diese Entwicklung im Großen und Ganzen nicht mit verschärfter Gegenwehr (auch wenn sich die IG Metall in einigen Unternehmen mit Aktionen gegen die betriebliche Lohnpolitik hervortat bzw. entsprechende Initiativen unterstützte), sondern mit dem Beitritt zur »Konzertierten Aktion« von Wirtschaftsminister Schiller. Zur Überwindung der Rezession verständigte man sich auf »maßvolle Tarifabschlüsse«. Und in der Tat akzeptierte die IG Metall, die seit Mitte der 1950er Jahre die Rolle des Vorreiters in den Tarifrunden hatte, von Oktober 1967 bis März 1968 eine Nullrunde. Auch 1968 übten sich die Gewerkschaften in Zurückhaltung, selbst dann noch, als die Zeichen für ein Ende der Krise offenkundig waren. Ende Mai, auf dem Höhepunkt der Notstandsproteste und des Generalstreiks im Nachbarland Frankreich, schloss die IG Metall einen Tarifvertrag ab, der die vom Sachverständigenrat für »objektiv« vertretbar erklärten Spielräume unterschritt. Unter Abzug der Inflation bedeutete er reale Einkommensverluste für die in der Metallindustrie Beschäftigten. Und nicht nur das: Die lange Laufzeit der Tarifverträge bewirkte, dass das auch so blieb, als die Gewinne der Unternehmen bereits wieder kräftig in die Höhe kletterten.

In dieser Situation brachten die Beschäftigten der Dortmunder Hoesch AG mit ihrer spontanen Aktion eine kleine Lawine ins Rollen. Am 3., 4. und 5. September folgten Arbeiter weiterer großer Stahlwerke im Ruhrgebiet dem Beispiel der Dortmunder Kollegen. Danach griff der Streik auf andere Bundesländer über: Im Saarland schlossen sich Eisenwerker dem Ausstand an, in Bremen Stahlarbeiter der Klöckner-Hütte. Nach wenigen Tagen kamen Unternehmen aus dem Bergbau (in den Saarbergwerken streikten 20.000 vom 6. bis zum 11. September, bei der Ruhrkohle AG 10.000 vom 9. bis 11. September) und der Metallindustrie hinzu (etwa die Howaldtswerke-Deutsche Werft in Kiel). Die Streiks waren kurz und

---

25 Karl Heinz Roth: Die »andere« Arbeiterbewegung und die Entwicklung der kapitalistischen Repression von 1880 bis zur Gegenwart. Ein Beitrag zum Neuverständnis der Klassengeschichte in Deutschland, München 1974, 237ff.

erfolgreich; nach nur wenigen Tagen gelang es den meisten, ihre Forderungen durchzusetzen. Es waren vor allem die relativ gut gestellten Arbeiter der klassischen Industrien, die Kerntruppen der Gewerkschaften und der Sozialdemokratie[26], die gegen ihre drohende Schlechterstellung auf die Barrikaden gingen – auch wenn in vielen Betrieben Beschäftigte mit Gastarbeiterstatus ebenfalls eine tragende Säule der Streikaktionen waren. Als die Ausstände in der Stahl- und Metallindustrie und im Bergbau vorbei waren, kam es noch zu einigen kleineren Arbeitskämpfen in der Textilindustrie und im öffentlichen Dienst.[27]

Die Festgeldforderungen vom September 1969, die in gleicher Höhe für alle galten, waren in der offiziellen westdeutschen Tariflandschaft ein Novum. In den wilden Streiks der vorangegangenen Jahre waren sie dagegen schon lange vertreten, denn sie garantierten, dass sich möglichst viele an den inoffiziellen Aktionen beteiligten. Auch die Aktionsformen waren ungewohnt. Von einzelnen Abteilungen ausgehende Streikumzüge durchs Werk, mit denen zögerlichere Abteilungen von der Arbeitsniederlegung überzeugt wurden, selbstgemalte Schilder und spontan vereinbarte Forderungen bestimmten das Bild. Auch Betriebsbesetzungen und Blockaden der Werkstore gehörten zum Repertoire, manchmal sogar die Verpfändung teurer Arbeitsgeräte (wie des Hochofens in der Bremer Klöckner-Hütte) oder die Stürmung der Verwaltungsgebäude. Und die Arbeiter überließen die Verhandlungen nicht allein den »Zuständigen«. Wo es zu Widersprüchen zwischen Streikenden und ihren Vertretern in Gewerkschaft und Betriebsrat kam, entstanden improvisierte Streikleitungen und mehrtägige Versammlungen. Das offene Mikrofon war ebenso neu wie charakteristisch für zahlreiche Streiks im September 1969.

Diese neuen Aktionen erinnerten teilweise an die Kampfformen der Arbeiter in Frankreich und Italien, die im großen Stil den Rahmen »geregelter« Lohnverhandlungen gesprengt hatten, aber auch an manche Aktionen der Studierenden. Peter Birke hat in seiner bereits zitierten Studie gezeigt, dass das Aktionsrepertoire der Septemberstreiks schon in den verdeckten spontanen Arbeitskämpfen seit den späten 1950er Jahren entstanden war. Dass diese Kämpfe nun nicht mehr still und heimlich statt-

---

26 Die Hoesch AG hatte bspw. einen gewerkschaftlichen Organisationsgrad von nahezu 100 Prozent vorzuweisen, und allein in der Westfalenhütte waren 2.000 Beschäftigte in der SPD organisiert.
27 Nachzuvollziehen in der ausführlichen Streikchronik des IMSF: Die Septemberstreiks 1969.

fanden, sondern in aller Öffentlichkeit ausgetragen wurden – und damit die Autorität der betrieblichen Vorgesetzten wie auch der gewerkschaftlichen Vertreter offen verletzten –, wirft die Frage auf, ob und inwieweit die Septemberstreiks durch die Studentenproteste und die Kämpfe der Arbeiter anderer Länder, kurz: durch den »antiautoritären Geist« von 1968 beeinflusst waren. Fest steht, dass zahlreichen Streikberichten der Beteiligten die Freude darüber, die betrieblichen Machtverhältnisse einmal umgekehrt zu haben, deutlich anzumerken ist. So berichtet ein Bremer Arbeiter über den Streik in der Klöckner-Hütte:»Da hat unser Chef angerufen und der wollte dann auch noch 'n paar Befehle rausgeben, das und das und so und so, und dann hat ihm ein Kollege Bescheid gesagt, dass er absolut gar nichts zu sagen hätte hier (lacht) zur Zeit, (lachend:) das Sagen hätten wir jetzt, was gemacht würde, und er könnte höchstens drum bitten. Und dann hat er eben drum gebeten, doch zumindest die Kesselwagen nach'm Kraftwerk durchzulassen, das Kraftwerk gehöre doch der Bundesbahn und sei davon abhängig usw., dann haben wir ihm das genehmigt.«[28]

Solche Frechheiten gegenüber den Direktoren und der Betriebsleitung elektrisierten die Studenten, die genau wie der Rest der Öffentlichkeit von den Streiks überrascht waren, und veranlassten sie zu hektischen Stellungnahmen. In einer Erklärung des Bundesvorstands des SDS zu den Septemberstreiks bspw. hieß es etwas hilflos:»Die Arbeiter haben begonnen, für ihre Interessen zu kämpfen. (...) Der SDS und die Basisgruppen der Arbeiter, Lehrlinge und Schüler werden versuchen, die manipulative Isolierung der Streikenden von ihren Kollegen durch Flugblattkampagnen überall in der BRD zu durchbrechen.«[29] Und die Betriebsprojektgruppe an der Uni Heidelberg kommentierte euphorisch:»40.000 sind an der Ruhr und Saar und in Süddeutschland in den Streik getreten. Die Gewerkschaften haben die Kontrolle verloren und laufen hinter den Arbeitern her, die sich mit einem mächtigen Ruck aus den Fesseln des Apparats gelöst haben. Die Bild-Zeitung möchte den Klassenkampf als Oktoberfest diffamieren: ›Tausende sangen: So ein Tag, so wunderschön wie heute‹ – so möchte es Bild haben. In Wirklichkeit haben sich Tausende von Arbeitern aus dem kapitalistischen Zwangsapparat befreit und haben den Kampf gegen die Monopole und ihre Knechte eröffnet.«[30]

---

28 Zitat gefunden in Politikon Band 1. Klassenkämpfe, Selbstverwaltung und Räte in Europa, Hamburg 1974, 209ff.
29 Erklärung des BV zu den Septemberstreiks, 5. September 1969, in: SDS Info 21, 1969, 1.
30 Betriebsprojektgruppe Heidelberg: Wilder Streik – Aktiver Streik, in: SDS Info 21, 1969, 33.

Diese Euphorie entsprang mehr dem Wunsch als der Wirklichkeit. Die Projektion der eigenen Wünsche auf die Septemberstreiks mag dem Blick aus der Distanz geschuldet sein, denn mit dem Ruhrgebiet, dem Saarland und der Oberpfalz lagen die Streikregionen weitab von den Protestzentren der Studentenbewegung. An einigen Orten unternahmen SDS-Gruppen (oder mittlerweile oft: Betriebsprojektgruppen) aber den Versuch, sich mit den Arbeitern zu solidarisieren. Oft trafen sie dabei auf Ablehnung; es gibt sogar Berichte, denen zufolge streikende Arbeiter den zur Solidaritätsbekundung angereisten Studenten Schläge androhten. In Saarbrücken nahmen Bergleute einem Studenten seine rote Fahne weg und verbrannten sie.[31]

Anderseits, so berichten Teilnehmer der studentischen Reisegruppe, hätten sich viele Arbeiter lobend über die mitgebrachten Flugblätter geäußert und seien zu Diskussionen bereit gewesen. Auf verbalradikale Appelle der Studenten an die Arbeiter – etwa, sie sollten nicht nur für mehr Geld kämpfen, sondern die Kontrolle der Betriebe anstreben – reagierten die Adressaten jedoch abwehrend.

Die Streikenden wollten nicht instrumentalisiert werden, schon gar nicht von ihren künftigen Bossen.

Eine engere und auch nach Ende des Streiks fortgesetzte Kooperation gelang nur zwischen dem Kieler AStA und den Streikenden der Howaldt-Werft. Die Kieler Studenten hatten auf politische Belehrungen verzichtet und stattdessen praktische Unterstützung organisiert: Beratungen in juristischen Fragen, Hilfestellung beim Formulieren und Drucken von Info-Material oder die Beteiligung »vieler zum Teil recht langhaariger Genossen bei frühstmorgendlicher Verteilung von Flugblättern«[32]. Die gemeinsame Praxis und das Engagement des studentenfreundlichen DKP-Betriebsrates bei Howaldt, so das Resümee des AStA, habe bestehende Ressentiments der Arbeiter abgebaut.

Die DKP war 1969 als einzige organisierte linke Gruppierung überhaupt in der Lage, in Streikbetrieben aufzutreten, so etwa bei Hoesch, wo sie eine eigene Betriebzeitung herausgab. Doch beschränkte sich auch die Rolle der DKP-Mitglieder zumeist auf die der engagierten Arbeiter. Einfluss auf das Streikgeschehen konnte die Partei nicht gewinnen; kommunistische Agitation am offenen Mikrofon bei Hoesch wurde mit Buh-

---

31 Verbrannt wurden aber auch – vereinzelt – Mitgliedsbücher der Gewerkschaft und die IG-Bergbau-Zeitschrift *Einheit*; siehe »Zum Saarländischen Bergarbeiterstreik«, SDS Info 22, 1969, 26-28.
32 AStA Kiel: Über die weitere Zusammenarbeit mit dem ehemaligen Streikrat der Howaldt-Werft, in: SDS Info 25, 1969, 32.

rufen quittiert. Immerhin gab die DKP schon wenige Monate später die umfangreichste Dokumentation des Streikgeschehens heraus.[33] Für viele Studenten und Studentinnen war 1969 ein Jahr in der Schwebe gewesen. Die Bewegung des Vorjahrs war zerfallen, aber ein Zurück ins Seminar kam auch nicht mehr in Frage. An die Stelle der gemeinsamen Aktionen war die nervöse Suche nach einer neuen Perspektive getreten. Die Septemberstreiks waren der Startschuss für die »proletarische Wende« der Bewegung. Auch wenn es für die meisten noch eine Weile dauerte, bis sie einen Fuß auf den unbekannten Boden der industriellen Produktion setzten: Die teilnehmende Beobachtung an den Streiks war ihr erster Kontakt zum Proletariat. Den wollten sie nun ausbauen. Zunächst lag dabei die Priorität der meisten – von einigen Ausnahmen abgesehen – auf dem Aufbau einer »Organisation des Proletariats«, mit deren Hilfe man an die Arbeiterklasse herantreten wollte.

Wie unterschiedlich diese organisatorischen Hilfsmittel aussahen, soll das nächste Kapitel zeigen.

---

33 IMSF: Die Septemberstreiks 1969.

2. Kapitel

»A working class hero is something to be ...«

Der Konsumtionsprozeß der Arbeitskraft ist zugleich der Produktionsprozeß von Ware und Mehrwert. Die Konsumtion der Arbeitskraft, gleich der Konsumtion jeder andren Ware, vollzieht sich außerhalb des Markts oder der Zirkulationssphäre. Diese geräuschvolle, auf der Oberfläche hausende und aller Augen zugängliche Sphäre verlassen wir daher zusammen mit Geldbesitzer und Arbeitskraftbesitzer, um beiden nachzufolgen in die verborgne Stätte der Produktion, an deren Schwelle zu lesen steht: no admittance except on business (Eintritt nur in Geschäftsangelegenheiten).

Karl Marx: Das Kapital[1]

»Ich wusste nicht, was da auf mich zukam. Aber ohne die Arbeiterklasse hatten wir keine Chance, die Welt zu verändern, so viel war klar.«

Harry Oberländer: In der Maschine[2]

Barbara Köster studiert Soziologie in München. Irgendwann, es muss im Jahr 1967 sein, finden ihre Eltern mit Hilfe eines Privatdetektivs heraus, dass die 20-Jährige »in unzüchtigen Verhältnissen« lebt: in einer Wohnung mit ihrem Freund, mit dem sie nicht verheiratet ist. Barbara Köster wird umgehend aus München abkommandiert. Dafür hatte man sie nicht an die Universität geschickt. »Das Studium war eigentlich ein Parkplatz zwischen Abitur und Ehe«, erzählt sie. »Jura kam nicht in Frage, weil ich ein Mädchen bin. Und Soziologie, tja, meine Eltern wissen gar nicht, was das ist. Aber es kam ihnen so vor: Na ja, dann kann sie ein bisschen parlieren.«[3]

In zähen Verhandlungen setzt sie durch, dass sie ihr Studium in Frankfurt fortsetzen darf. Und da ist sie nun, im Herbst 1967. Neu in der

---

1   Zitiert nach: MEW 23, Berlin 1975, 189.
2   Autonomie – Materialien gegen die Fabrikgesellschaft, Nr. 9, 1977, 3-7.
3   Interview mit Barbara Köster, 2007. Die Zitate von Barbara Köster stammen alle aus diesem Gespräch.

Stadt und auf der Suche nach Anschluss. Den findet sie schnell:»Die Soziologie war im Grunde genommen SDS-Versammlung, und damit war eigentlich alles klar. Formelles Mitglied im SDS bin ich im Februar 68 geworden.« Im Sommer 1968 zieht Barbara Köster in ihre erste WG. Sie reist nach Frankreich – und ist beeindruckt. Obwohl der französische Mai bereits vorbei ist, sind seine Spuren noch allgegenwärtig. Es ist die Atmosphäre. Die Leute sprechen anders als in Deutschland.»Und dann kamen die wilden Streiks, die berühmten wilden Streiks von 1969. Es war sowieso klar, dass man raus musste aus diesem studentischen Milieu und in die Bevölkerung rein: ›Intelligenz und Proletariat zusammen!‹ Gut, dann zeigte es sich auch noch kampfwillig, das Proletariat, und dann war die Frage: Wie kommen denn die beiden zusammen und werden ein Traumpaar?« Anders als viele ihrer Bekannten fährt Barbara Köster im September 1969 nicht zu den Fabriken im Frankfurter Umland, zu Opel nach Rüsselsheim oder zu Hoechst.»Ich hatte die Vorstellung, das neue revolutionäre Subjekt ist nicht die alte Klasse, das alte klassische Proletariat, sondern es ist die ›technische Intelligenz‹, also die, die im Angestelltenverhältnis sind und die sozusagen den Produktionsprozess entwerfen und steuern.«

Diese Vorstellung ging zurück auf eine Erfahrung der italienischen Fabrikkämpfe und ihre theoretische Verarbeitung. In den Fabriken Norditaliens hatten sich im Laufe der 1960er Jahre immer heftigere Arbeitskämpfe entwickelt. Ihre Protagonisten waren einerseits die unqualifizierten Massenarbeiter, vor allem junge Männer aus dem verarmten ländlichen Süden Italiens, die im Norden ihr Glück suchten und harte, schlecht bezahlte Arbeit in den Fabriken der großen Städte fanden. Die zweite tragende Kraft waren die technischen Angestellten, deren Zahl mit der zunehmenden Automatisierung der Produktion ebenfalls gewachsen war, wenn auch nicht im gleichen Maße wie die der Unqualifizierten. Mario Moretti, einer der Gründer und langjähriges führendes Mitglied der italienischen Roten Brigaden war so ein technischer Angestellter. Er arbeitete bei Siemens in Mailand. Auch seine Politisierung begann damit, dass er – angestoßen durch die um ihn herum ausbrechenden Arbeitskämpfe – seine Position als die eines technischen *Arbeiters* zu begreifen begann:»In jenen Jahren war das so, als würde im Kopf von jedem Einzelnen von uns ein Knopf gedrückt werden. Für gewöhnlich bringt die Arbeitsteilung die Verwalter, Angestellten und Techniker dazu, sich, wenn nicht als Diener, so doch als Verbündete der Bosse zu sehen. Aber in den hochtechnologisierten Fabriken wie Siemens wurden sich die Techniker bewusst, dass sie in einem Produktionsprozess standen, der aus ihnen winzige Rädchen im Produktionsprozess machte und dass sich ihre Position nicht großartig von der der Arbeiter unterschied.«[4] In der hoch entwickelten und technisierten Produktion benötigte das Kapital nicht nur menschliche Körper mit Armen, die die Maschinen bedienten, sondern auch ein großes Reservoir an gut ausgebildeten Fachkräften. Dieses wurde an den Hochschulen produziert. Mario Tronti, ein Theoretiker des italienischen Marxismus, sprach davon, dass sich die Fabrik auf die gesamte Gesellschaft ausgedehnt habe und sie gemäß ihrer produktiven Erfordernisse in Bewegung setze.[5] Das schien den Studierenden den Nagel auf dem Kopf zu treffen. Sie waren – hoch qualifizierte – Arbeitskräfte im Wartestand. Die Erkenntnis, dass die Hochschulen im modernen Kapitalismus nicht nur Manager hervorbrachten, sondern auch ein »intellektuelles Proletariat«, dessen kreative Fähigkeiten verstümmelt und dem kapitalistischen Produktionsprozess untergeordnet wurden, war eine Zeit lang das theoretische Verbindungsstück zwischen den Protesten der italienischen Studenten und denen der Arbeiter. Ganz ähnlich in Frankreich: Dort hatten die Techniker und Ingenieure, die die Universität erst vor kurzem verlassen hatten, nach den Mai-Ereignissen vielfach den Stumpfsinn und die Unselbstständigkeit, zu der sie verdammt waren, kritisiert und mehr Autonomie in der Arbeit verlangt. Und die französischen Studenten hatten die Parole »Die Fantasie an die Macht!« an die Wände der ehrwürdigen Sorbonne gemalt. Sie sahen sich als Proletarier des Geistes, dazu verdonnert, Erfüllungsdienste zu leisten.

Auf dieser Analyse wollte Barbara Köster in Frankfurt aufbauen. Um an die technische Intelligenz heranzukommen, gründete sie eine Gruppe bei den naturwissenschaftlichen Fakultäten. Dort hoffte sie, diejenigen zu finden, die einmal zur »technischen Intelligenz« werden sollten. Es blieb bei einem Versuch, für den sie kaum Mitstreiter fand. »Es war ein Sonderweg, vom dem ich zwar überzeugt war«, sagt sie, »aber schick war

---

4   Mario Moretti: Brigate Rosse – Eine italienische Geschichte. Interview von Carla Mosca und Rossana Rossanda, Hamburg/Berlin 1996, 29. Moretti begründete mit anderen die Studiengruppe der Techniker bei Siemens, eines der vielen Beispiele für die neuen Formen außergewerkschaftlicher Selbstorganisation, die für die italienischen Fabriken jener Zeit typisch waren. Die Studiengruppe der Techniker war das Pendant zu den *Comitati Unitari di Base* (CUB), den Basiskomitees der Arbeiter, etwa bei Pirelli.

5   Mario Trontis Aufsatz »Fabrik und Gesellschaft« erschien 1962 in den *Quaderni Rossi* in Italien. Auf Deutsch ist er erschienen in Mario Tronti: Arbeiter und Kapital, Frankfurt am Main 1974, 17-40.

einfach Betriebsarbeit. Bei den Maoisten und letztendlich auch bei den Spontis. So ein richtiger Metallarbeiter, der war doch nicht zu toppen.« So lief Barbara Köster zur Betriebsprojektgruppe über, die eine politische Arbeit in Rüsselsheim anvisierte. In Rüsselsheim war Opel, Autoindustrie, Metall.

Woher diese Begeisterung für den Metallarbeiter? Hatten nicht die Studenten in ihren Protesten überall auf der Welt gerade die Subjektivität entdeckt und die Befreiung von den Zwängen der bürgerlichen Gesellschaft propagiert? Zur Erinnerung: Die 68er-Revolte in Frankreich hatte sich am Verbot gemeinsamer Übernachtungen in den Studentenheimen des Landes – in den Worten ihrer Protagonisten: an der sexuellen Misere der französischen Jugend – entzündet. Wieso wandten sie sich nun mit wachsender Begeisterung der Fabrikgesellschaft zu?

Um das zu verstehen, muss man sich in Erinnerung rufen, wie prägend die Fabrik für die Gesellschaft in den 1950er und 1960er Jahren noch war. Zwölf Millionen und damit mehr als die Hälfte aller abhängig Beschäftigten arbeiteten in der industriellen Produktion, und dort erwirtschafteten sie auch die Hälfte des gesamten Bruttoinlandsprodukts. Beim genauen Hinsehen hätte man feststellen können, dass der Anteil der Beschäftigten im produzierenden Gewerbe an der Gesamtzahl aller Beschäftigten seit Anfang der 1960er Jahre nahezu stagnierte (bis dahin war er stetig gewachsen), während im gleichen Zeitraum Handel und Dienstleistungen an Bedeutung gewannen. Die Beschäftigung in der Landwirtschaft war rückläufig. Doch Ende der 1960er Jahre musste die industrielle Produktion noch als das Herz der Wirtschaft erscheinen. Und die Fabrik gab der gesamten Gesellschaft den Rhythmus vor. Schulen und Universitäten wurden nach ihrem Vorbild (als »Lern-Fabriken«) gebaut. Der Glaube an unbegrenzten technischen Fortschritt war ungebrochen.

Zudem war den Studenten und Studentinnen gerade bewusst geworden, über welche Macht die industrielle Arbeiterschaft verfügte. Im September 1969 brauchten die Stahlkocher, Werftarbeiter und Bergleute nur wenige Tage unerlaubt zu streiken, schon wurden ihre Forderungen erfüllt. Das machte Eindruck. Und es bekräftigte den Mythos des industriellen Produzenten: »Alle Räder stehen still, wenn dein starker Arm es will!«

Hinzu kam, dass viele junge Arbeiter und Arbeiterinnen von den rebellischen Aktionen der Studierenden angetan waren. In mehreren Städten waren nach 1968 Lehrlingsbewegungen entstanden, die bessere Ausbildungsbedingungen und den Aufbau von Jugendzentren forderten und zum Teil heftig gegen Fahrpreiserhöhungen im öffentlichen Nahverkehr protestierten. Und hatte nicht in Frankreich der Mut der Studierenden bei den Straßenschlachten gegen die Polizei die Arbeiter angesteckt und sie ebenfalls auf die Barrikaden getrieben? Natürlich, so meinten die Mitglieder der Frankfurter Betriebsprojektgruppe, könne »Bündnis mit dem Proletariat« nicht bedeuten, dass man die alten Appelle an die Macht der Arbeiter einfach wiederholte. Offensichtlich hatte sich die Arbeiterklasse verändert. Diese Veränderungen wollte man erst einmal ergründen.

»Die Arbeiterklasse geht ins Paradies« (Parole der italienischen Fabrikrevolten)

Wenn vorhin bereits von Italien die Rede war, so hat das seinen Grund. Bei ihrer Suche nach der geeigneten Strategie hatten die Antiautoritären aus Frankfurt das Beispiel der italienischen Fabrikkämpfe vor Augen – und die Worte der diese Kämpfe beobachtenden Theoretiker im Ohr. Die zentralen Begriffe waren »Klassenzusammensetzung« und »Untersuchung«.

Seit Ende der 1950er Jahre hatten junge Mitglieder der italienischen Linksparteien PSI (*Partito Socialista Italiano*) und PCI (*Partito Comunista Italiano*) damit begonnen, die marxsche Theorie auf das sich rasch industrialisierende Italien anzuwenden. Sie wollten Erkenntnisse über die neu zusammengesetzte Arbeiterklasse in Italien gewinnen. Zu diesem Zweck sollten die Kategorien aus dem marxschen Kapital mit der soziologischen Untersuchung der Prozesse in der realen Fabrik konfrontiert werden. Die jungen Marxisten führten zahlreiche Gespräche mit Arbeitern in den großen Fabriken Norditaliens. Mittels dieser Untersuchungen sollten die Bedingungen für die Entwicklung neuer Kämpfe zutage gefördert werden. Nebenbei erhoffte man sich eine aufklärende und mobilisierende Wirkung der Befragungen auf die Arbeiter selbst.[6]

Ausgangspunkt der Untersuchung war die Beobachtung, dass die Arbeiterklasse nicht als einheitlicher, überhistorischer Akteur angesehen werden könne. Vielmehr sei sie ständig in Bewegung. In Arbeitskämp-

---

6   Die ersten Studien wurden durchgeführt von Raniero Panzieri, Romano Alquati und Mario Tronti. Später kamen weitere – etwa Toni Negri – hinzu. Sie publizierten ihre Untersuchungsergebnisse und theoretischen Beiträge in wechselnden Zeitschriften, zunächst – z.b. die Untersuchungen über FIAT und Olivetti – in den *Quaderni Rossi*, den *Roten Heften*. Die Perspektive auf die Arbeiter und ihre Kämpfe war das typische und vereinende Element dieser Beiträge. »Operaismus«, zu Deutsch etwa: »Arbeiterwissenschaft«, bürgerte sich als Bezeichnung für die neue theoretische Strömung ein.

fen und politischen Auseinandersetzungen formiere sie sich als kollektive Kraft. Das Kapital wiederum greife die politische Einheit der Klasse durch die Einführung neuer Technologien an, um die Arbeiter unter veränderten Vorzeichen wieder in den Produktionsprozess zu integrieren. Diese technische Neuzusammensetzung der Arbeiterklasse sei nicht nur der Konkurrenz der Kapitale untereinander und dem daraus resultierenden Modernisierungszwang der Unternehmen geschuldet. Sie sei auch als Reaktion der Unternehmer auf die politischen Kämpfe der Arbeiter und ihre Verweigerungsstrategien zu verstehen: Der Druck der Arbeiter zwinge das Kapital zur permanenten Reorganisation der Produktion, um die Unternehmen profitabel zu halten. Die Arbeitskämpfe seien damit die eigentliche Triebfeder der gesellschaftlichen Entwicklung.

Das wichtigste Mittel zur Neuzusammensetzung der Arbeiterklasse sei die Umstrukturierung des Arbeitsprozesses. Die veränderte »technische Zusammensetzung« der Arbeiter in der Fabrik wirke sich wiederum auf das politische Verhalten der Arbeiter, ihre »politische Zusammensetzung«, aus. Genau hier habe die Untersuchung anzusetzen: Die technische Zusammensetzung der Arbeiter müsse ergründet, die in ihr liegenden Widersprüche (zugleich die Chancen für eine neue politische Zusammensetzung) aufgespürt werden.

Im – nicht nur italienischen – Marxismus der 1950er und 1960er Jahre barg diese These einiges an politischer Sprengkraft, stand sie doch im krassen Widerspruch zur Auffassung des Sowjetmarxismus und damit auch des PCI. Hier war man der Ansicht, die Organisation der Produktion besäße für sich genommen keinen Klassencharakter. Die Arbeiterklasse habe ein einheitliches Interesse, egal wo genau sie in der Produktion stehe. Wenn sie dieses Interesse nicht artikuliere, so liege das vor allem an der vernebelnden Wirkung bürgerlicher Ideologien.

Diese Haltung wurde von den operaistischen Analysen scharf kritisiert. Und die Kämpfe der frühen 1960er Jahre gaben den Operaisten Recht. Die aus dem Süden zugewanderten »Massenarbeiter« waren – anders als die traditionelle Anhängerschaft der KP, die Facharbeiter – nicht im geringsten stolz auf ihre Arbeit. Sie fühlten sich weder der Qualität des Produkts noch der politischen Tradition der Kommunistischen Partei verpflichtet. Im Gegenteil: Die stumpfsinnige und monotone Tätigkeit am Band, die sie auf ein bloßes Anhängsel der Maschine reduzierte, schürte in vielen den Hass auf die Arbeit. Hinzu kam, dass sie in Wohnheimen kaserniert und als Menschen zweiter Klasse behandelt wurden. Ihre Wut über diese Zustände entlud sich in Straßenschlachten und Sabotagestreiks. Die Operaisten erkannten als Erste die Sprengkraft

dieser neuen Kämpfe und benannten als ihre Ursache die Organisation der Arbeit, die »despotische Hierarchie« der Fabrik gegenüber den
»Massenarbeitern«.[7] In dem Maße, wie sich die Arbeitermilitanz in Italiens Fabriken aus-
dehnte, wurden die operaistischen Ansichten auch von den rebellieren-
den Studenten mit wachsender Begeisterung aufgenommen. Im Laufe
des Jahres 1968 gründeten sich zahlreiche Studenten-Arbeiter-Komitees
und Fabrikausschüsse an den Hochschulen Italiens. Anders als in anderen europäischen Ländern war das Bündnis zwischen Arbeitern und
Studenten in Italien relativ dauerhaft und stabil. Vittorio Rieser erklärt
diese Allianz damit, dass es auch jenseits der politischen Aktionen größere Berührungspunkte zwischen Studenten und Arbeitern gab. Streiks
und gewerkschaftliche Demonstrationen waren in Italien anders als in
der Bundesrepublik vertrauter Bestandteil des öffentlichen Lebens. Zudem waren viele italienische Studenten Kinder aus Arbeiterfamilien;
viele Arbeiter belegten ihrerseits Abendkurse an den weiterführenden
Schulen des Landes. Das trifft auch auf den schon genannten Mario Moretti zu, der sich für einen Abendkurs Wirtschaft an der Katholischen
Universität Mailand eingeschrieben hatte. Er erzählt:»Die Universität
war fast immer besetzt, ob Vorlesungen stattfanden oder nicht, es war
immer eine Atmosphäre der völligen Widersetzung, einer Kritik, die
keine Tabus kannte, wunderschön. Mich beeindruckte die Fantasie der
Studenten und die ihrer Slogans, die Sprache, entweder unverständlich
oder von einer fantastischen Radikalität geprägt. Wir aus den Fabriken
sind der Faszination der Studentenbewegung mehr erlegen, als wir bereit
gewesen wären zuzugeben.«[8]

Das galt auch umgekehrt. Der in der Studentenbewegung zunächst
formulierte Ruf nach *Potere Studentesco* (Studentenmacht), der sich gegen die Autorität der akademischen Institutionen richtete, wurde erst
ergänzt, dann ersetzt durch den nach *Potere Operaio* (Arbeitermacht).
Studenten und Arbeiter suchten und fanden sich 1968 in Italien. Die

---

7   Gute Übersichten über diese Kämpfe und die Entwicklung der operaistischen Bewe-
    gung bieten u.a. Marica Tolomelli: Studenten und Arbeiter 1968 in Italien. Möglich-
    keiten und Grenzen eines schwierigen Verhältnisses, in: Bernd Gehrke/Gerd-Rainer
    Horn: 1968 und die Arbeiter. Studien zum »proletarischen Mai« in Europa, Hamburg
    2007, 295-313. Außerdem im selben Sammelband Vittorio Rieser: Studenten, Arbeiter
    und Gewerkschaften in Italien zwischen 1968 und den 1970er Jahren, 314-331. Und be-
    sonders Steve Wright: Den Himmel stürmen. Eine Theoriegeschichte des Operaismus,
    Berlin/Hamburg 2005.
8   Mario Moretti: Brigate Rosse, 31.

Früchte dieser gegenseitigen Inspiration traten umso deutlicher zutage, je mehr sich der PCI und die ihm nahe stehende Gewerkschaft CGIL in den an ständig neuen Orten aufflammenden Klassenkämpfen als bremsende Kraft erwiesen. Im Juni 1968 gründeten unzufriedene Arbeiter bei Pirelli das erste *Comitato Unitario di Base* (CUB) – das Vereinigte Basiskomitee. Diese parallele Organisationsform der Arbeiter, die sich gegen die politische Hegemonie der Gewerkschaften richtete, breitete sich in den norditalienischen Fabriken schnell aus. Die CUB suchten die Zusammenarbeit mit den Studenten, die dabei halfen, den Forderungen Gehör zu verschaffen. Die Arbeiter-Studenten-Versammlungen bei FIAT in Turin und anderswo wurden bald zu Foren, in denen immer neue, unerwartete Aktionsformen und Parolen erfunden wurden. Aus ihnen entstanden auch die verschiedenen landesweiten Organisationen, die die Wahrnehmung des Operaismus außerhalb Italiens prägten. Die größten und einflussreichsten waren *Potere Operaio* und *Lotta Continua*.[9]

Von solchen Verhältnissen konnten die antiautoritären Studenten in der Bundesrepublik nur träumen. Viele Antiautoritäre reisten daher nach Italien, um Kontakte zu knüpfen und sich von dort Anregungen für die Arbeit in der Bundesrepublik zu holen. Die Verlage Trikont (München) und Merve (Berlin) veröffentlichten in kurzen Abständen Schriften aus der italienischen Debatte in deutscher Sprache. Für die antiautoritäre Strömung waren die italienischen Klassenkämpfe eine wichtige Anregung bei der Orientierung auf das Proletariat, denn sie zeigten die Möglichkeit spontaner und nicht gewerkschaftlich eingehegter Auseinandersetzungen in den Fabriken auf.

Aber nicht nur wegen der heftigen und militanten Kämpfe, die sie begleiteten, schien die operaistische Theorie attraktiv. Auch der Vorschlag, die Klassenzusammensetzung zu untersuchen, leuchtete den deutschen Antiautoritären ein. Übertragbar schienen die Annahmen des Operaismus schon allein deshalb, weil es in den Industriebetrieben Westdeutschlands eine Arbeiterschicht gab, die den süditalienischen Massenarbeitern in vielerlei Hinsicht ähnelte: die sogenannten Gastarbeiter, oder, wie sie

---

9 Insgesamt gab es vier große Organisationen: Eine gruppierte sich um die Zeitung *Avanguardia Operaia*. Sie wurde wesentlich von einer der großen Strömungen im zerfallenden landesweiten Studentenbund MS getragen. Eine Zweite sammelte sich um die Zeitung *Il Manifesto*, deren Macherinnen und Macher Ende 1969 aus dem PCI ausgeschlossen wurden. Die Dritte formierte sich um die Zeitung *Lotta Continua*. Ihre Gründer kamen aus der Turiner Arbeiter-Studenten-Versammlung und kritisierten die Beschränkung der Kämpfe auf Lohnfragen. Die Vierte schließlich war *Potere Operaio*. An ihrer Spitze stand mit Toni Negri ein theoretischer Kopf des Operaismus.

von den westdeutschen Anhängern des Operaismus genannt wurden: die multinationalen Massenarbeiter. Den Schritt in den Betrieb ebnete folglich der zweite große Begriff des Operaismus: »Untersuchung«.

»Wer eine Sache nicht untersucht hat, der hat kein Recht mitzureden« (Mao)

»Wenn wir ernsthaft entschlossen sind, die revolutionäre Umwälzung der Klassengesellschaft, die wir vorfinden, voranzutreiben, dann müssen wir die Klassenwirklichkeit dieser Gesellschaft erst einmal kennenlernen. Nicht aus Büchern und nicht an der Universität, sondern an den Orten, an denen der Grundwiderspruch dieser Gesellschaft täglich produziert und reproduziert wird, an den Orten, wo die wirklichen gesellschaftlichen Produzenten massenhaft zusammengefasst sind: in den Fabriken.«[10]

Das schrieb die ehemalige Frankfurter Betriebsprojektgruppe, die sich inzwischen in »Revolutionärer Kampf« (RK) umbenannt hatte, 1971, ein knappes Jahr nach Aufnahme der Arbeit bei Opel. »Kennenlernen« ist das Schlüsselwort, denn die Untersuchung der betrieblichen Wirklichkeit beim Autobauer war die erste Aufgabe, die sich die Gruppe stellte: »Untersucht werden die Klassenverhältnisse, wie sie in dem ausgewählten Einzelbetrieb spezifisch erscheinen, mit dem politischen Ziel, die gemeinsamen Interessen der Arbeiter in diesem Betrieb genauer zu bezeichnen, um Formen spontanen (oder auch unterdrückten) Widerstands weitertreiben zu können«, schreibt der RK in seinem *Untersuchungspapier*[11], der Ende 1970 veröffentlichten Selbstverständigung der Gruppe über die eigene Arbeit. Auf diese Weise sollten die »Umstände und Bedingungen« angegeben werden, unter denen sich »Kämpfe und Klassenbewusstsein entwickeln« könnten.

Den entstehenden Gruppierungen marxistisch-leninistischer Prägung[12] warf der RK vor, einen alten Fehler der Studentenbewegung

---

10 Revolutionärer Kampf (RK): Revolutionärer Kampf bei Opel, in: agit 883, Nr. 82, 1971, 6-7.

11 Revolutionärer Kampf (RK): Untersuchung – Aktion – Organisation, in: Internationale Marxistische Diskussion: Arbeitspapier No. 3, Berlin 1971, 3-21. Sofern nicht anders ausgewiesen, stammen die folgenden Zitate aus diesem Text.

12 Diese Gruppen werden in der Literatur mal ML-Gruppen, mal K-Gruppen, mal Maoisten genannt. Gemeint sind jene Organisationen, die eine an leninschen Prämissen und maoistischen Ideen orientierte Vision des Parteiaufbaus verfolgten. Die bei den

zu wiederholen. Diese habe die Arbeiter (etwa im Rahmen der Notstandsproteste) stets mit einfachen Parolen zum Handeln aufgefordert, ohne sich Gedanken über die Bedingungen dafür zu machen. Die Aufrufe ignorierten die Tatsache, dass die Tradition der kommunistischen Arbeiterbewegung in Deutschland im NS und durch den Antikommunismus der Nachkriegszeit zerschlagen worden sei, eine zu (gewerkschafts-)unabhängigen politischen Handlungen fähige organisierte Kraft in der Arbeiterschaft der Bundesrepublik existiere daher nicht. Es gebe deshalb keinen klaren Adressaten, an den man einen allgemeinen Aufruf »zu handeln« richten könne. Unter diesen Bedingungen könne nicht einfach am Schreibtisch eine Partei des Proletariats gegründet werden, um die organisatorische Lücke zu schließen und die Kluft zwischen den rebellierenden Studenten und »den Arbeitern« abstrakt zu überbrücken. Genau das aber täten manche »ML-Genossen« in »einem intellektuellen Missverständnis des Maoismus«.

Demgegenüber stellte sich der RK die Aufgabe, die Situation in den Betrieben zu analysieren, sich über Möglichkeiten der Agitation Klarheit zu verschaffen und einen gemeinsamen Erfahrungsprozess zwischen »sozialistischen Intellektuellen« und Arbeitern entlang der Widersprüche im Betrieb einzuleiten. Das bedeutete: Die Inhalte der eigenen Agitation hätten sich an den im Betrieb ermittelten Widersprüchen zu orientieren. Das Aufstellen »abstrakt richtiger« Forderungen, ohne dass diese der Situation im Betrieb entsprächen, sei unwirksam und als bloße linke Phrasendrescherei abzulehnen.

Auch der RK bezog sich bei der Begründung seiner Thesen auf Mao, der in den 1920er Jahren durch die Untersuchung der Bauernaufstände zu einer neuen Klassenanalyse der chinesischen Gesellschaft gelangt war und die bäuerlichen Kämpfe zu einer wichtigen Triebkraft der Revolution in China erklärt hatte. Die »Genossen« aus dem chinatreuen Lager, so meinten die Frankfurter RKler, betrieben dagegen »einen pseudomaoistischen Populismus«. Sie setzten »bestehendes Arbeiterbewusstsein in eins mit Klassenbewusstsein«. Da sie die »Verdinglichungen im Bewusstsein der Arbeiter« nicht wahrnähmen, könnten sie die Gründe

---

Angehörigen dieses Spektrums beliebteste Selbstbezeichnung lautete »Marxisten-Leninisten«. Für die Gruppierungen, die sich selbst in der Tradition antiautoritärer Politik sahen, hat sich der Ausdruck »Spontis« eingebürgert. Die Bezeichnung geht zurück auf die Betonung der spontanen Tendenzen in den Klassenkämpfen und verweist auf eine Auseinandersetzung Rosa Luxemburgs mit dem avantgardistischen Parteimodell Lenins, dem sie das spontane Element gesellschaftlicher Kämpfe entgegenstellte.

für die reformistische Einbindung des Proletariats in den westlichen Gesellschaften nicht begreifen.[13] Natürlich brauche es langfristig Organisation. Aber diese könne man nicht von außen an die Arbeiter herantragen. In den ersten unabhängigen betrieblichen Kämpfen, so der RK in seinem Programmtext, würden sich diejenigen Arbeiter zu erkennen geben, mit denen man sich an den Aufbau »revolutionärer Kerne« in den Unternehmen machen könne. Waren diese entstanden und wiesen sie eine gewisse Stabilität auf, wollten die »sozialistischen Intellektuellen« des RK den Betrieb wieder verlassen. Man verstand sich gewissermaßen als Starthilfekabel für die revolutionäre Selbstorganisation der Arbeiter. Entsprechend hieß die Programmschrift der Frankfurter Gruppe *Untersuchung – Aktion – Organisation*.

Auch über die Inhalte, an denen sich sozialistisches Bewusstsein bei den Arbeitern bilden könnte, stellten die Frankfurter Aktivisten einige Überlegungen an. Der RK erklärte, eine auf Lohnfragen beschränkte Agitation greife zu kurz. Reine Lohnkämpfe reproduzierten die Aufspaltung der Person in zwei Teile, wie sie durch die kapitalistische Gesellschaft produziert werde: Dem Wirtschaftssubjekt, das im Falle des Arbeiters auf die Rolle des Lohnempfängers und Konsumenten reduziert sei, werde ein von diesem getrenntes politisches Subjekt, das sich als Staatsbürger seine politische Meinung bildet, entgegengestellt. Im traditionellen gewerkschaftlichen Lohnkampf sei der Arbeiter nur Lohnempfänger und Konsument, der seine rein wirtschaftlichen Interessen geltend macht. Im sozialistischen, revolutionären Lohnkampf müsse diese Reduktion des Arbeiters auf ein reines Wirtschaftssubjekt durchbrochen, sein politisches Interesse ebenfalls auf die Tagesordnung gesetzt werden.

Im Zeitalter des Massenkonsums komme noch ein Faktor hinzu, der gegen reine Lohnkämpfe spreche: Die Lohn- und Gehaltsverhandlungen seien Mittel zur Wahrung der Massenkonsumtionskraft geworden, die ihrerseits die Voraussetzung für eine erfolgreiche Reproduktion des Kapitals sei. Auch dieser Falle müsse eine sozialistische Fabrikpolitik ausweichen. Deshalb komme es darauf an, die Lohnforderung in solche Höhen zu treiben, dass sie die Grenze des Vertretbaren, die Grenzen der Produktivität sprenge.

---

13 Der RK schreibt in diesem Zusammenhang:»Solange der Kapitalismus einen bescheidenen Wohlstand garantieren kann, der aufgrund des scheinbar gesicherten Verkaufs der Arbeitskraft auch die proletarische Lebensperspektive planbar erscheinen lässt, hat das westdeutsche Proletariat subjektiv mehr zu verlieren als seine Ketten; die kapitalistischen Krisen der Vergangenheit produzieren die Angst vor denen der Zukunft« (RK: Untersuchung – Aktion – Organisation, 10).

Andererseits müsse man Fragen der Arbeitsorganisation, der intensivierten Ausbeutung und der Herstellung der betrieblichen Disziplin ansprechen. Das Bedürfnis, selbst über Art und Inhalt der Produktion zu entscheiden, sollte zum Gegenstand des Lohnkampfs werden. An die in den spontanen betrieblichen Kämpfen des Vorjahres geäußerten Bedürfnisse (nach Verringerung der Bandgeschwindigkeit, gleicher Bezahlung etc.) könne man anknüpfen. Dabei war es nicht notwendig, an solche (wirtschaftlichen) Kämpfe von außen das richtige, politische Bewusstsein heranzutragen, wie es die maoistischen Gruppen praktizierten. Im Gegenteil: Die Arbeitskämpfe wurden zum objektiven, vom Arbeiterbewusstsein unabhängigen, »autonomen« Motor der Geschichte erklärt, weil und insofern sie sich gegen die kapitalistische Logik der Produktivität richteten. Die »autonomen Bedürfnisse« der Arbeiter (nach mehr Geld, weniger Arbeit, mehr Freizeit und gegen die betriebliche Hierarchie) wiesen also in ihrer Tendenz schon über die Grenzen der bestehenden Gesellschaft hinaus. Man musste sie nur anheizen.

Diese Vorstellung von Arbeiterautonomie hatten sich die RK-Aktivisten von der italienischen *Lotta Continua* abgeschaut, mit der die Gruppe in engem Austausch stand. *Lotta Continua* hatte erklärt, Arbeiterautonomie heiße, »dass sich der Kampf der Arbeiterklasse nicht mehr umbiegen und ›umfunktionieren‹ lässt, so dass er in der einen oder anderen Weise letztlich zum Motor der kapitalistischen Entwicklung und Ansporn zu einer Rationalisierung wird. Autonom ist der Kampf der Arbeiter, sobald er objektiv – und nicht bloß im Bewusstsein oder der Absicht der Klasse – gegen den kapitalistischen Entwicklungsmechanismus geht.«[14]

Der RK leitete daraus die Prämisse ab, die Interessen der Arbeiter nicht zu repräsentieren (das warf man der parlamentarischen und gewerkschaftlichen Sozialdemokratie vor) noch durch die Führung einer revolutionären Partei zu substituieren (der Vorwurf ging an das ML-Lager), sondern die Kämpfe der Arbeiter zu »artikulieren«, den in ihnen aufschimmernden Widerspruch zur kapitalistischen Entwicklung aufzugreifen und auf der Höhe der gegebenen Klassenkämpfe zum Ausdruck zu bringen.[15]

---

14 Zitiert nach Revolutionärer Kampf (RK): Arbeiterautonomie!?, in: Wir Wollen Alles, Nr. 18, 1974, 5.

15 Dass man meinte, in den Kämpfen einen über das konkrete Ziel hinausweisenden Inhalt ausfindig zu machen, ist seinerseits eine Interpretationsleistung, die selbstverständlich von den revolutionären Aktivisten vorgenommen wird. So kommt – wenn auch durch die Hintertür – auch bei den Spontis eine Avantgarde ins Spiel, die den »ökonomischen Kampf« zu politisieren trachtet.

Das Mittel, um die Inhalte der Arbeiterkämpfe, die Interessen und Bedürfnisse der Arbeiter, ihre Widerstandsformen und das wirtschaftliche Umfeld, in dem sich diese entwickelten, zu erfassen, war die Untersuchung. Die Methode, um die richtige Strategie, das richtige Verhalten der »Revolutionäre im Betrieb« abzuleiten – war ebenfalls die Untersuchung.

Die Art und Weise, wie die Untersuchung angegangen werden sollte, lässt noch die studentische Prägung der Gruppe erkennen: Die Situation im Betrieb müsse mittels der marxschen Theorie auf die »kapitalistische Klassengesellschaft als konkretes Ganzes« bezogen werden. Nur durch die Vermittlung der praktischen mit der theoretischen Seite sei die »Einheit von Studieren, Kämpfen und Organisieren« zu erreichen. Die Formulierung der langfristigen Aufgabe der Untersuchungstätigkeit gelang in einem weiteren Dreiklang: Untersuchung – Konzernanalyse – Klassenanalyse.[16]

Zwei weitere Annahmen boten Orientierung in der unbekannten Welt der Großindustrie.

Erstens: Die zunehmende Automatisierung lasse den alten Facharbeiter langsam aus dem Produktionsprozess verschwinden. Dieser Arbeitertypus werde nach und nach ersetzt durch den zum »beidhändig tätigen Arbeitsaffen« (wie Karl Heinz Roth einige Jahre später unter Bezugnahme auf eine Formulierung Taylors schrieb) degradierten Massenarbeiter. Das musste nicht nur Auswirkungen auf die Inhalte künftiger Arbeitskämpfe haben, die – so nahmen die Frankfurter an – durch die feindselige Einstellung des Massenarbeiters gegenüber der Arbeit geprägt sein würden. Es werde auch einer sozialdemokratisch-reformistischen Politik überhaupt über kurz oder lang die Grundlage entziehen. Ein Vorbote dieser Entwicklung, so meinte man, waren die Septemberstreiks gewesen.

Zweitens: Die Arbeiterklasse in den westlichen Industrienationen sei längst multinational zusammengesetzt – und durch die Stellung im Produktionsprozess gespalten. Die besonders schweren und monotonen Tätigkeiten seien einer betrieblichen Unterschicht vorbehalten: den Gastarbeitern, die im Laufe der 1960er Jahre in großer Zahl angeheuert worden waren. Aber auch viele Frauen und junge Arbeiter konnten zu dieser Gruppe gezählt werden. Dagegen seien die Vor- und Facharbeiterpositionen vor allem mit männlichen deutschen Arbeitern besetzt, die von besserer Bezahlung und betrieblichen Aufstiegschancen profitierten. Dieses Arrangement führe zu unterschiedlichen Interessenlagen

---

16 RK: Untersuchung – Aktion – Organisation, 17ff.

im Betrieb und sei als Widerspruch innerhalb des Produktionsprozesses zentrale Bedingung für die Entwicklung von Klassenbewusstsein, wenn nicht sogar ein Grund dafür, dass es ein einheitliches Klassenbewusstsein aller Arbeiter nicht gebe. Die Kölner »Gruppe Arbeiterkampf«, auch aus dem antiautoritären Lager, schreibt 1973 über die Situation beim Autobauer Ford: »Aus der Stellung im Produktionsprozess ergibt sich also eine krasse Spaltung in Deutsche und Ausländer. Die Deutschen treten den ausländischen Arbeitern als Vorgesetzte, Antreiber, Kontrolleure oder sonstwie Privilegierte entgegen. Für die Ausländer stellt es sich dar als die Trennung zwischen ihnen, die viel, hart und dreckig arbeiten, und den Deutschen, die weniger und privilegiertere Arbeit haben. Dieser Widerspruch besteht auch gegenüber den Deutschen, die die gleiche oder schlechtere Arbeit machen als sie, denn sie haben die Erfahrung gemacht, dass es den Deutschen leichter fällt, aus der Scheiße herauszukommen (Aufstieg oder andere Firma), und dass diese vom Meister besser behandelt werden. Das bedeutet, dass im Bewusstsein vieler Arbeitsemigranten der Widerspruch nicht zwischen deutschem und ausländischem Proletariat auf der einen Seite und Kapitalisten auf der anderen Seite besteht, sondern zwischen den ›Deutschen‹ und den ›Ausländern‹.«[17]

In der Tat war die Spaltung des Arbeitsmarktes eine der Bedingungen des sogenannten Wirtschaftswunders. Ende der 1960er Jahre hatte sie in deutschen Unternehmen bereits eine beinahe 30-jährige Tradition. Im Nationalsozialismus hatte der Einsatz von etwa 14 Millionen Zwangsarbeitern[18] der deutschen Wirtschaft einen gewaltigen Modernisierungsschub ermöglicht – und eine Politik der Zugeständnisse an die »deutschen Arbeiter«, die man nach siegreicher Beendigung des Krieges zu den »Vorarbeitern Europas« machen wollte. Dieser Traum deutscher Industrieller war 1945 vorerst ausgeträumt. Nach Kriegsende wurden die freien Plätze mit den beinahe sieben Millionen erwerbsfähigen Flüchtlingen und Umsiedlern besetzt, die im Laufe der 1950er Jahre aus den ehemaligen deutschen Ostgebieten in die Bundesrepublik gelangten.

---

17 Gruppe Arbeiterkampf: Streik bei Ford Köln, Köln 1973, 35f. Bei Ford in Köln waren etwa zwei Drittel von insgesamt 24.000 in der Produktion Beschäftigten Ausländer, die meisten stammten aus der Türkei. Beim Ford-Streik von 1973 sollte sich die erwähnte Spaltung direkt auf das Verhalten der Beschäftigten auswirken, wie im 3. Kapitel gezeigt wird.

18 Das ist die Zahl der Menschen, die im Laufe des Krieges zur Arbeit ins »Reichsgebiet« verschleppt wurden. In den besetzten Gebieten wurden außerdem über 20 Millionen zur Zwangsarbeit herangezogen – die zur Vernichtung (durch Arbeit) bestimmten europäischen Juden nicht mitgezählt.

Auch sie waren zunächst ein billiges Arbeitskräftereservoir – auch wenn über ihren Einsatz nicht so frei verfügt werden konnte wie zuvor über den der Zwangsarbeiter. Als sie ab Mitte der 1950er Jahre einen höheren Lebensstandard durchsetzen konnten, heuerte die deutsche Wirtschaft im großen Stil »Gastarbeiter« aus süd- und südosteuropäischen Ländern an.

Der erste Vertrag zur Anwerbung von Arbeitern wurde 1955 mit Italien geschlossen; 1960 folgten Spanien und Griechenland, 1961 die Türkei.[19] Die Gastarbeiterinnen und Gastarbeiter und auch die zunehmend auf den Arbeitsmarkt drängenden Frauen mussten nun die Rolle der schlecht entlohnten und in besonders arbeitsintensiven Bereichen eingesetzten Unterschicht in den Betrieben spielen. Sie wurden ganz überwiegend als an- und ungelernte Arbeiter eingesetzt, fast nie als Facharbeiter. Und nicht nur das: Durch gesetzliche Regelungen, die die Zu- und Auswanderung der »Gastarbeiter« organisieren sollten, wurden den ausländischen Arbeitern eine Pufferfunktion im Falle von Krisen zugewiesen. Mit ihnen wollten die Unternehmen kurzfristige Schwankungen der Arbeitskräftenachfrage ausgleichen. Aufgrund dieser Situation erwartete der RK vom unqualifizierten Massenarbeiter am ehesten rebellische Taten im Betrieb – auch wenn man sich insgeheim den gemeinsamen Kampf aller Arbeiter wünschte.

In der Untersuchung der Klassenzusammensetzung, der Orientierung auf den (multinationalen) Massenarbeiter und der Ausrichtung am Prinzip der Arbeiterautonomie zeigte sich der starke Einfluss, den der Operaismus auf die Anhänger des »Revolutionären Kampfs« ausübte. Die Orientierung am Operaismus war aber kein Alleinstellungsmerkmal der Frankfurter Betriebsgruppe. Auch in anderen Städten orientierten sich Vertreter der antiautoritären Strömung an den Thesen aus Italien. Einige dieser Gruppen hielten in den Folgejahren besonders engen Kontakt untereinander. Zu diesen gehörten neben dem RK die »Arbeitersache« aus München, die »Gruppe Arbeiterkampf« aus Köln und die »Pro-

19 Manuela Bojadžijev hat in ihrem Buch über die »windige Internationale« herausgearbeitet, dass die Konzentration der Geschichtsschreibung auf die Anwerbeverträge die bereits zuvor auf eigene Faust unternommene Migration unsichtbar gemacht hat. In der Tat hatten sich bereits vor Unterzeichnung der Anwerbeabkommen zahlreiche Arbeiter vor allem aus Spanien und Griechenland in die Bundesrepublik aufgemacht. Mit Hilfe von Arbeitsvermittlern und Bekannten waren sie, manchmal illegal, eingereist und fanden Anstellung im deutschen Baugewerbe und anderswo. Vgl. Manuela Bojadžijev: Die windige Internationale. Rassismus und Kämpfe der Migration, Münster 2008, 98ff.

letarische Front« (PF) aus Hamburg. Ab 1973 gaben diese Gruppen eine gemeinsame Zeitung heraus, die sich nach einer in den italienischen Fabrikkämpfen populären Parole *Wir Wollen Alles!* nannte. In den Anfangsjahren gab es auch einen regen Austausch mit der Proletarischen Linken/ Parteiinitiative (PL/PI) aus Berlin, deren Mitglieder seit 1969 in Berliner Fabriken arbeiteten. Doch diese Gruppe zerfiel bereits Anfang der 1970er Jahre wieder. Da die genannten Gruppierungen als Kern der spontaneistischen Strömung noch länger die Haltung antiautoritärer Linker zu den Klassenkämpfen prägten und als Zusammenhang für einige Jahre von großer Bedeutung waren, sollen sie hier kurz vorgestellt werden. Die Münchener Arbeitersache war Ende 1969 gegründet worden. Sie bestand vor allem aus ehemaligen SDS-Aktivisten, einigen griechischen Intellektuellen sowie mehreren griechischen BMW-Arbeitern und war eng mit dem in München ansässigen Trikont-Verlag verwoben. Im Frühjahr 1970 gab die Arbeitersache ihre erste (mehrsprachige) Betriebszeitung bei BMW heraus. Ein Jahr später wurde auch eine Betriebsgruppe bei MAN, einem großen Fahrzeug- und Maschinenbau-Unternehmen, gegründet. Anders als bei den meisten vergleichbaren Zusammenschlüssen arbeiteten in der Arbeitersache nicht ausschließlich Studenten mit. Deshalb verzichtete die Gruppe auch darauf, Studenten zur Arbeitsaufnahme in die Fabrik zu schicken, sondern betonte die Notwendigkeit selbstbewusster externer Aktiver, die »keine Komplexe entwickeln, weil sie Studenten sind« (so schrieb die Gruppe in einem 1973 veröffentlichten Text[20]). Sehr bald entwickelte sich bei der Arbeitersache eine enge Zusammenarbeit mit Aktivisten von *Lotta Continua*, die es Anfang der 1970er Jahre nach München (und auch nach Frankfurt) verschlagen hatte. Mit der Arbeitersache assoziiert war auch die »Siemens Frauengruppe«. Auf ihre Geschichte wird im 3. Kapitel eingegangen.

Der Kölner »Arbeiterkampf« war indes eine reine Studentengruppe. Als SDS-Mehrheitsfraktion hatten sich die Aktiven des späteren »Arbeiterkampf« gegen die »Theoriefraktion« im lokalen SDS gewandt (die sich später mehrheitlich dem KBW anschloss). Die »Praktiker« bestanden darauf, dass es der Studentenbewegung vor allem an Erfahrung mit der Arbeiterklasse mangele. Sie schrieben: »Der eigentliche Grund (für die Spaltung des Kölner SDS; J.O.A.) war für uns jedenfalls das falsche Theorie-Praxis-Verhältnis der kommunistischen Studentenbewegung. Wir, die linken Studenten, sprachen von Proletariat, proletarischer Linie an

---

20 Arbeitersache: Was wir brauchen müssen wir uns nehmen. Multinationale Betriebs- und Regionsarbeit der Gruppe Arbeitersache München, München 1973, 90.

der Hochschule etc. und wussten vom westdeutschen Arbeiter nur, dass er morgens verflucht früh aufstehen muss und tagsüber blaue Anzüge trägt. Aus Werken von Marx, Lenin und Mao Tse-tung hatten wir außerdem noch gelernt, dass die Kollegen Mehrwert schaffen und ausgebeutet werden. Das war aber schon fast alles.«[21] Um dieses Manko zu beheben, begannen Mitglieder der Gruppe ab Anfang 1971 die Arbeit in Kölner Großbetrieben. Man wollte »was Richtiges« machen, ran an »die Basis des Widerspruchs zwischen Kapital und Arbeit« (wie es ein ehemaliges Mitglied dieser Gruppe ausdrückte). Der »Arbeiterkampf« legte seinen Anhängern sehr eindringlich nahe, von der Uni ans Montageband zu wechseln. Mit Erfolg: 30 bis 40 Mitglieder fanden schließlich Arbeit bei Ford, beim Kabelwerk Felten & Guillaume und bei KHD – Klöckner-Humboldt-Deutz, einem Kölner Motoren- und Nutzfahrzeug-Hersteller.[22] Damit war auch die Kölner Gruppe im Einzugsbereich der IG Metall gelandet – allerdings nur der männliche Teil. Die Frauen heuerten in typischen »Frauenbetrieben« an, bei Stollwerck (Schokolade) und 4711 (Parfüm).[23] Wer nicht in den Betrieb ging, unterstützte die Betriebsarbeit von außen.

In Hamburg hatten sich etwa 50 palästinensische, griechische, italienische und deutsche Linke in der Hochschulgruppe TRIKONT zusammengefunden, wo sie Möglichkeiten internationalistischer Politik erörterten. Zu ihnen gehörten Angelika Ebbinghaus und Karl Heinz Roth, der bis heute einer der bekanntesten Vertreter des Operaismus in Deutschland ist. Letzterer war durch seine Aktivitäten als Notstandsreferent des SDS und seine politischen Schriften schon über die Grenzen Hamburgs hinaus bekannt. Während sich die Gruppe zu Anfang auf die Solidarität mit Befreiungsbewegungen in anderen Ländern und auf politische Arbeit an der Uni konzentrierte, wendete sie sich bald dem Proletariat zu. Statt mehr oder weniger abstrakte Solidarität mit Bewegungen im Trikont zu üben, schlug die Gruppe nun vor, die Lage der multinationalen Massenarbeiter in Westdeutschland zu analysieren und deren Kämpfe als Teil der Klassenkämpfe des »Metropolenproletariats« zu unterstützen. Die Gruppe nannte sich Proletarische Front (PF) und legte Anfang 1970 eine programmatische Erklärung vor, in der sie den Aufbau einer

21 Gruppe Arbeiterkampf, Streik bei Ford, 230.
22 Die heutige Deutz AG.
23 »Frauenbetrieb« bedeutet, dass dort hauptsächlich Frauen arbeiteten. Dass dies bei »Parfüm« und »Schokolade«, nicht aber bei »Kabeln« und »Motoren« der Fall war, sagt einiges über die Geschlechterrollen dieser Zeit.

nicht-leninistischen kommunistischen Partei verlangte. Doch bevor die Studenten sich daran machen konnten, die »Machtorgane des Proletariats« aufzubauen, hatte sich die Gruppe bereits gespalten. Die verbliebenen zwölf Aktiven, die sich theoretisch stark am Marxismus der italienischen *Potere Operaio* orientierten, begannen 1971 ihre Untersuchung zum Produktionssektor in Hamburg, vor allem im Hafen und in den Werften, aber auch bei Klöckner in Bremen.[24] Dabei spielte die Agitation in den Wohnheimen der ausländischen Arbeiter eine große Rolle. In Frankfurt blieb eine Spaltung aus – doch es hätte leicht anders kommen können. Denn das *Untersuchungspapier*, das darauf hinauslief, die Arbeit im Betrieb aufzunehmen, war in der Gruppe nicht unumstritten. Barbara Köster gehörte zu den Befürwortern der Betriebsarbeit. Andere meinten, es sei nicht Aufgabe der Studenten, selbst zu Arbeitern zu werden, sondern diesen bei Bedarf Analysen zur Verfügung zu stellen. Schließlich entschied sich ein Mitglied der Gruppe zum Alleingang und ließ sich bei Opel in Rüsselsheim anstellen. Damit war's entschieden; von nun an machte man »Betriebsarbeit«. Im Oktober 1970 begann das erste Dutzend Studenten die Arbeit bei Opel, unter ihnen zwei Frauen. Barbara Köster war eine von ihnen.

»Aus den Massen schöpfen, in die Massen tragen« (beliebtes Motto maoistischer Gruppen)

Ein gemessen an der Zahl seiner Teilnehmer noch beliebterer Versuch, sich von der Studenten- in eine Arbeiterbewegung zu verwandeln, war die Gründung maoistischer Parteien, Bünde und Zirkel. Ab 1970 brach ein regelrechtes Gründungsfieber aus. Von der Attraktivität, die maoistische Theorieelemente im Ausklang der 1968er-Revolte hatten, war bereits im 1. Kapitel die Rede. Von großer Bedeutung waren dabei der scheinbare Antiautoritarismus der Kulturrevolution und die Beschwörung der »Massen« durch Mao und seine Getreuen. In den Septemberstreiks des Jahres 1969 schienen sich die Arbeiter nun auch in der Bundesrepublik »aus dem kapitalistischen Zwangsapparat« zu befreien und »den Kampf

---

24 Die Ergebnisse ihrer Diskussionen und Untersuchungen publizierte die PF in mehreren, teilweise recht umfangreichen Heften, die bis 1973 im Trikont-Verlag erschienen. Auch das 1974 veröffentlichte Buch von Karl Heinz Roth und Elisabeth Behrens *Die »andere« Arbeiterbewegung* kann als Ergebnis der Untersuchungsarbeit der Proletarischen Front gelten.

gegen die Monopole und ihre Knechte« zu eröffnen, wie die Betriebsprojektgruppe Heidelberg schrieb.[25]

Den – werktätigen – Massen wollten sich die Vertreter des maoistischen Flügels der Linken aber nicht durch (Mit-)Untersuchung nähern. Sie sahen den Grund für den Zerfall der studentischen Protestbewegung ebenso wie für das schnelle Verebben der Arbeitskämpfe nach den Streiks vom September 1969 im Fehlen einer kommunistischen Partei in Deutschland, die die Arbeiter und die »revolutionäre Jugend« als Avantgarde führen sollte. Oder genauer: im Fehlen einer »nicht-revisionistischen« Kommunistischen Partei. Seit Sommer 1968 hatte die »ML-Strömung« im ehemals antiautoritären Lager Massencharakter angenommen. Eine schlagkräftige und fest gefügte revolutionäre Organisation zu schaffen, schien vielen jungen Veteranen aus der Studenten- und Jugendrevolte die beste Gewähr dafür zu bieten, die politische Initiative wieder an sich zu reißen. Für sie standen die »Überwindung der antiautoritären Phase«[26] und der Aufbau einer mit Elementen aus der chinesischen Revolution angereicherten »proletarischen« Partei leninscher Bauart auf der Tagesordnung. Die Gründung der K-Gruppen stand zwar in der Tradition der antiautoritären Revolte, bedeutete aber zugleich den bewussten Bruch mit dieser Tradition.

Wie kamen die jungen Teilnehmer der Studentenbewegung auf die Idee, dass ausgerechnet sie eine kommunistische Arbeiterpartei aufbauen könnten? Schon in den Protestkampagnen des SDS hatte die Vorstellung, dass man die durch Wohlstand träge gewordene oder von der Springerpresse manipulierte Bevölkerung wachrütteln müsse, eine große Rolle gespielt. Dieser Avantgardismus kam in den maoistischen Gruppierungen zur vollen Blüte. Inzwischen waren sich die meisten einig, dass den Arbeitern beim Kampf für den Kommunismus eine Schlüsselrolle zukam: Nur sie konnten das Kapital stürzen und den Aufbau einer neuen Produktionsweise in Angriff nehmen. Zum anderen war nicht zu leugnen, dass die Revolte von 1968 eine Angelegenheit der Studentinnen und Studenten, bestenfalls der Jugend gewesen war. Dass die Arbeiter der Bundesrepublik nicht gerade dem Kommunismus zuneigten, konnten auch die Anhänger des Marxismus-Leninismus nicht übersehen. Zugleich schien der weltweite Aufschwung von Arbeiter- und Studentenprotes-

---

25 Betriebsprojektgruppe Heidelberg: Wilder Streik – Aktiver Streik, in: SDS Info 21, 1969.
26 Siehe Michael Steffen: Geschichten vom Trüffelschwein. Politik und Organisation des Kommunistischen Bundes 1971 bis 1991, Berlin/Hamburg/Göttingen 2002, 24.

ten, aber auch von nationalen Befreiungsbewegungen zu zeigen, dass die Entwicklung weltweit »objektiv« zur Revolution tendierte. War es also möglich, dass nicht die rebellierenden Studenten, sondern – »objektiv« gesehen – die Arbeiter falsch lagen, die mit ihrem Denken noch in der alten Gesellschaft verhaftet waren?

In diesem Sinne schien die Situation Ende der 1960er Jahre vielen erstaunliche Parallelen zu der im Russland der Jahrhundertwende aufzuweisen, die Lenin zu seinem Aufsatz *Was tun?* inspiriert hatte. Im ausgehenden 19. Jahrhundert hatte das zaristische Russland eine Reihe spontaner Massenkämpfe erlebt, Streiks und Arbeiterunruhen, aber auch Proteste der Studenten. In seiner 1902 erschienenen Schrift vertrat Lenin die Auffassung, gerade ein Aufschwung solcher Kämpfe erfordere das bewusste Eingreifen einer revolutionären Partei, sollten die Bewegungen nicht wieder im Nichts versanden. Lenin meinte, die Arbeiterklasse sei allein durch den ökonomischen Kampf, den sie im Betrieb gegen die Unternehmer führte, nicht in der Lage, ihr objektives Interesse an der Beseitigung der kapitalistischen Klassenherrschaft zu erkennen. Im Tagesgeschäft des Arbeitskampfes organisiere sich das Proletariat in erster Linie für ökonomische Ziele, nämlich für die Durchsetzung besserer Verkaufsbedingungen ihrer Ware, der Arbeitskraft. Dadurch könne aber letztlich nur ökonomisches bzw. in Lenins Worten »trade-unionistisches« oder »nur-gewerkschaftliches« Bewusstsein entstehen. Ein politisches Bewusstsein über die Notwendigkeit einer sozialistischen Revolution müsse den Arbeitern von den Revolutionären erst gebracht werden. Es gelange »von außen«, durch Aufklärung zu den Massen – Aufklärung durch die Partei. Nicht die Arbeiterklasse, sondern die Partei war somit die »objektive« Trägerin des proletarischen Klassenbewusstseins.

Eine solche Partei benötigte einen festen Stamm von »Berufsrevolutionären«, die das Klassenbewusstsein ins Proletariat »trugen« und es als Avantgarde führten. Im Idealfall waren die Revolutionäre selbst Arbeiter, die sich dadurch, dass sie die Arbeiterinteressen besonders konsequent vertraten, bei ihren Kollegen bereits Ansehen erworben hatten. Es ging aber auch anders. Die Identität als Revolutionäre im Dienste der Partei war letztlich entscheidend; hinter sie trat die soziale Herkunft der kommunistischen Kader zurück. Diese Sicht übernahmen die meisten Organisationen, die sich Anfang der 1970er Jahre in Westdeutschland gründeten. Trotzdem war die soziale Zusammensetzung der Partei immer ein Thema von besonderer Bedeutung, denn die »kleinbürgerlichen Genossen« aus der Studentenbewegung liefen ständig Gefahr, nicht den »proletarischen«, sondern einen vom kleinbürgerlichen Individualismus geprägten Standpunkt zu vertreten. Dafür, dass sie sich mit der Zeit einer »richtigen«, »proletarischen« Denkweise annäherten, sollte die Partei sorgen. Sie analysierte die Bedingungen des Klassenkampfes und erarbeitete eine adäquate revolutionäre Strategie. Die Mitglieder erarbeiteten sich in Schulungen die Linie der Partei, die den jeweils zeitgemäßen Stand des Klassenbewusstseins verkörpern sollte und zum Proletariat zu »tragen« war.

Dass die Partei imstande war, die richtige Linie zu formulieren, sollte das innere Organisationsprinzip des Demokratischen Zentralismus (von Lenin) und die permanente kritische Diskussion in der Partei selbst (das hatte man von Mao) sicherstellen. Der Demokratische Zentralismus, von Lenin in *Was tun?* erstmals ausformuliert, sieht eine hierarchische Binnenstruktur der Organisation vor, d.h. die jeweils höhere Instanz ist gegenüber den untergeordneten weisungsbefugt. Die Leitung ihrerseits ist der Organisation rechenschaftspflichtig; ihre Mitglieder sollen demokratisch gewählt werden und auch wieder absetzbar sein. Vollendet wird das Modell durch die Unterordnung der Minderheit unter den Willen der Mehrheit. Mit diesen Prinzipien sollte die »revolutionäre Demokratie« verwirklicht und mit der Fähigkeit, schnell reagieren und hart zuschlagen zu können, verknüpft werden.

Diese Prämissen machte sich in groben Zügen die gesamte marxistisch-leninistische Bewegung zu eigen. Der springende Punkt dabei war, dass nach Einschätzung aller Anhänger dieser Bewegung in Westdeutschland eine solche revolutionäre Partei völlig fehlte; an ihrer Gründung führte über kurz oder lang also kein Weg vorbei. Die »geistige Verfassung« des Proletariats wurde durch die politische Leerstelle natürlich beeinflusst. In Ermangelung einer revolutionären Gegenpropaganda, so sahen es viele Anhänger des Marxismus-Leninismus, schlug die bürgerliche respektive revisionistische Ideologie, der die Arbeiter permanent ausgesetzt waren, voll durch. Dass die Marxisten-Leninisten dem Bewusstsein einen derart großen Stellenwert beimaßen, ist sicher auch durch die Tradition der Studentenbewegung (mit ihren Anti-Springer-Kampagnen), in der die Aktiven standen, zu erklären. Vor allem aber zeigte sie eine im Vergleich zu vielen anderen europäischen Ländern überdurchschnittliche Distanz zwischen linken Studierenden und Arbeitern, die sich in den Protesten rund um 1968 mitunter in handgreiflicher Ablehnung der »Langhaarigen« durch so manchen Arbeiter ausgedrückt hatte.

Stand für die Gruppen aus dem operaistischen Spektrum das Bewusstsein der Arbeiter in einem engen Zusammenhang mit der Klassenzusammensetzung, so lag es für die Maoisten vor allem an der Abwesenheit der richtigen Partei, dass die Arbeiter kein richtiges Klassenbewusstsein ausbildeten. Das Proletariat verstanden sie als tendenziell einheitlichen Akteur, auf dessen Bewusstsein es einzuwirken galt. Entsprechend war die Werbung für die Organisation – bzw. ihre betrieblichen Zellen, Gewerkschaftsfraktionen und natürlich ihre Zeitung – zentrales Element maoistischer Betriebsarbeit.

Auch die reformistische Integration der Gewerkschaften und der ehemaligen Arbeiterpartei SPD in den bürgerlichen Staat – den man seinerseits als ein Instrument in den Händen des Kapitals verstand – sahen die maoistischen Gruppen als Problem für das proletarische Bewusstsein. Allerdings taten sich hier neue Widersprüche auf. Wegen ihrer reformistischen Orientierung seien Gewerkschaften und SPD oft nicht mehr in der Lage, auch nur die ökonomischen Interessen der Arbeiter konsequent zu vertreten. So entwickle sich bereits aus dem »trade-unionistischen Bewusstsein« der Arbeiter mitunter der Widerspruch zur »abwieglerischen« Politik ihrer reformistischen Vertreter. Die Septemberstreiks und die explodierenden Tarifforderungen der Arbeiter hätten das gerade deutlich gezeigt. Das war das Einfallstor für die revolutionäre Agitation der marxistisch-leninistischen Parteigänger.

Die revolutionäre Aufklärungsarbeit meinten auch die ML-Gruppen, nur von »innen«, als Teil des Proletariats wirksam durchführen zu können. Auch sie schickten daher ihre Mitglieder in die Betriebe – vor allem in solchen Branchen, die sich in den jüngeren Arbeitskämpfen besonders hervorgetan hatten: Stahl, Metall, Chemie. In den Fabriken sollten die maoistischen Kader einerseits ihre kleinbürgerliche Herkunft »überwinden« und »zu Arbeitern werden«. Andererseits sollten sie sich ihren Kollegen als verlässliche Arbeitskameraden empfehlen und durch Beteiligung an den Alltagskämpfen Vertrauen erwerben. Hier galt das Leninsche Motto der »Teewasserpolitik«. Frei übersetzt bedeutet das: Kein betrieblicher Konflikt ist so unbedeutend, als dass sich durch konsequente Vertretung des Arbeiterstandpunkts darin nicht etwas fürs Klassenbewusstsein tun ließe – nicht einmal der Konflikt um sauberes Wasser für den Pausentee.

Durch diese Haltung sollten sich die proletarisierten Revolutionäre auch positiv von der Politik der »Revisionisten« (womit hauptsächlich die DKP gemeint war) absetzen. Folgt man der KPD/ML – und das soll zur Veranschaulichung der Argumentation an dieser Stelle getan werden –, machte sich das Kapital die »Revisionisten« zunutze, um den Augenblick der Einsicht der Massen in die Verderbtheit des herrschenden Systems hinauszuzögern. Der revisionistische Trick bestand demnach darin, dass diese sich als konsequente Vertreter der Arbeiter ausgaben, durch ihren Reformismus aber die Lohnabhängigen nur umso stärker an die bestehende Ordnung banden.

Für die Anhänger der KPD/ML ergab sich hieraus die Aufgabe, die Arbeiter über die wahre Natur der bürgerlichen Gesellschaft, über den »Verrat« der Reformisten in Staat und Gewerkschaften und den der Revisionisten von der D»K«P (so die konsequente Schreibweise im *Roten Morgen*[27]) aufzuklären und die Notwendigkeit der proletarischen Revolution aufzuzeigen. »Fortschrittliche« Arbeiter wollte man in der entsprechenden revolutionären Partei oder ihren Betriebszellen organisieren.

Die Aufklärung geschah durch politische Propaganda anhand aktueller Themen, außerdem dadurch, dass sich die Partei in den Betrieben verankerte, am »ökonomischen Kampf« des Proletariats führend teilnahm und in diesem immer wieder erfahrbar machte, wie die Gewerkschaften und die Revisionisten die Interessen der Arbeiter verrieten. Und schließlich musste man sich mit konkurrierenden ML-Gruppen ideologisch auseinandersetzen, da diese durch ihre Agitation die Arbeiter mit revisionistischen, rechts- oder linksopportunistischen Positionen zu verwirren drohten. Mit dieser Position war die KPD/ML allerdings nicht repräsentativ für das gesamte maoistische Spektrum, sondern eher für deren »rrradikalen«[28] Flügel. Andere Gruppierungen dieser Strömung verfolgten einen pragmatischeren Politikstil, der Bündnisse mit Gewerkschaften oder der DKP nicht prinzipiell ausschloss.

Um gegen das »falsche Bewusstsein« anzuarbeiten, war es für die entstehenden Organisationen des maoistischen Spektrums von großer Bedeutung, eigene Parteizeitungen herauszugeben. Auch bei der Organisationszeitung standen die Konzepte Lenins Modell. Die Publikation galt als der »kollektive Agitator und Organisator« der Gruppe. Das bedeutete, dass alle Mitglieder auf die eine oder andere Weise in die Erstellung und Verteilung der Zeitung eingebunden waren. Was die Verteilung anging, hieß das: Verkaufseinsätze vor Betrieben und U-Bahnhöfen, auf Demonstrationen, in Kneipen und an der Uni.

Bevor die praktische Seite der Arbeit genauer in den Blick genommen wird, sollen die verschiedenen Organisationen aus dem maoistischen Spektrum kurz vorgestellt werden.

---

27 Die Anführungszeichen links und rechts des »K« im Kürzel DKP sollten verdeutlichen, dass sich die Moskautreuen mit dem Attribut »Kommunistisch« schmückten, ohne wirklich Kommunisten zu sein.

28 Mit dieser Schreibweise ironisierte der Kommunistische Bund aus Hamburg die seiner Ansicht nach »ultra-linken« Positionen von KPD/ML und KPD/AO.

Das Universum des Marxismus-Leninismus

Die erste in der Reihe der »marxistisch-leninistischen« Parteigründungen war die KPD/ML. Anfang Januar 1969 war in der Zeitung *Roter Morgen*, als deren Herausgeber Ernst Aust fungierte, Folgendes zu lesen:»33 Delegierte aus allen Teilen Westdeutschlands und Westberlins berieten auf dem Gründungsparteitag über die nach Diskussion in den einzelnen Gruppen vorgelegten Papiere (...). Nach lebhafter Aussprache wurden die Entwürfe geringfügig geändert angenommen. Im Anschluss daran wählte der Parteitag die einzelnen Organe der Partei. Die KPD/ML, legitime Nachfolgerin der revolutionären Partei Karl Liebknechts, Rosa Luxemburgs und Ernst Thälmanns war damit gegründet.«[29] Die Gründung datiert auf den 31. Dezember 1968. Gründungsort: das Lokal »Ellerneck« in Hamburg-Bramfeld. Zumindest das Datum war mit Bedacht ausgewählt: Exakt 50 Jahre zuvor hatten Rosa Luxemburg und Karl Liebknecht die historische KPD gegründet.

Anders als bei den meisten späteren maoistischen Gruppierungen kamen die Gründer der KPD/ML nicht ausschließlich aus der Tradition der Studentenbewegung. Ernst Aust gehörte zu einer kleinen und verstreuten Strömung innerhalb der illegalen KPD, die ab Mitte der 1960er Jahre die »revisionistische Entartung« der Partei kritisiert hatte. Inspiriert von Schriften der chinesischen und albanischen KPen, orientierten sich seitdem einige lokale Zirkel aus der verbotenen Partei an den Thesen des Marxismus-Leninismus. Willi Dickhut war eine weitere Person aus dieser Szene. Er gehörte einem Zirkel aus dem Ruhrgebiet an, war aber schon zur Weimarer Zeit Mitglied der KPD gewesen und wurde 1966 wegen prochinesischer Positionen ausgeschlossen. Ernst Aust hatte einige Jahre die KPD-nahe Hamburger Wochenzeitung *Dat Blinkfüer* herausgegeben, die immerhin mehrere Tausend (manche Quellen sprechen von mehreren Zehntausend) Leserinnen und Leser erreichte. Um der Diskussion über eine »nicht-revisionistische« Partei des Proletariats in der illegalen KPD ein Forum zu geben, vertrieb er seit 1967 den *Roten Morgen*. Das Blatt erschien zunächst in einer Auflage von einigen Hundert Exemplaren.

Diese Tradition machte eine Besonderheit der KPD/ML im maoistischen Spektrum aus – und erklärt sowohl ihren Reiz für die nach Orientierung suchenden Studenten als auch das relativ frühe Gründungsdatum. Den Mythos, eine »echte Arbeiterpartei« in der Tradition der

---

29 Roter Morgen, Dezember 1968/Januar 1969, 1.

KPD zu sein, pflegte die KPD/ML auch in späteren Jahren.[30] Dass sich die Neugründung als die legitime Erbin der historischen KPD verstand, machte sie in ihrer Gründungserklärung deutlich. Um diesen Anspruch zu unterstreichen, sandte sie Grußbotschaften an ihre »Bruderorganisationen«, die Kommunistischen Parteien Chinas und Albaniens. Darin stellte sie sich als die »revolutionäre Kraft des deutschen Proletariats« vor, lobte die chinesischen und albanischen »Waffenbrüder« und bot sich als neuer Partner im internationalen antiimperialistischen Kampf an. An die KP China gerichtet erklärte sie (ohne ironische Absicht!):»Die Delegierten des Gründungsparteitages der KPD/ML begrüßen die Explosion der jüngsten chinesischen Wasserstoffbombe als einen erneuten Erfolg der Ideen Mao Tse-tungs und der Großen Proletarischen Kulturrevolution. China verfügt bereits über Atombomben und gelenkte Raketen und hat nun zum zweiten Mal erfolgreich die Wasserstoffbombe gezündet. Das hebt die Moral der revolutionären Völker der ganzen Welt und dämpft die Arroganz des Imperialismus, des modernen Revisionismus und aller Reaktionäre.«[31]

Dieser Duktus machte die Aust-Partei vielen suspekt. Hinzu kam, dass die KPD/ML als erste Parteigründung des maoistischen Lagers anfällig für Störungen war. Schon in den Anfangsjahren (zwischen 1970 und 1972) spaltete sich die KPD/ML in zwei, bald darauf drei konkurrierende Organisationen: die KPD/ML Zentralkomitee oder *Roter Morgen*, benannt nach dem Zentralorgan der Partei, und die KPD/ML Zentralbüro (kurz: ZB) oder *Rote Fahne* – nach ihrem Zentralorgan.

Vordergründig verlief die Spaltung entlang der Frage, womit man beginnen sollte: mit Theorie oder Praxis. Die Vertreter des Roten Morgen erklärten, es käme zunächst auf die »marxistisch-leninistische Analyse der Situation« an; die »ZBler«, die vor allem im Ruhrgebiet stark waren, drängten zur Praxis, in die Betriebe. Man warf sich gegenseitig »Ökonomismus« oder »Herabminderung der Rolle der revolutionären Theorie«, »Zurückweichlertum«, »Beseitigung der Hegemonie des Proletariats«

---

30 Die KPD/ML machte später den übermäßigen »Zustrom ungefestigter, kleinbürgerlicher Genossen aus der Studentenbewegung« für ihre anfängliche Neigung zu Richtungskämpfen und Spaltungen verantwortlich (siehe Zentralkomitee der Kommunistischen Partei Deutschlands/Marxisten-Leninisten: Zehn Jahre KPD/ML. 10 Jahre Kampf für ein vereintes, unabhängiges, sozialistisches Deutschland, Dortmund 1979, 53). Folglich versuchte sie (wie einige andere Organisationen auch), den Anteil »nichtproletarischer Mitglieder« durch Aufnahmestopp zu begrenzen. Trotzdem blieb auch die KPD/ML eine von ehemaligen Studenten dominierte Gruppe.
31 Roter Morgen vom Dezember 1968/Januar 1969, S. 18.

oder »Liquidierung der Partei« vor.[32] Im Streit zwischen der »Hauptseite Theorie« und der »Hauptseite Praxis« hatte sich wiederum die KPD/ML Revolutionärer Weg um Willi Dickhut von den »Praktikern« des Zentralbüro getrennt. Man verliert bei dieser Kaskade aus Gründung, Spaltung und Neugründung leicht den Überblick. Die – auf einige Städte an Rhein und Ruhr begrenzte – Gruppe um Willi Dickhut sollte der bundesdeutschen ML-Szene einige Jahre später eine weitere Partei-Vorform bescheren: den Kommunistischen Arbeiterbund Deutschlands (KABD) – die Vorstufe zur heute noch bestehenden Marxistisch-Leninistischen Partei Deutschlands, MLPD.[33] Die Reste des »Zentralbüros« dagegen schlossen sich einige Jahre später zum großen Teil wieder der KPD/ML Roter Morgen an.

Obwohl Pionier der Gründungswelle, konnte die KPD/ML die überwiegende Mehrheit der ML-Anhänger von der Universität nicht von ihrer Organisation überzeugen. Ein Jahr später befand ein weiterer Zirkel die Zeit reif für den Aufbau einer bundesweiten Partei. Am 28. Februar 1970 erklärten in Westberlin etwa 70 Mitglieder des Berliner SDS um ihre Wortführer Christian Semler und Jürgen Horlemann, die Mehrzahl Germanistik-Studenten von der Freien Universität, die Gründung der KPD/Aufbauorganisation, kurz: KPD/AO. Dem Schritt lag nicht zuletzt die Absicht zugrunde, der völlig zersplitterten Linken Westberlins ein straffes Organisationsangebot zu machen. Das Kürzel »AO« war als Signal an jene gedacht, die die Zeit für eine Parteigründung noch nicht gekommen sahen.[34] Doch auch die KPD/AO war eine avantgardistische Initiative von begrenzter Größe. Ihre Anhänger rekrutierte sie vor allem an den zwei Westberliner Universitäten. Dass es weniger als hundert

---

32 Da bis zur Spaltung Mitte 1970 mal die eine, mal die andere Fraktion die Oberhand hatte, auch in der Redaktion des *Roten Morgen*, wechseln sich einander widersprechende Erklärungen auf der Titelseite des Zentralorgans der Partei ab. Mal galt es, den politischen Kampf auf organische Weise mit dem ökonomischen Kampf zu verbinden, mal sollte der ökonomische dem politischen untergeordnet, letzterer durch verstärkte »politische Enthüllungen« (auch ein Begriff aus dem leninschen Vokabular der Jahrhundertwende) vor den Betrieben vorangebracht werden.

33 Hinzu kamen diverse Abspaltungen von lokaler oder regionaler Bedeutung. In Berlin machten sich zeitweise vier Organisationen Konkurrenz, die für sich in Anspruch nahmen, die Tradition der KPD/ML fortzuführen. Neben den beiden bereits genannten (»ZK« bzw. »RM« und »ZB« bzw. »RF«) waren das die Sozialistische Deutsche Arbeiterpartei und die KPD/ML Neue Einheit (!).

34 18 Monate später, im Juli 1971, strich die auf rund 300 Mitglieder angewachsene Gruppe den Zusatz »Aufbauorganisation« aus ihrem Namen und nannte sich nur noch Kommunistische Partei Deutschlands – KPD.

vornehmlich intellektuelle Aktive waren, die den Parteiaufbau »von oben« begannen, focht die Gründer auch in diesem Fall nicht an. Ausschlaggebend war in der Wahrnehmung der Beteiligten die Gewissheit, den rechten Schritt zur rechten Zeit zu tun. Die KPD/ML erhob gegen die junge Konkurrenz den Vorwurf des »Spaltertums, bemäntelt durch das Geschrei nach Einheit«.[35] Ohne Not hätten die »Gründungsopportunisten« der KPD/AO eine eigene Organisation aus der Taufe gehoben, obwohl der bestehenden Partei eine revisionistische Linie noch nicht nachgewiesen worden sei, ja mehr noch: ohne dass die Neugründer den »aktiven ideologischen Kampf mit der KPD/ML« überhaupt gesucht hätten. Fortan erhoben beide Gruppierungen den Anspruch, die jeweils legitime Nachfolgerin der Weimarer KPD zu sein, der sich alle anderen Marxisten-Leninisten anzuschließen hätten.

Um diesen Anspruch zu unterstreichen, griffen beide Organisationen auf den Fundus kommunistischer Parteiriten aus der Weimarer Zeit zurück: Fahnenmeere, Schalmeienklänge, frenetischer Jubel und »Voran«-Parolen bei jeder größeren Versammlung und jedem Aufzug der Organisation. Indem sie die kulturellen Darbietungen (und Symbolpolitiken) der 1920er-Jahre-KPD nachahmten, hofften die Gruppen, an eine im Proletariat schlummernde widerständige Tradition anknüpfen zu können. Nähe zur Zielgruppe sollte noch ein weiterer Schritt herstellen: Beide Organisationen zogen Anfang der 1970er Jahre in Richtung Proletariat um und verlegten ihre Parteizentralen ins Ruhrgebiet.

Andere Zirkel aus der ML-Bewegung lehnten eine Parteigründung als verfrüht ab. Sie beriefen sich ebenfalls auf Lenin und erklärten, man befinde sich in einer Phase des Zirkelwesens, aus der sich nach und nach – mit wachsender Dynamik der Bewegung und der Klassenkämpfe und im theoretischen Kampf der Linien – der Kern einer künftigen revolutionär-kommunistischen Partei erst herausschälen müsse. Gegen konkurrierende Organisationen des eigenen Lagers war scharfe Abgrenzung nicht nur erlaubt, sondern geboten. Lenin selbst hatte in seiner Schrift *Was tun?* den energischen Kampf gegen alle »schlechten Berater« der Arbeiterklasse zu einer wichtigen Aufgabe junger sozialistischer Bewegungen erklärt. Also wurden die Parteigründungen in Hamburg und Berlin von heftigen Polemiken begleitet. Der erbitterte ideologische Kampf, der vergleichsweise kleine politische Unterschiede zu unüberbrückbaren Widersprüchen machte, war ein Charakteristikum der marxistisch-leninistischen Gruppierungen. Ich werde noch darauf zurückkommen.

---

35 Roter Morgen, Nr. 6, Juni 1970.

Doch auch unter den Anhängern des Zirkelwesens wuchs der Wunsch, die vorhandenen Kräfte zu bündeln. Aus den verschiedenen Versuchen, die Bewegung organisatorisch zu vereinen, gingen nach und nach vier weitere Zusammenschlüsse mit überregionalem Anspruch, wenn auch meist regionaler Bedeutung, hervor: Ende 1971 wurde in Hamburg der Kommunistische Bund (KB) gegründet. Der KB war der Zusammenschluss des Kommunistischen Arbeiterbundes (KAB) mit dem Sozialistischen Arbeiter- und Lehrlings-Zentrum (SALZ) – wobei erstgenannte Gruppe kein »Arbeiterbund«, sondern eher ein Theoriezirkel war. Die Zeitung *Arbeiterkampf* (AK) war das Herz des KB und wurde – wegen seiner gründlich recherchierten Artikel und bissigen Kommentare zur Entwicklung anderer maoistischer Gruppen (in der Rubrik »Aus der ML-Szene«) – auch von vielen Linken gelesen, die dem organisierten Marxismus-Leninismus eher kritisch gegenüberstanden.

Verglichen mit anderen Organisationen stach der KB durch seinen Verzicht auf revolutionäre Jubelpropaganda und eine eher zurückhaltende Einschätzung der gesellschaftlichen Kräfteverhältnisse hervor. Der Ursache hierfür war die von vielen auch nicht-maoistischen Teilnehmern der Studentenbewegung geteilte Leithypothese von der drohenden Faschisierung der bundesdeutschen Gesellschaft. Beim KB schlug, im Gegensatz zur maoistischen Konkurrenz, das Pendel in Richtung der pessimistischsten möglichen Deutung der gesellschaftlichen Entwicklung aus. Auch wegen dieser zurückhaltenden Beurteilung der eigenen Kräfte legte der Bund großen Wert auf Bündnisfähigkeit mit dem links-bürgerlichen politischen Lager.

Der ideologische Pragmatismus und die politische Flexibilität des KB gingen allerdings einher mit dem völligen Verzicht auf demokratische Kontrolle der organisatorischen Leitung. Die Angehörigen des Leitungsgremiums waren aus konspirativen Gründen den Mitgliedern des Bundes nicht bekannt; anders als in den ML-Parteien wurden sie auch nicht gewählt. Das Gegengewicht gegen die herausgehobene Position der Leitung war die lebhafte und kontroverse Diskussion in den Gliederungen der Gruppe, die sich in aller Ausführlichkeit im AK niederschlug. Auch wenn dem KB die Ausdehnung auf andere Regionen gelang, sollte Hamburg doch stets sein unbestrittenes Schwerpunktgebiet bleiben. Das brachte ihm im linken Sprachgebrauch auch den Namen »KB-Nord« ein.[36]

---

36 Für eine ausführliche Darstellung der Geschichte und Politik des Kommunistischen Bundes siehe Michael Steffen: Geschichten vom Trüffelschwein.

Die restlichen Organisationen sollen an dieser Stelle nur kurz genannt werden: 1972 schloss sich – wie erwähnt - eine aus den Spaltungswirren der KPD/ML hervorgegangene Fraktion um Willi Dickhut mit dem Kommunistischen Arbeiterbund/ML zum Kommunistischen Arbeiterbund Deutschlands (KABD) zusammen. Der KABD hatte seinen Schwerpunkt in Süddeutschland.[37] Im Mai 1973 folgte in Regensburg die Gründung des Arbeiterbundes für den Wiederaufbau der KPD – allgemein »AB« genannt –, dessen Reste ebenfalls noch heute aktiv sind. Im Juni 1973 schließlich rundete der Kommunistische Bund Westdeutschland (KBW) die Welle der maoistischen Gründungen ab. Der KBW schaffte am ehesten so etwas wie eine bundesweite Vereinheitlichung durch ausführliche Programmdiskussion. Die beteiligten Zirkel – ursprünglich sechs, zum Zeitpunkt der Gründung schließlich fast einhundert[38] – hatten teilweise schon seit Jahren miteinander in Diskussion gestanden. Zwar verfügte der KBW in Heidelberg/Mannheim und Bremen auch über regionale Schwerpunkte, doch war die bundesweite Streuung größer als bei den anderen Organisationen. Er hatte mit geschätzten knapp 3.000 Anhängern zu seinen besten Zeiten auch die mit Abstand größte Mitgliederzahl. Für beides mag neben der ausführlichen programmatischen Debatte auch der Zeitpunkt der Gründung eine Rolle gespielt haben. Der KBW war die letzte Gelegenheit, an der Neuentstehung einer bundesweiten Organisation teilzunehmen.[39]

Neben diesen großen »Bünden« bestand bis Ende der 1970er Jahre eine Vielzahl weiterer regionaler oder lokaler Zirkel, die sich auf den Marxismus-Lenismus und die »Mao-Tse-tung-Ideen« beriefen. Sie hatten mehr oder weniger ausgeprägte Besonderheiten, die sie von den großen Gruppierungen und voneinander unterschieden. Manche neigten zu einem politischen Pragmatismus, der sich nur schwer mit den Linienstreits der »großen« Organisationen vertrug. Andere wiederum fürchteten die Verwässerung der reinen Lehre durch die ideologischen Abstriche, die die »Großen« aus bündnispolitischen oder anderen Erwägungen zu ma-

---

37 1982 erklärte der KABD – ganz gegen den Trend der Zeit – den Moment für die Parteigründung gekommen und benannte sich in Marxistisch-Leninistische Partei Deutschlands (MLPD) um. Die MLPD besteht bis heute fort. Seit ihrer Gründung 1982 hat Stefan Engel den Vorsitz inne. Er wurde seitdem sechs Mal als Parteivorsitzender bestätigt und führt die gut 2.000 Mitglieder bis heute auf unverwässert marxistisch-leninistischem Kurs.

38 So das ehemalige KBW-Mitglied Gerd Koenen: Das rote Jahrzehnt, 281.

39 Wer sich über die Spezifika des KBW informieren will, findet z.b. im *Roten Jahrzehnt* von Gerd Koenen – ehemals in leitenden Funktionen des Bundes aktiv – reichhaltiges Material.

chen bereit waren. Mehr oder minder stark ausgeprägt verfolgten alle die Vision der Parteigründung – auch wenn das politische Reinheitsgebot vielen einen solchen Schritt faktisch unmöglich machte.

Auch wenn die Beteiligten das weit von sich gewiesen hätten, waren die ideologischen Unterschiede der verschiedenen Bünde und Parteien von außen betrachtet eher gering. Fast alle einte die Annahme, die KPdSU und ihre jeweiligen Auslandsvertretungen (wie die DKP in Westdeutschland) seien auf einen revisionistischen Kurs eingeschwenkt und hätten die Revolution verraten. In unterschiedlichem Maß berief man sich auf die »bolschewistischen Klassiker«, in erster Linie auf Lenin, oft auch auf Stalin. Ebenfalls unterschiedlich stark lehnten sich die verschiedenen Gruppen an die KP Chinas unter Mao, in Einzelfällen auch die KP Albaniens an.[40] Die ML-Gruppen suchten auch den Schulterschluss mit Bruder- und Schwesterorganisationen im Ausland, in erster Linie mit Befreiungsbewegungen in Ländern des Trikont, über deren Kämpfe sie ausführlich berichteten. Dass dieser Internationalismus (verstanden als Solidarität mit Befreiungskämpfen in Ländern des Südens) so große Bedeutung für die politische Identität der ML-Organisationen hatte, erklärt sich einerseits aus der internationalistischen Erfahrung der 1968er-Bewegung. Er drückte das Bewusstsein aus, einer globalen linken Bewegung anzugehören – einer Bewegung, die sich Anfang der 1970er Jahre zudem noch in der Offensive befand. Zugleich war er Kompensation für die randständige Position in der bundesdeutschen Gesellschaft. Er vermittelte die Gewissheit, in einer globalen politischen Konfrontation »eine Rolle zu spielen«.

Der Grad der Identifikation mit dem chinesischen und der Ablehnung des sowjetischen Bezugssystems war auch ein wichtiges Kriterium

---

40 Infolge des Partisanenkrieges gegen die deutsche Besatzung waren in Albanien 1944 die Kommunisten unter Enver Hoxha an die Macht gekommen. Zunächst eng mit Titos Jugoslawien verbunden, lehnte sich die KP Albaniens nach 1948 zunächst an die Sowjetunion an und schloss die Grenzen zum nördlichen Nachbarn. Als Nikita Chruschtschow in der Sowjetunion eine schrittweise Abkehr vom stalinistischen Kurs einleitete, kam es zum Bruch zwischen Moskau und Tirana. Da aber die Industrialisierung vollständig von sowjetischer Technologie abhing, besiegelte dieser Schritt auch den wirtschaftlichen Verfall Albaniens. In dem kleinen Agrarland wurde der Mangel wieder ein alltägliches Phänomen. Auch das Bündnis mit China war nicht von Dauer. Die Reformen nach Maos Tod kritisierte Enver Hoxha als revisionistisch, 1978 war die Liaison zwischen den beiden Ländern am Ende. In den 1980er Jahren machte die südeuropäische Volksrepublik vor allem durch grassierenden Mangel, einen ausgeprägten Hoxha-Kult, staatlich verordneten Atheismus und einen strikten außenpolitischen Isolationskurs von sich reden.

für die Abgrenzung der marxistisch-leninistischen Bünde untereinander. Als die KP China im Jahr 1975 die »Theorie der Drei Welten« formulierte, in der sie die Sowjetunion mit ihrem »Sozialimperialismus« zur »aggressiveren imperialistischen Supermacht« erklärte, schwenkten einige ML-Gruppen auf diese Linie ein – und leiteten daraus mitunter irrwitzige Schlussfolgerungen ab. Die KPD/ML etwa erklärte, im Falle eines Angriffs der Sowjetunion auf die Bundesrepublik sollten revolutionäre Kommunisten zur Vaterlandsverteidigung bereit sein. Sie propagierte die Infiltrierung der Bundeswehr, um sich dort eine kostenlose Ausbildung an der Waffe zu verschaffen und bei der Gelegenheit gleich propagandistische Arbeit unter den Soldaten zu leisten.[41] Die KPD (ehemals KPD/AO) vollzog einen ähnlichen Schwenk. Sie garnierte ihren Aufruf zur Verteidigung der Heimat mit der Forderung nach besserer Ausrüstung für die Bundeswehr und nach Stärkung der NATO. Das gab anderen Gruppierungen aus dem ML-Spektrum – und natürlich der DKP – Munition, um den beiden Parteien Antikommunismus oder Nationalismus vorzuwerfen und sie spöttisch als »Vaterlandsverteidiger« zu bezeichnen (eine bevorzugte Polemik des KB in seiner Zeitung *Arbeiterkampf,* die in ihren Karikaturen die Anhänger der beiden Parteien mit Blindenbinde und Blindenstock kennzeichnete).

Diese Unterscheidung (in ideologisch schematischer argumentierende und pragmatischer ausgerichtete Organisationen) lässt sich auch in anderen Politikbereichen treffen, etwa in der Gewerkschaftspolitik der Parteien und Bünde. Warf die KPD/ML (wie die KPD/AO) den Gewerkschaften rundheraus Verrat und Käuflichkeit vor, so vertraten KB und KBW die Position, der Kampf um die Gewerkschaftsmitglieder müsse primär innerhalb der bestehenden Institutionen geführt werden. Ähnlich verhielt es sich bei der Bedeutung, die dem Kampf gegen »Revisionisten« im politischen Tagesgeschäft zukam. Auch hier verfochten die beiden Parteien eine kompromisslose, die beiden Bünde eine eher pragmatische Linie.

Trotz dieser (und anderer) Skurrilitäten war die ML-Szene ein gutes halbes Jahrzehnt so etwas wie eine jugendliche Massenbewegung. Ein paar Zahlen sollen das verdeutlichen: Auf dem Zenit der ML-Bewegung – etwa um das Jahr 1975 herum – soll die (vergleichsweise kleine) KPD/ML an die 800 »Vollmitglieder« gehabt haben. Die Vollmitgliedschaft in einer Kaderpartei setzte schon ein gehöriges Maß an Aktivität voraus. Bevor

---

41 Siehe ZK der KPD/ML: Was will die KPD/ML? Einige Fragen und Antworten, Hamburg 1974, 45.

man Vollmitglied werden konnte, musste man in fast allen der genannten Organisationen eine zumeist halb- bis einjährige Sympathisanten- oder Kandidatenphase bestehen, in der die Mitarbeit in einer Betriebs- oder Stadtteilzelle vorgesehen war, außerdem Teilnahme an Schulungen, Demonstrationen, Zeitungsverkäufen, Info-Ständen und anderen Terminen der Partei. Die Zellen, in denen die Kandidaten mitarbeiteten, wurden in der Regel von einem oder mehreren Parteimitgliedern angeleitet, die wiederum Berichte über die Zelle für die nächsthöhere Kaderebene verfassten. Nicht selten entstand ein zusätzlicher Aufwand durch zahlreiche konspirative Maßnahmen, die einzelne Organisationen von ihren Mitgliedern verlangten, um staatlichen Verfolgungsmaßnahmen vorzubeugen. Hierzu gehörte z.b., dass die Mitglieder sich neue Namen zulegten, die sie benutzten, um mit anderen Mitgliedern zu kommunizieren. Solche »Organisationsnamen« sollten sicherstellen, dass niemand bei Verhören seine Genossen verraten konnte. Manchmal lernten langjährige Organisationsgefährten sich erst Jahre später unter ihren richtigen Namen kennen.

Eine andere Vorsichtsmaßnahme bestand darin, Treffen nur in konspirativen Wohnungen abzuhalten. All diese Vorkehrungen dienten zur Vorbereitung auf ein befürchtetes Verbot durch den Staat: Die Struktur sollte quasi bruchlos in der Illegalität fortexistieren können. Müsste man über den praktischen Nutzen dieser Maßnahmen spekulieren, so war die wichtigste Funktion vermutlich, bei den Mitgliedern Bedeutung zu erzeugen: das Gefühl, bei etwas Wichtigem dabei zu sein. Für die praktische Arbeit waren die Sicherheitsregeln eher lästig.[42]

Ob mit oder ohne konspirativen Mehraufwand: Die Arbeit für die Partei konnte schnell zum Vollzeitjob werden. Für alle, die nicht ganz so viel Zeit aufbringen konnten, gab es »Massenorganisationen« wie die Rote Garde (Jugendorganisation) der KPD/ML, die Liga gegen den Imperialismus oder den Kommunistischen Studentenverband (beide KPD/

---

42 Den Vogel schoss die KPD/ML Zentralbüro ab, die ihre Mitglieder 1972 zum präventiven Gang in die Illegalität verpflichtete. Diese mussten nun unter falschem Namen Wohnungen anmieten und sollten sich auch nicht mehr offen treffen; die Maßnahmen waren inspiriert von Verhaltensregeln illegaler KPD-Zirkel aus der Zeit des Nationalsozialismus, die im Heftformat vertrieben wurden (Titel: »Die Lehrabschlussprüfung des Drehers«). Die Illegalität brachte die praktische Arbeit der Organisation beinahe völlig zum Erliegen und leitete schließlich ihren Zerfall ein. Die Mehrzahl der Mitglieder hatte die Konspiration ohnehin bereits nach wenigen Monaten aufgegeben. Viele von ihnen schlossen sich nach dem Zerfall der KPD/ML Zentralbüro wieder der »alten« KPD/ML an.

AO) – um nur einige zu nennen. In diesem breitgefächerten Organisationsangebot kam der Anspruch der ML-Gruppen zum Ausdruck,»in allen Sphären der bürgerlichen Gesellschaft präsent zu sein«[43]. In diesen Verbänden arbeiteten ebenfalls mehrere Hundert bis einige Tausend Aktive mit. Mit Angehörigen solcher Nebenorganisationen soll die KPD/AO zu ihrer besten Zeit 5.000 bis 15.000 Anhänger und Sympathisanten gezählt haben;[44] in der Partei selbst waren 1976 etwa tausend Mitglieder organisiert. Auch der KB konnte im Jahr 1975 auf tausend bis zweitausend »vollwertige« Mitglieder zurückgreifen; beim KBW waren es zur selben Zeit fast 3.000. Hinzu kamen jeweils mehr oder weniger fest eingebundene Sympathisantenzirkel. Selbst im KABD und im Arbeiterbund für den Wiederaufbau der KPD waren jeweils einige Hundert fest organisiert. Rechnet man jeweils noch die »Massenorganisationen« und das mobilisierbare Umfeld dieser Gruppen hinzu und stellt man die in die Zehntausende gehenden Auflagen der zumeist wöchentlich erscheinenden Parteizeitungen in Rechnung[45], so ergibt sich eine ungefähre Ahnung von der Ausstrahlung, die die Aktivitäten und Meinungen dieser Organisationen entfalteten. Anfang der 1970er Jahre war die Bereitschaft, »die Revolution in allem an die erste Stelle zu setzen«, wie es die KPD/ML von ihren Mitgliedern verlangte, erheblich.

Doch wie konnte die ML-Szene eine solche Attraktivität für ihre jugendlichen Mitglieder gewinnen, die entweder direkt aus der Studentenbewegung oder aus deren antiautoritären Einflussbereich (Schüler- und Lehrlingsbewegung) kamen? Geprägt von dem gesellschaftlichen Aufbruch, für den das Jahr 1968 steht, hatten viele das Gefühl,»jetzt« schnell handeln zu müssen. Von großer Bedeutung, zumindest für die

---

43 Karl Schlögel: Was ich einem Linken über die Auflösung der KPD sagen würde, in: Willi Jasper u.a.: Partei kaputt. Das Scheitern der KPD und die Krise der Linken, Berlin 1981, 19.

44 Gerd Koenen: Das rote Jahrzehnt, 287; Ulf Wolter: Vorwort, in: Willi Jasper u.a.: Partei kaputt, 8.

45 Der *Rote Morgen* der KPD/ML soll 1976 eine Auflage von 10.000 pro Woche erreicht haben; die *Rote Fahne* der KPD/AO soll im selben Jahr mit einer Auflage von 14.500, die *Kommunistische Volkszeitung* (KVZ) des KBW gar mit 40.000 Exemplaren pro Ausgabe erschienen sein (Frank D. Karl: Die K-Gruppen. Entwicklung – Ideologie – Programme, Bonn/Bad Godesberg 1976, 25). Die gedruckte Auflage des *Arbeiterkampfs* stieg von 12.350 im Jahr 1972 (bei monatlicher Erscheinungsweise) auf zweiwöchentlich gut 19.000 im Jahr 1976 (siehe Michael Steffen: Geschichten vom Trüffelschwein, 47). Es handelt sich hierbei wohlgemerkt nur um die (wöchentlichen) Parteizeitungen. Die zahlreichen unregelmäßigen Publikationen wie Broschüren, Theoriezeitschriften und Betriebszeitungen, die z.t. ebenfalls in hoher Auflage erschienen sind, sind noch nicht mitgezählt.

Mitglieder der Zirkel, Bünde und Parteien, war die Hoffnung, durch den Bruch mit der antiautoritären Tradition eine Verbindung zu »den Massen« herzustellen. Die maoistischen Avantgardeorganisationen boten ein Rezept an, um die Kluft zur Arbeiterklasse zu überwinden. So konnte man die Hoffnung auf Revolution auch nach dem Ende der »Revolte« von 1968 aufrechterhalten. Karl Schlögel, der Anfang der 1970er Jahre in Westberlin zur KPD/AO stieß, schreibt, ihn habe der Wunsch getrieben, »nach dem Abflauen der Studentenbewegung und gegen die Vereinnahmungsversuche durch die aufgeklärt-technokratischen Modernisierungsstrategen der sozialliberalen Koalition an der Rekonstruktion bzw. Weiterführung einer autonomen Bewegung des antikapitalistischen und antiimperialistischen Kampfes mitzuwirken, und zwar nicht irgendwie, an einem partikularen, sondern an dem ›archimedischen‹, strategisch ausgewiesenen Punkt«.[46]

An dieses Versprechen war allerdings die Aufforderung geknüpft, die eigene (oft bürgerliche) Klassenherkunft zu »überwinden«, sich zu »proletarisieren«. Diese Distanzierung vieler maoistischer Aktiver von ihrer Existenz als Intellektuelle entsprach dem im Zuge der Studentenbewegung gewachsenen Bedürfnis nach Selbstverwirklichung jenseits der Funktionen der kapitalistischen Gesellschaft, von dem am Anfang dieses Kapitels die Rede war. Das Postulat, »sich nach dem Vorbild des Proletariats umzuformen«, traf auf den Wunsch, »der verkrüppelten Einseitigkeit geistiger Arbeit zu entgehen«, wie Karl Schlögel es ausdrückt.[47] Insofern stehen die K-Gruppen durchaus in der existenzialistischen Tradition der 1968er-Bewegung. Die Existenz als »Berufsrevolutionär« im Leninschen Sinne war gewissermaßen der Gegenentwurf zur Berufskarriere im Sinne der bürgerlichen Gesellschaft. Dieser Bruch (mit den ursprünglich angestrebten Berufs- und Bildungswegen, manchmal auch mit dem sozialen Umfeld), den viele K-Gruppen ihren Mitgliedern abverlangten, trug durchaus zur Attraktivität dieser Strömung bei. Insofern könnte man die maoistischen Kader als disziplinierte Bohème der Revolution bezeichnen.

---

46 Karl Schlögel: Was ich einem Linken über die Auflösung der KPD sagen würde, 17.
47 Ebd., 21.

3. Kapitel

Der Prinz und das Dornröschen

*Wir hatten alle eine Legende. Keine besonders ausgefeilte, meist wird
ja nicht viel gefragt. »Hast du schon mal als Hilfsarbeiter gearbeitet?«
– »Ja, da und da. Und komme aus dem Ruhrgebiet.«
Ich hatte vorher ne ziemliche Matte und einen Bart, und als ich
dann zu Ford ging, da hatte ich die Haare ganz kurz. Schwiegersohn-
schnitt. Nur einen Schnäuzer hab ich stehen lassen, weil ein bisschen
was wollte ich noch. Die ersten Tage, nachdem ich das abgeschnitten
hatte, bin ich mal in die Mensa gegangen, an die Tische der Linken.
Da hat mich kein Mensch erkannt. Ich war total verändert.*

Reiner Schmidt über den Arbeitsbeginn bei Ford Köln 1972[1]

Ein neues Äußeres: kurze Haare, ordentliche Kleidung und eine Geschichte, die den Arbeitsantritt glaubhaft erklärte – das war die Eintritts-
karte in die Arbeitswelt, nicht nur für Reiner Schmidt. Diese optische
Verwandlung markierte den Übergang von einer Welt in die andere: vom
bunten Planeten des antiautoritären Protests in die Welt der Arbeit, in
der Disziplin und strenge Ordnung herrschten.

Doch auch wenn es den Aktivisten und Aktivistinnen aus der Studentenbewegung nicht so vorkam, waren die frühen 1970er Jahre in den Betrieben von einer in der Geschichte der Bundesrepublik nie dagewesenen
Unruhe geprägt. Nie wurde so viel – und so häufig ohne Zustimmung
der Gewerkschaften – gestreikt wie in jener Zeit. Die Gewerkschaften
verstanden es, die Situation nach den Septemberstreiks zu nutzen, um
die höchsten Reallohnsteigerungen in ihrer Geschichte auszuhandeln.
1970 hatten Tarifabschlüsse von um die 15 Prozent brutto den Beschäftigten durchschnittliche reale Lohnsteigerungen von neun Prozent einge-
bracht. 1971 stiegen die Reallöhne noch einmal um durchschnittlich 4,4
Prozent.[2] Für diese Ergebnisse hatten die Gewerkschaften erstmals im
großen Umfang das Mittel des Warnstreiks eingesetzt, das im Jahr 1971
eine neue bundesdeutsche Rekordzahl an Streiktagen und -beteiligten

---

1 Interview mit Reiner Schmidt, 2007.
2 Siehe Otto Jacobi u.a.: Gewerkschaftspolitik in der Krise. Kritisches Gewerkschaftsjahrbuch 1977/78, Berlin 1978, 216.

erbrachte.[3] Über 4,5 Millionen Arbeitstage gingen in diesem Jahr durch zumeist gewerkschaftlich organisierte Ausstände verloren. Die DGB-Gewerkschaften konnten ihre Mitgliederzahlen von knapp 6,5 Millionen im Jahr 1969 auf über 7,4 Millionen 1974 erhöhen.

Die Unternehmer, die 1970 noch zu beachtlichen Zugeständnissen bereit gewesen waren, griffen immer öfter zu Aussperrungen gegen streikende Arbeiter. Auch politisch bliesen die Unternehmerverbände zum Angriff auf den »Gewerkschaftsstaat« der sozialliberalen Koalition. Doch die Unruhe in den Betrieben wollte kein Ende nehmen. Dort gerieten die offiziellen Tarifabschlüsse immer wieder in Widerspruch zu Forderungen nach linearen Lohnerhöhungen und Abschaffung der unteren Lohngruppen, die in spontanen Streiks vor allem von Frauen und ausländischen Beschäftigten artikuliert wurden. In diesen Kämpfen gerieten die Arbeiter oft in Widerspruch zu ihren Vertretern in Betrieb, Gewerkschaft und Regierung. Die Risse, die sich zwischen Führung und Basis auftaten, waren die Sollbruchstellen im System. Hier konnten Revolutionäre in Wort und Tat ansetzen.

Dafür hatten die verschiedenen linken Lager ihre jeweils eigene Strategie. Wenden wir uns – stellvertretend für das maoistische Spektrum – der KPD/ML zu.

Zelle, Zeitung und ZK – maoistische Rezepte für die Fabrik

»Du musst die Arbeiter begrüßen (›Morgen‹ oder ›Mahlzeit‹). Das ist sehr wichtig, denn viele Arbeiter halten Flugblattverteiler für überhebliche Intellektuelle, die sie belehren wollen. Unter den Arbeitern ist die Begrüßung ein Beweis für kollegiale Haltung; Arbeiter, die ihre Kollegen nicht begrüßen, sind meist Einzelgänger und nicht gut angesehen. Eine normale Begrüßung durch den Verteiler drückt dessen kollegiale Einstellung zu den Arbeitern aus und wird in den meisten Fällen wie selbstverständlich beantwortet.«[4] Mit diesen Worten bereitete im Jahr 1970 die KPD/ML-Zeitung Roter Morgen ihre Verkäufer vor Betrieben auf den Kontakt mit dem Proletariat vor. Die Sätze sind nicht nur ein Hinweis

---

3 Warnstreiks gehörten in jenen Jahren noch nicht zum offiziellen Arbeitskampfrepertoire. Erst Ende 1976 wurden Warnstreiks zur Unterstützung der Verhandlungsposition der Gewerkschaften bei Tarifverhandlungen durch das Bundesarbeitsgericht »legalisiert«. Vgl. Jacobi u.a: Gewerkschaftspolitik in der Krise, 210.
4 Roter Morgen, Nr. 10, November 1970.

auf die große Distanz zwischen den Agitatoren und deren Adressaten. Sie verweisen zugleich auf eines der Grundprobleme der »Bewusstseinsarbeit« am Proletariat: Wie die Arbeiter politisch belehren, ohne dass es nach Belehrung und Besserwisserei aussieht?

Erinnern wir uns: Der Hauptzweck maoistischer Betriebsarbeit bestand darin, das Proletariat für die politischen Ziele der Organisation zu gewinnen. Der Mann im Blaumann war der »Missing Link« zwischen revolutionärer Vision und weniger revolutionärer Wirklichkeit, das Nadelöhr sein Kopf, in den das »proletarische Klassenbewusstsein« irgendwie hineinmusste. Aber um von den Arbeitern als Ratgeber anerkannt zu werden, mussten sich die Parteikader zunächst Ansehen bei den Kollegen erwerben. Dafür bot die Beteiligung an den wirtschaftlichen Kämpfen der Arbeiter eine Möglichkeit. Und diese Kämpfe waren Anfang der 1970er Jahre häufig. Hier, im Betrieb, an der Seite der Kollegen, konnten sich die Avantgardisten des ML als konsequenteste Vertreter der Arbeiterinteressen präsentieren.

Praktische Leitlinien für diese Arbeit gab es nicht; sie entwickelten sich mit der Zeit. Die Strategie der KPD/ML bestand – zumindest in den Anfangsjahren – meist darin, Konflikte im Unternehmen wenn möglich auf einen Streik hin zu eskalieren. Dabei stand weniger der erfolgreiche Abschluss des Streiks im Vordergrund, sondern die Frage, ob er bei den Arbeitern Bewusstsein »erzeugte«. In den betrieblichen Kämpfen sollten die Arbeiter erkennen, dass die KPD/ML die wahre Vertreterin ihrer Interessen war, nicht die Betriebsräte und Gewerkschaften, die ihre Aktionen abwürgten. Folglich wurde stets der Aufbau einer alternativen Streikleitung propagiert, in der Mitglieder der Partei eine führende Rolle spielen sollten.[5]

Zur Organisierung des betrieblichen Kampfes wurden Betriebszellen gegründet. Unter der programmatischen Überschrift »Eine kommunistische Zelle in jedem Großbetrieb!« verkündete die KPD/ML im Herbst 1972: »Lenin sagt: Der Betrieb muss unsere Festung sein. Diesen Weg geht die KPD/ML. In jedem Großbetrieb in Westdeutschland und Westberlin muss eine kommunistische Zelle aufgebaut werden. (...) In diesen Betrieben mit tausend und zehntausend Mann können manchmal bereits drei

5   Als exemplarisch für die betriebliche Politik der Anfangsjahre können etwa die in einer Sonderausgabe des *Roten Morgen* »Nieder mit dem Verrat der IG Metall!« vom September 1970 vertretenen Positionen gelten. Dort prangerte die Partei das Verhalten der IG Metall bei den Warnstreiks in der Tarifrunde 1970 an. Die Gewerkschaft wurde als »Agent des Kapitals« tituliert, die »Revisionisten« von der D»K«P als »Wurmfortsatz der IG Metallführung«.

organisierte, entschlossene Kommunisten die Lunte sein am Pulverfass. Streiks werden ausgelöst und vorangetrieben, Ausbeutung und Verrat in jeder Abteilung bekannt, Kollegen überwinden falsche Vorstellungen über Kommunisten, die sie durch die bürgerliche Propaganda und das Bild der D›K‹P bekommen haben.«[6] Und weiter: »Wie ist das möglich, dass eine kleine kommunistische Zelle eine Belegschaft von Tausenden zum Kampf führen kann. Ist das möglich? Jawohl. Das war nicht nur in der Vergangenheit so, als Thälmann-Kommunisten den Kampf um die Mehrheit ihrer Klassengenossen führten. Das ist auch heute so, wo noch vielfach junge, aber kampfentschlossene Genossen den Kampf um die Gewinnung der Fortgeschrittensten ihrer Klasse und für die Verbreitung der kommunistischen Idee in den Massen führen. Dass dies heute möglich ist, und wie dies möglich ist, beweisen die immer zahlreicheren Betriebszeitungen der KPD/ML.«[7]

Das Modell der Betriebszelle (mit Zeitung) war der Organisationsweise der alten KPD entlehnt. Waren drei Mitglieder im selben Unternehmen beschäftigt, gründeten sie eine Zelle; gab es dort weniger als drei Mitglieder, wurden sie einer anderen Zelle angegliedert. Die Zellen (oder betrieblichen Einzelmitglieder) versuchten wiederum, »fortschrittliche« Kollegen ausfindig zu machen und sie in Kollegengruppen zusammenzuschließen. Jeder Betriebszelle stand eine Unterstützergruppe aus Parteimitgliedern und Sympathisanten zur Seite. Diese halfen beim Erstellen von Propagandamaterial (Flugblätter und Betriebszeitungen) und beim Verteilen desselben vor dem Fabriktor. Durch die Mitarbeit in einer Unterstützergruppe qualifizierten sich Studenten für die Arbeit »im Proletariat«. Hatten sie sich als Unterstützer bewährt, konnten sie es selbst im Betrieb versuchen. Das Vorsortieren im Unterstützerkreis diente dazu, vor allem solche Leute auszuwählen, von denen man annahm, dass sie die Arbeit längere Zeit aushalten würden.

Da der Kündigungsschutz in den ersten sechs Monaten nur eingeschränkt galt, war die betriebliche Probezeit auch für die Aktivisten eine Zeit des Stillhaltens. Erstes Gebot war, sich nicht als kommunistische Unruhestifter zu erkennen zu geben. Das hatte seine Vorteile, konnte man so doch in aller Ruhe die betrieblichen Abläufe studieren (oder die Lohnabrechnung – ein sehr hilfreiches Wissen, um mit den Kollegen ins Gespräch zu kommen), sich an den neuen Lebensrhythmus gewöhnen und lernen, seine Arbeit gut zu verrichten. Eine ordentliche Arbeitsleis-

---

6   Roter Morgen, Nr. 20, Oktober 1972, 4.
7   Ebd.

tung war die Voraussetzung, um von den Kollegen akzeptiert zu werden und nicht als Schwätzer zu gelten. Doch es war zumindest erwünscht, dass die noch verdeckt arbeitenden Aktivisten ihren externen Unterstützern Informationen aus dem Unternehmen zukommen ließen, die für eine Betriebszeitung der Partei verwertet werden konnten.

Die Artikel in diesen Zeitungen verknüpften zumeist erkennbar aus dem Innern des Unternehmens stammende Informationen mit Kampfaufrufen gegen die beschriebenen Missstände; außerdem wurden einige Artikel mit allgemeinpolitischem Inhalt eingestreut. So sollten die Arbeiter über die wahren Hintergründe jener Entwicklungen aufgeklärt werden, über die sie in den bürgerlichen Medien, durch ihre reformistischen Vertreter oder andere »schlechte Berater« nur verdrehte Informationen erhielten. Die Betriebszeitungen waren die leichter verdaulichen (und kostenlosen) Ergänzungen zum offiziellen Parteiorgan. In der ersten Ausgabe der *Roten Turbine* für das Berliner Werk der Kraftwerkunion erklärten die Herausgeber die selbst gesteckten Ziele: »Damit alle Kollegen über die Situation in anderen Abteilungen informiert sind, damit wir alle gemeinsam kämpfen können – deshalb geben wir diese Zeitung heraus. Deshalb wird die ROTE TURBINE ab jetzt zu allen wichtigen Ereignissen im Werk den Standpunkt von uns Arbeitern beziehen.«[8]

Ende 1972 verteilte allein die Aust-Partei in einigen Dutzend westdeutschen Großbetrieben Zeitungen dieser Art, Tendenz steigend. Und immer mit der Unterzeile »Zeitung der KPD/ML-Betriebsgruppe bei ...«. Die Publikationen trugen ihre politische Ausrichtung meist schon im Titel vor sich her: Der *Rote Lautsprecher* (Siemens), *Das Rote Lenkrad* (VW), *Das Rote Rührwerk* (Schering), die *Stählerne Faust* (Hoesch) usw. Die kämpferischen Namen wurden meist durch ebenso kämpferische Abbildungen unterstrichen. Niedersausende oder Werkzeug reckende Fäuste, entschlossene Arbeitergesichter, rote Fahnen und unter Schlägen mit dem für den jeweiligen Betrieb charakteristischen Arbeitsgerät taumelnde Kapitalisten zählten zu den besonders beliebten Motiven. Außerdem verzichteten die wenigsten Betriebszeitungen auf die charakteristische Kopfreihe der KPD/ML, die auch das Titelblatt des *Roten Morgen* schmückte: Marx, Engels, Lenin, Stalin, Mao Tse-tung.

Für eine kleine Gruppe wie die KPD/ML war die Herausgabe von immer mehr solcher Zeitungen ein echter Kraftakt. Im *Roten Morgen* heißt es darüber:»Die Betriebszeitungen der KPD/ML werden oft in nächtlicher, mühsamer Arbeit von den Genossen selbst geschrieben, selbst ge-

8   Rote Turbine, Nr. 1, 1971.

druckt und bezahlt. Am nächsten Morgen verteilen andere Genossen sie vor dem Tor. ›Aha, der neue Lautsprecher! ... der rote Funke ... die Zündkerze ...‹ so werden die Verteiler immer häufiger begrüßt. Immer häufiger bleibt ein Kollege kurz stehen, um ein paar Worte zu wechseln. Immer häufiger steckt ein anderer schnell seine Adresse zu: Können wir uns mal unterhalten. Sympathisanten werden gewonnen. Sie arbeiten in den Roten Betriebsgruppen mit, schreiben selbst Artikel für die Betriebszeitung, informieren sich über die Partei. Und schließlich heißt es: Ich will Mitglied in der Betriebszelle der KPD/ML werden. Kein schönes Mitgliedsbuch, aber harte und gefährliche Arbeit – im Dienst meiner Klasse.«[9] Mindestens Letzteres war allerdings eher Wunsch als Realität. Dass Arbeiter aus den Betrieben tatsächlich zur KPD/ML stießen, war die absolute Ausnahme – ganz so wie bei vergleichbaren Gruppen.[10] Anders sah es da schon bei den Zusammenschlüssen in den Unternehmen aus. Hier fanden die oppositionellen Betriebsgruppen Zustimmung, wenn sie gegen Missstände angingen. Und auch die Betriebszeitungen wurden von einer stattlichen Minderheit der Beschäftigten mit Interesse gelesen. Die Auflagen dieser Zeitungen waren die Gradmesser, an denen sich der Zuspruch durch die Kollegen ablesen ließ. Die »politische Agitation« vor den Werkstoren blieb dagegen auf eklatante Weise wirkungslos. Bei Verkaufseinsätzen für den *Roten Morgen* konnte man froh sein, wenn man ein oder zwei Exemplare loswurde. Im besten Fall.

Dass sich die Arbeiter für die Zentralorgane der diversen kommunistischen Parteien nicht interessierten, mussten nicht nur die Verteiler der KPD/ML erfahren, sondern auch die konkurrierender maoistischer Organisationen, die sich zu Monatsanfang vor den Werkstoren gegenseitig auf die Füßen traten. Zeitzeugen berichten, dass sich zu besonderen Anlässen wie Betriebsversammlungen regelrechte Verteilerspaliere vor den Werkstoren der großen Unternehmen einfanden. Zum Beispiel bei den Mannesmann-Röhrenwerken in Mülheim an der Ruhr: »Es war wirklich manchmal so, wenn Betriebsversammlung war, da standen sie dann an den Toren und machten sich gegenseitig Konkurrenz: KPD/ML, AO, MLPD, DKP, Trotzkisten ... Und es gab sieben oder acht Tore, und jedes musste mit Verteilern bestückt werden! Da hattest du Schwierigkeiten durchzukommen. Du konntest gar nicht von jedem was nehmen. Die meisten Kollegen hatten auch gar kein Bock, sich das anzuhören. Es

9   Roter Morgen, Nr. 20, Oktober 1972, 4.
10 Das berichten übereinstimmend alle meiner Interviewpartner.

sei denn, es ging um Betriebsinterna, dann waren Flugblätter gefragt.«[11]
Und Barbara Köster sagt über Opel Rüsselsheim:»Zeitweise standen ja
fünf Organisationen oder so vorm Tor. Und die Arbeiter wie die Prinzen:
›Och nö, von denen nicht. Aber von denen hier nehm ich.‹ Und einer sag-
te mal: ›Ich nehm erst was von euch, wenn ihr dazu Gitarre spielt.‹«[12]
Diese Konkurrenz der Linken untereinander wirkte befremdlich,
ebenso die ständige Wiederholung, dass *wir Arbeiter* dieses oder jenes
tun oder»uns nicht gefallen lassen« sollten. Manch ein Arbeiter wunder-
te sich ohnehin schon, weshalb er auf einmal in den Blickpunkt junger
Leute geraten war, mit denen er ansonsten nicht allzu viel zu tun hatte.
Dass Studenten sich aufgrund einer marxistischen Analyse vor seinem
Arbeitsplatz einfanden und Zeitungen anboten, musste recht abstrakt
erscheinen, besonders dann, wenn diese sich auch noch mit unterschiedlichen Heften und Parolen Konkurrenz machten. Die Verteiler inter-
pretierten das Misstrauen der Arbeiter nicht selten als politisches Des-
interesse, Abgestumpftheit oder schlicht als Antikommunismus. Doch
wer wäre angesichts dieser unverhofften Charmeoffensive nicht stutzig
geworden?
Allerdings unterschieden sich die avantgardistischen Gruppierungen
tatsächlich nicht nur in der politischen Einschätzung Chinas oder der
Sowjetunion, sondern auch in ihrem Verhalten bei betrieblichen Konflikten. Über die richtige Strategie in diesen Kämpfen gingen die Ansichten weit auseinander. Das bisweilen blindlings eskalierende Vorgehen
der KPD/ML (und auch anderer K-Gruppen) brachte ihr (wie jenen) den
Vorwurf ein, sich nicht um die Bedingungen erfolgreicher betrieblicher
Arbeit zu scheren, sondern die Arbeiter und ihre eigenen Mitglieder in
aussichtslosen Kämpfen zu verheizen. Der Hamburger KB etwa kritisierte, das Ziel von Kommunisten könne es nicht sein, möglichst viele,
sondern möglichst erfolgreiche Kämpfe zu führen, um das Gefühl von
Ohnmacht»bei den Kollegen« zu überwinden.[13]
Am Arbeitsplatz selbst waren zudem Strategien für den Umgang mit
den Kollegen und mit der Fremdheit der neuen Umwelt gefragt. Das Zitat vom Anfang dieses Abschnitts verweist auf die Schwierigkeiten man-

---

11 Interview mit Werner Imhof, 2008.
12 Interview mit Barbara Köster, 2007.
13 Siehe den Artikel»Streiks in der Metallindustrie« im Arbeiterkampf Nr. 30 aus dem
    Jahr 1973. Ähnliche Vorwürfe musste sich die KPD in Berlin gefallen lassen, etwa in
    Bezug auf ihr Verhalten bei Osram 1974. Siehe hierzu Betriebsgruppe bei Osram West-
    berlin: Die Trommel ruft – die Banner wehn oder: wie die KPD bei Osram streikte, in:
    Probleme des Klassenkampfs, Nr. 11/12, 1974, 273-286.

cher Avantgardisten, im ganz normalen Gespräch mit »den Arbeitern« zu bestehen.

Die von der KPD/ML praktizierte Strategie (die, wenn auch weniger ausgeprägt, auch andere K-Gruppen verfolgten) bestand in der Anpassung der Parteimitglieder an ein vermeintliches Arbeiterverhalten, genauer gesagt: an das Bild, das man sich vom »anständigen Proleten« machte. Diese Anpassung umfasste das viel zitierte Abschneiden der langen Haare, das nicht dazu diente, das Einstellungsgespräch zu überstehen.

Die Aust-Partei wollte – wie die KPD/AO und weniger stark ausgeprägt viele andere ML-Gruppen auch – ihre Mitglieder zu Arbeitern machen und sie dazu bewegen, ihre »kleinbürgerlichen Verhaltensweisen« zu überwinden. So verordnete die KPD/ML ihren Anhängern neben einem ordentlichen Äußeren auch die Trennung von allem, was als Markenzeichen einer kleinbürgerlichen Lebensweise angesehen wurde: Beat- und Rockmusik waren verpönt, der Besuch entsprechender Konzerte oder anderer bourgeoiser Kulturgenüsse nicht gern gesehen; Miniröcke, Schlaghosen und unordentliche Kleidung wurden abgelehnt. Zudem wurden die Parteigenossen angehalten, in geordneten Wohnverhältnissen zu leben. Am besten angesehen war das gemeinsame Wohnen mit Ehepartner (und Kindern), ein Modell, das als »proletarische Familie« idealisiert wurde.

Die KPD/ML versuchte, die Nachwirkungen der kulturellen Rebellion der 1960er Jahre aus den Gewohnheiten ihrer Mitglieder zu tilgen. Der Aufstand gegen den Mief der alten Bundesrepublik wurde als Selbstfindungstrip von Bürgerkindern oder als Kulturimperialismus *Made in USA* abgewertet. An die Stelle der bürgerlichen Kultur sollte eine kommunistische Arbeiterkultur treten. Da in der Bundesrepublik lebendige Traditionen, an die man hätte anknüpfen können, rar waren, machte sich die KPD/ML daran, eine eigene, an die 20er-Jahre-KPD angelehnte »Arbeiterkultur« zu erschaffen. Hierfür reicherte sie Versatzstücke aus der Weimarer Zeit (Arbeiterlieder, AgitProp-Auftritte und Fahnenmärsche) mit einer guten Portion Spießigkeit an, die sie als proletarische Ordnungsliebe und revolutionäre Ernsthaftigkeit rühmte.

Zu allen möglichen Anlässen traten die »proletarischen« Gesangs- und AgitProp-Gruppen der KPD/ML auf, die auch eigene Schallplatten herausbrachten, auf denen neben klassischen Arbeiterliedern Neubetextungen alter Melodien zu finden waren, außerdem Lieder aus der chinesischen Revolution sowie Eigenkreationen.[14] Die Kulturgruppen waren dabei stets angehalten, den Ernst der Sache nicht aus den Augen zu verlieren. Zu lockere,»bourgeoise« Darbietungen wurden heftig kritisiert.

Karl Schlögel, der der KPD/AO angehörte, die eine ähnliche Form der Traditionsarbeit betrieb, deutete später den »Bezug auf die Tradition der Arbeiterbewegung als Ersatz für die konkrete Bewältigung der Verhältnisse hier und heute«[15] und ergänzte:»Die Selbststilisierung der eigenen Praxis zur Praxis der ›proletarischen Avantgarde‹ bedurfte einerseits der Stützung durch Tradition, Außenbezug, spezifische Umgangsformen etc., zum anderen basierte sie in hohem Maße auf Selbstverleugnung und Distanzierung des Intellektuellen von sich selbst.«[16]

Wie weit die Anbiederung an das vermutete Empfinden der Massen mitunter ging, lässt sich anhand eines Leserbriefs verdeutlichen, den der Rote Morgen 1973 veröffentlichte. In ihrer Zuschrift an die Redaktion äußerte sich eine ältere Dame positiv über die ordentliche und saubere Erscheinung der jungen Verkäuferinnen und Verkäufer des Roten Morgen. Bei der Lektüre habe sie dann erfreut festgestellt, dass sich die KPD/ML auch gegen »weibische« lange Haare bei Männern und gegen die »aufreizenden Miniröcke« bei Frauen wende, die man »heutzutage so häufig« sehe. Angenehm überrascht hätten sie weiter die Berichte über die »guten Sitten« in Albanien. Sie schließt mit den Worten:»In so einem sauberen Staat möchte ich gerne leben!«[17] Zwar lässt sich nicht sagen, ob der Brief authentisch ist oder von den Zeitungsmachern selbst verfasst wurde, doch auch die Antwort der Redaktion in derselben Nummer hat es in sich:»Liebe neugewonnene Leserin aus München, wir haben uns über Ihren Brief sehr gefreut. Er beweist uns, dass die Partei wirklich den Wünschen der Massen entspricht, wenn sie den schädlichen Einflüssen der Bourgeoisie auf die Jugend, aber auch auf die ältere Generation, eine Absage erteilt und den Kampf gegen den bewusst gesteuerten moralischen und kulturellen Zerfall aufnimmt.«[18]

Sauberkeit, Ordnung, Arbeitsfreude und Sittlichkeit – diese konservativen Tugenden wurden kurzerhand zu überhistorischen Gattungsmerkmalen der Arbeiterklasse erklärt, die gegen schädliche Einflüsse von außen verteidigt werden mussten. Jedes Verständnis von kulturel-

---

14 Zu den Eigenkreationen gehörten auch Gedichte und »Agitationslieder« in verschiedenen deutschen Dialekten.
15 Karl Schlögel: Was ich einem Linken über die Auflösung der KPD sagen würde, 19f.
16 Ebd,. 20f.
17 Roter Morgen, Nr. 34, September 1973.
18 Ebd.

ler Emanzipation, das sich zahlreiche Aktive der Partei(en) im Laufe der 68er-Bewegung angeeignet hatten, war wie weggewischt. Dass die antiautoritäre und kulturelle Rebellion auch unter proletarischen Jugendlichen großen Anklang gefunden hatte – 1968ff. hatte es in nahezu allen großen Städten Lehrlings- und Jugendzentrumsbewegungen gegeben – wurde aus der Wahrnehmung ausgeblendet.

Während immer mehr junge Arbeiter sich die Haare lang wachsen ließen, verordnete die Partei ihren Mitgliedern die Rückkehr zu Anstand und Ordnung. Dabei war eine solche Maskerade nicht einmal besonders hilfreich, um sich in der Arbeitswelt zurechtzufinden. Sicher war den meisten Arbeiter-Avantgardisten von der Uni die Arbeitsumgebung fremd, doch das musste nicht zwangsläufig eine negative Erfahrung sein. In manchen Schilderungen überwiegen die unangenehmen Erlebnisse und Erfahrungen: das frühe Aufstehen, die körperliche Anstrengung oder die Monotonie der Arbeit, derbe Scherze und Spott der Kollegen und anderes mehr. Andere Fabrikaktivisten stellen die Faszination, die die fremde Welt der Produktion ausübte, in den Mittelpunkt ihrer Erzählung. Sie berichten von fantastischen Maschinen, vom Ineinandergreifen der Produktionsabläufe, von der solidarischen Aufnahme durch ihre Kollegen, vom Kontakt mit Menschen, mit denen sie sonst nie zu tun gehabt hätten, kurz: von der Neugier, mit der sie sich die neue Welt und die dort herrschenden Umgangsformen erschlossen.

Experimente gegen die Ohnmacht am Band

Valtin wütet auf seinem Gabelstapler wie ein Stier. Man merkt ihm die Schmerzen der nachträglichen proletarischen Spät-Sozialisation so richtig an: er ist anders als der Landwirt, der schon 11 Jahre beim Opel ist und anders als Klaus Wolff, der erst gerade anfängt. Aber alle drei Landwirte zusammen geben einen perfekt stimmenden Längsschnitt der Sozialisation vom Landwirt zum Arbeiter: Klaus Wolff: devot-autoritär, schafft jeden Tag von sieben in der Früh bis halbzwölf in der Nacht. Ist absolut bereit, bei Opel alles und jedes zu machen, was von ihm verlangt wird. Kann es gar nicht fassen, dass man während der Arbeitszeit zum Spind runtergehen darf, um sich einen Pulli zu holen, wenn man vom Meister plötzlich gesagt kriegt, dass man nicht mehr in der Fabrikhalle sondern draußen zu arbeiten hat. Zweitens Valtin, der immer noch an den Nachwehen der Arbeitersozialisation trägt. Drittens der Landwirt aus dem Protokoll vom

20.11., *der mit dem ganzen Problem fertig ist und dem man nur mehr das maskenhaft pathologische Resultat ansieht in Gebärden, Gesten, Sätzen.*[19]

Wie die maoistischen Fabrik-Kader, so reagierten auch die Sponti-Aktivisten unterschiedlich auf die neue Umwelt. Doch während die maoistischen Gruppen gleich mit der Agitation loslegten, begannen die Sponti-Gruppen ihren Fabrikeinsatz zunächst mit einer Untersuchung. Und das hieß: Untersuchung der Klassenverhältnisse (oder auch der Klassenzusammensetzung) im Unternehmen, Untersuchung potenzieller Konfliktfelder und Untersuchung der Möglichkeiten wie auch der Hemmnisse für Agitation und Aktionen. Als prototypisch für dieses Vorgehen kann man die Arbeit der Frankfurter Gruppe Revolutionärer Kampf (RK) ansehen.

Revolutionärer Kampf in Frankfurt

Bereits im Vorfeld des Fabrikeinsatzes hatte sich die Gruppe Gedanken über die Schwierigkeiten gemacht, die die Arbeit für eine ausschließlich aus Studenten bestehende Gruppe bedeutete. Im *Untersuchungspapier* (siehe 2. Kapitel) heißt es über die Zusammenarbeit von Studenten und Arbeitern:»Der gemeinsame Erfahrungszusammenhang [ist] weder durch ›teilnehmende Beobachtung‹ noch durch bewusstlose Identifikation mit den Arbeitern (was im Grunde hieße: Identifikation mit der entfremdeten Arbeit und Ausbeutung, der die Arbeiter unterworfen sind!) bestimmt. Studentische Genossen sind einer doppelten Entfremdung ausgesetzt. Die Betriebsarbeit und der Umgang unter Arbeitern sind ihnen nach ihrer rein intellektuellen Ausbildung fremd, wenn auch nicht in jedem Fall unbekannt. So entsteht aus Unsicherheit, noch nicht politisch bewusst, eine starke Distanz, die ebenso in direkte Identifikation mit der Arbeit umschlagen kann.«[20]

Aus diesem Grund sollte gerade in der Anfangszeit ein besonderes Augenmerk auf die Vermittlung von betrieblicher Empirie und revolutionärer Theorie gelegt werden. Eine bloße Dokumentation der gemachten Erfahrungen wäre, so meinte die Gruppe, angesichts der Verdinglichung

---

19 Das Zitat stammt – wie auch die folgenden kursiv gesetzten Textabschnitte – aus dem Artikel»Subsumption und Camembert«, der 1977 in der Zeitschrift *Autonomie – Materialien gegen die Fabrikgesellschaft* erschien. Dort sind Protokolle von Reimut Reiche dokumentiert, damals RK-Betriebsarbeiter bei Opel, später habilitierter Soziologe, Sexualforscher und Psychoanalytiker. Die Zitate stammen aus der Anfangszeit der »Betriebsintervention«.

20 RK: Untersuchung – Aktion – Organisation, 15.

gesellschaftlicher Verhältnisse im »Spätkapitalismus« ein ernstes Erkenntnishemmnis. Also wollte man die theoretischen Einsichten in die Wirkungsweise der kapitalistischen Warenproduktion zu Rate ziehen, um die Erlebnisse in der Fabrik richtig einzuordnen. Nur wie das geschehen sollte, war die schwer zu beantwortende Frage.

Schichtende. Um 22.37 setzt sich die Kolonne langsam in Trott, in den Keller zu den Spinden. Um 22.42 setzt man sich fertig angezogen von seinem Spind aus in Gang in Richtung auf die Treppe. Dort kommen immer sechs bis sieben Kollegen zusammen, um auf das Hupzeichen zu warten, das das Startsignal für den Aufstieg die Treppe hoch zur Stechuhr bildet.

Die zehn Leute, die Ende 1970 bei Opel in Rüsselsheim anfingen, waren die »Innenkader« des RK. Das Konzept sah nicht vor, dass Innenkader sich in Arbeiter verwandeln sollten - im Gegenteil: Jedes Gruppenmitglied sollte nur ein Jahr bei Opel bleiben. Das Ziel war nicht, zur politischen Avantgarde des Proletariats zu werden, sondern einen gemeinsamen Erfahrungsprozess einzuleiten, der die Arbeiter befähigen sollte, zu ihrer eigenen Avantgarde zu werden.

Die Studenten sollten in den Gesprächen mit den Arbeitern, aber auch durch ihre Diskussion in der Gruppe zur Systematisierung und theoretischen Analyse der Verhältnisse in der Fabrik beitragen. Aufgrund der zerschlagenen revolutionären Tradition in der westdeutschen Arbeiterklasse sei zur Rekonstruktion »proletarischer Avantgarden« die Initiative der sozialistischen Studenten notwendig, schrieb die Gruppe. Die Bereitschaft zu einem solchen Betriebsjahr wurde deshalb von jedem RK-Mitglied erwartet. Opel-»Innenkader« wurden von mehreren »Außenkadern« betreut, die ihre Betriebsarbeiter zu Anfang täglich nach der Arbeit trafen. Die Aufgabe der Außenkader war es, die Berichte aus dem Werk zu protokollieren – sofern die Innenkader das nicht selbst machten – und zu diskutieren und auf Grundlage der dabei gewonnenen Erkenntnisse neue Untersuchungsfragen zu ersinnen. Außerdem wählten sie Schulungstexte aus, die den politischen Blick der Innenkader auf die betrieblichen Abläufe schärfen sollten.

Diese Maßnahme war auch als Gegenmittel gegen die befürchtete »Verbetrieblichung« im Denken der Opel-Aktivisten vorgesehen. Die gemeinsame Gruppe von Innen- und Außenkadern hieß »Zellkern«. Einmal in der Woche traf sich die gesamte Gruppe, das »Betriebskollektiv«, um den Verlauf der Arbeit und die nächsten Schritte zu diskutieren. Danach wurde gefeiert.

Die Gespräche in dieser Minute gehen über das Wetter. In der Minute zwischen Angekleidetsein und Warten auf das Stechen sind sie keine Arbeiter mehr und noch keine Freizeitmenschen, denn sie werden ja noch mal einen Akt, der zum Arbeitstag gehört, ausüben, sie haben vielmehr für zwei Minuten »andere« Identität. Sie reden über das Wetter nicht wie Kolonnenfahrer, die mal in und mal außerhalb der Hallen fahren, sondern wie die Bauern, die sie sind.

Auch der RK griff in die Lebensführung seiner Mitglieder ein – allerdings mit genau entgegengesetzter Absicht wie die meisten K-Gruppen. Es ging nicht um Anpassung ans Arbeiterdasein, sondern um Bewahrung einer rebellischen Subjektivität der Innenkader *trotz* der Arbeit bei Opel. Die beste Gewähr hierfür schien die Kollektivität der Gruppe zu bieten. Auch wer im Betrieb war, sollte ins gemeinsam organisierte Zusammenleben eingebunden bleiben. In einer Wohngemeinschaft des RK zu wohnen war deshalb Voraussetzung für die Mitgliedschaft und ganz besonders für die Arbeit in der Fabrik. Diese Maßnahme war als soziales Gegengewicht gegen die isolierende Struktur der Fabrikarbeit gedacht. »Wir wollten schon, dass unsere Leute einen bestimmten Lebensstil hatten«, sagt Barbara Köster. Gemeinsames Wohnen, Kollektiveigentum (an Autos und anderen Dingen), offene Beziehungen und gemeinsamer politischer Kampf – das war der Anspruch des RK. Die persönlichen Bedürfnisse sollten nicht zugunsten der politischen Mission vernachlässigt werden. Wer die ganze Zeit nur Opfer für die Sache bringt, so meinte der RK, der würde sich nach der Revolution auf Kosten anderer zurückholen wollen, worauf er so lang verzichtet hat.

Und dann ein alter, mürrischer Kollege, der mal Schlepper, mal Hubwagen fährt, aber sich offenbar für den Gabelstapler nicht eignet; er ist schon jahre-jahrelang bei Opel: Er sagt so unglaublich langsam, jedes Wort ganz langsam, so dass bei mir die Worte ankommen, als hätte ich gekifft und hätte jedes Wort ganz alleine und isoliert 5 Minuten für sich: »Letztes ... Jahr ... um ... die ... Zeit ... da ... war ... von ... einer ... auf ... die ander ... Stund ... so ... viel ... Schnee ... dass ...« In dieses Wort hupt das Schichtende-Zeichen hinein. Mitten im Satz bricht er ab, steht mit plötzlicher Abruptheit auf, treibt seinen alten, schrottreifen und unbeweglichen Körper in einen Dauerlauf, humpelt im Dauerlauf die Treppe hoch und giert auf die Stechuhr zu. – Dort muss er eine halbe Minute warten, denn dort bilden ja die Pressenarbeiter eine Schlange, die im Blauen stechen müssen.

Vielleicht erlebten viele RK-Mitglieder die Monotonie der Fabrikarbeit deshalb so stark, weil sie so großen Wert auf Kollektivität und die Emanzipation des Subjekts legten. Eine Erfahrung, die fast alle Sponti-Aktivisten machten, war jedenfalls die, dass der Alltag im Werk wenig gemein hatte mit den aufregenden Erlebnissen, die kurz zuvor ihre Politisierung begleitet hatten. Zunächst einmal war er vor allem eins: anstrengend. Der Widerspruch zwischen einem Leben nach dem Rhythmus des Fließbands und dem Leben nach dem Rhythmus der Sponti-Szene ließ die Innenkader schnell die eigenen Belastungsgrenzen erkennen. Solche Probleme hatte man zwar bei der Planung des Unternehmens einkalkuliert, aber offensichtlich unterschätzt. Hinzu kamen Hänseleien, mit denen Alteingesessene bei Opel manche der offensichtlich milieufremden Neulinge bedachten. Besonders »die Jungs« aus der Gruppe hatten, so erzählt Barbara Köster, manchmal derbe Scherze zu ertragen. Die stumpfsinnige Arbeit am Band und die dort erlebte Machtlosigkeit drückten überdies auf die Stimmung: »Im Betrieb – da hat man selber Angst, kriegt's Zittern und Schweigen, wenn der Meister brüllt. Da ist man erst mal genauso wie die Proleten – falsch: blickt noch weniger durch, hat noch weniger Ahnung, ist noch unsicherer als die.«[21]

Schon während des Wartens wirkt er wie abgestorben, die Kollegen, mit denen er vorher den Satz über den Schnee »wechselte«, stehen jetzt hinter ihm. Der Satz geht nicht weiter. Beim Warten, bis er an die Stechuhr kommt, ist er wieder Arbeiter und nicht mehr Bauer. Jetzt hat er gestochen. Jetzt trottet er langsam, allein und gebeugt auf Tor M 60 zu.

Auch die Gleichgültigkeit vieler Arbeiter gegenüber der Ausbeutung machte den revolutionären Aktivisten zu schaffen. Dafür waren nicht allein die BILD-Zeitung oder die Gewerkschaft verantwortlich. Die RKler analysierten die Gleichgültigkeit als Überlebensstrategie, um bei Opel durchzuhalten und die Ohnmacht am Band zu ertragen. So heißt es im bereits erwähnten Protokoll von Reimut Reiche:»Beim Protokollschrei-

---

21 Revolutionärer Kampf (RK): Putzpapier, 11-12 (Protokoll vom 30.8.1972). Das sogenannte »Putzpapier« ist eine zusammenhängende Sammlung von Protokollen und internen Diskussionspapieren der »Putzgruppe« im RK, in der diese den Zustand der Betriebsarbeit reflektiert. Die Papiere wurden von Sommer 1972 bis Sommer 1973 für die interne Diskussion der Gruppe erarbeitet und wurden nicht veröffentlicht. Wenn im Folgenden vom »Putzpapier« die Rede ist, ist immer die gesamte Sammlung gemeint. Eventuelle Präzisierungen in Klammern bezeichnen einen speziellen Abschnitt innerhalb des Text»monstrums«, wie die Autoren ihr Papier selbst nennen.

ben beginnt dann im Kopf der Arbeitstag von neuem; diesmal ist man aber nicht mehr körperlich und ›nervlich‹ das Anhängsel der Maschine, sondern man wird zum Anhängsel der Reflexionen über Dinge und Abläufe, für die wir keine Begriffe haben und für die mir alle unsere alten Begriffe wie leere Worte im Hals stecken bleiben: Sprachbarrieren, falsches Bewusstsein, Blockierung, Verdinglichung, mit all diesen Begriffen kann ich nicht fassen, was in den 2 Sekunden los ist. ›Ideologie‹ ist nicht Ideologie und ›falsches Bewusstsein‹ ist nicht falsches Bewusstsein; die Sätze, die die Kollegen sprechen (...) sind gleichzeitig und primär *Formen des Überlebens*. Ohne ihre Situation, ihre Subsumption unter das Kapital, in solche Formen und Handlungen und Sätze einzukleiden, würden sie es keinen Tag länger beim Opel aushalten.«

Aber die Frage war ja gerade, wie dieses Gefühl der Ohnmacht durchbrochen werden konnte – zumal sie auch auf die Mitglieder des RK überzugreifen drohte. In einem Protokoll, das die »Außenkader« des RK-Opel-Arbeiters Reimut Reiche für die Gruppe verfassten, wird dieser Punkt problematisiert:»Die ständige Überflutung mit Dingen und Abläufen im Betrieb, die einen gleichsam erschlagen und die den ganzen eingefahrenen Begriffsapparat (Verdinglichung, Ideologie, Bewusstsein etc.) sprengen, hat natürlich Auswirkungen auf die Diskussion und das Verhalten Reimuts im Zellkern. In den Protokollen und Zellkerndiskussionen – besonders in denen, die sich direkt an die Arbeit im Betrieb anschließen – kommt immer wieder eine spezifische Form der ›Rache‹ durch, indem Reimut seine Außenkader nur in drastischer Weise konfrontiert mit den Erscheinungsformen des Kapitalverhältnisses und deren Wirkungsweise auf die Kollegen und auf Reimut selbst. Rache hieße da etwa, die Protokolle stets mit einem Beigeschmack von Resignation zu verfassen, aber immer mit einer Art ›Na-bitte-schön‹-Effekt: ›ich schreib ja nur so, wie es wirklich ist‹ und ›ich bin ja schließlich auch in den Betrieb gegangen‹ (will sagen: ich setze doch nicht die Tradition der antiautoritären Revolte fort), und wir, die wir meinen, aus der Studentenbewegung die politisch richtigen Konsequenzen gezogen zu haben (...) und meinen, es müsse nun immer so weiterlaufen mit dem Aufbau von Betriebszellen, Klassenkämpfe, Revolution und so fort, wir werden schon sehen ...«[22]

Es war schnell klar, dass es nicht ausreichte, die deprimierende Lage der Opel-Arbeiter bloß protokollarisch festzuhalten. Etwas Abwechslung musste her, auch, um die Stimmung der Innenkader zu heben. Nur

---

22 Auch dieses Zitat stammt aus dem Text in der Zeitschrift *Autonomie*, Nr. 9 von 1977, von dem die Rede war.

wenige Monate nach Beginn ihrer Arbeit nahm die Gruppe die Flugblattagitation vor dem Werk auf. Hatte der RK vor seiner Betriebsintervention über die Grenzen der Flugblattagitation geschrieben:»Die Empörung, auf die eine ungerichtete Agitation auch heute spekuliert, ist einer Resignation gewichen, die eingedenk der Niederlagen der Arbeiterbewegung sich lieber auf die vorgeblichen Sicherheiten des Kapitalismus verlässt«[23], so galt nun das Gegenteil: Die Agitation sollte den Arbeitern die Möglichkeit verändernden Handelns aufzeigen und deutlich machen: Es gab eine Kraft, die Aktionen unterstützen würde.

Die Flugblätter des RK thematisierten die durch die Untersuchung bekannten Konflikte in einzelnen Abteilungen, versahen sie mit Interpretationen über deren strukturelle Ursachen – das Profitstreben der Unternehmen, das Bedürfnis der Arbeiter nach weniger und besserer Arbeit etc. – und forderten Verbesserungen. Sie sorgten, ähnlich wie die Betriebszeitungen der maoistischen Gruppen, für einigen Wirbel im Werk. Das hermetische System Fabrik wurde auf einmal porös. Informationen von drinnen drangen nach draußen und umgekehrt. Die Unternehmensleitung, sagt Barbara Köster, war elektrisiert.»Woher wissen die das?« -»Wo sind die U-Boote?« Und die Arbeiter diskutierten.

Dann kam die Tarifrunde 1971. Die unter den italienischen Opel-Arbeitern in Rüsselsheim aktive italienische Lotta-Continua-Gruppe hatte im Frühjahr die Forderung nach einer Mark mehr für alle aufgebracht. Diese Parole wurde im Werk schnell populär. Der RK sah endlich die Zeit zum Handeln gekommen und sprang auf den Zug auf. Auf einer Betriebsversammlung wollte man die 1-DM-Parole propagieren und zum Warnstreik aufrufen. Dazu bereiteten die Aktivisten eine Rede vor, die die noch zögernden Teile der Belegschaft, vor allem die deutschen Arbeiter, überzeugen sollte. Doch ganz so einfach war es nicht. Kurz nach Beginn der Versammlung verschafften sich 2.000 italienische Arbeiter und die Lotta-Continua-Aktivisten unter Rufen nach einer Mark mehr für alle Zugang zur Versammlung.[24]

Es kam es zum Handgemenge mit dem Betriebsrat, der einen Auftritt der Italiener unbedingt unterbinden wollte. Barbara Köster ergriff das Wort und rief zum Streik auf, doch die anschließende Diskussion endete im Tumult. Weder den Innenkadern des RK noch den Aktiven von Lotta Continua gelang es, die Stimmung in einen Streik umzumünzen und die

23 RK: Untersuchung – Aktion – Organisation, 10.
24 Die Betriebsversammlungen bei Opel fanden, wie in den meisten Unternehmen, nach Sprachen getrennt statt.

Mehrheit der deutschen Beschäftigten mitzuziehen. Am nächsten Tag wurden die beteiligten RKler entlassen. Die erste Welle der Betriebsintervention war damit beendet.

Arbeitersache in München

Auch die »Arbeitersache« in München hatte sich den Untersuchungsgedanken zu eigen gemacht, doch verstand sie diese von Anfang an eher als ein Hilfsmittel für die Agitation. Im Sommer 1970 erschien die erste Ausgabe der Zeitung *Arbeitersache* – auf Deutsch, Italienisch, Griechisch und Serbokroatisch. Sie wurde von den studentischen Mitgliedern der Gruppe vor dem Münchener BMW-Werk verteilt. Die Gruppe schickte ihre Studenten nicht in die Fabrik, sondern kooperierte mit – meist griechischen – Arbeitern, zu denen es noch aus SDS-Zeiten Kontakte gab. Die Arbeitersache begründete diese Entscheidung folgendermaßen:»Wir glauben, dass der Student im Betrieb, der noch nicht viel mit Lehrlingen, Ausländern und Arbeitern zusammen gewesen ist, der mit einem ›wissenschaftlichen‹ Verständnis an die Arbeit herangeht, kein wesentlicher Stützpfeiler einer Arbeit im Betrieb ist. Auch nicht in der Untersuchungsarbeit, denn wir haben bei Genossen erlebt, dass sie entweder isoliert bleiben oder aber das Bewusstsein ihrer Kollegen ›untersuchen‹, statt sich in einen aktiven Diskussionsprozess zu stellen. Solche Genossen glauben nie an Handlungsmöglichkeiten, halten die Interpretation der Arbeiter für euphorisch und stehen über den Dingen. Das gilt nicht für jeden studentischen Genossen. Es heißt nur, dass mancher größere politische Wirksamkeit erzielen wird, wenn er außerhalb zu agitieren lernt.«[25]

Zu den Aktivitäten der »Externen« gehörten aber nicht nur das Verteilen von Flugblättern, sondern auch Besuche in Gastarbeiter-Wohnheimen und gemeinsame Kneipenbesuche mit Arbeitern nach Feierabend. Die »Externen« sollten die »Internen« beim Aufbau von Betriebszellen und Abteilungsgruppen unterstützen. Doch dieses Modell wollte nicht so recht funktionieren. Die Arbeiter von BMW hatten kein großes Interesse, sich in festen Gruppen zu organisieren.

1971 nahmen Aktivisten von *Lotta Continua* Kontakt zu der Münchener Gruppe auf und schalteten sich in die Arbeit ein. Vor dem Hintergrund der italienischen Erfahrungen forderten die *Lotta-Continua*-Leute eine stärker aktionistische Ausrichtung der Betriebsarbeit und mehr gemeinsame soziale Erlebnisse von Arbeitern und Studenten. Aktivisten

---

25 Arbeitersache: Was wir brauchen müssen wir uns nehmen, 89.

der »multinationalen« Betriebsgruppe hielten sich nun täglich vor den Werkstoren auf. Mit der Zusammenarbeit mit *Lotta Continua* begannen auch die gemeinsamen Veranstaltungen und Feiern von deutschen und nichtdeutschen Arbeitern und Studenten, von denen ehemalige Aktive noch heute schwärmen. Zugleich verstärkte man die Versuche, die Arbeiter zu Aktionen zu bewegen. Das noch frische Beispiel vom Tumult auf der Betriebsversammlung bei Opel in Rüsselsheim ermutigte die Arbeitersache, auch in München loszulegen. Auf den kommenden Betriebsversammlungen bei BMW und MAN forderten sie ebenfalls lautstark eine Mark mehr für alle. Doch auch hier kam es nicht zum erhofften spontanen Streik. Das einzige greifbare Ergebnis der Intervention war die Entlassung der Beteiligten.

Die Proteste – das mussten die arbeiterbewegten Studenten feststellen – wollten sich nicht nach dem Drehbuch der linken Betriebsgruppen richten. Trotzdem herrschte an der betrieblichen Basis eine erhebliche Unzufriedenheit mit den Zuständen in der Produktion. Als die Gewerkschaften sich seit 1972 wieder den Maßgaben der von der Regierung geforderten Stabilitätspolitik unterordneten, kochte diese Unzufriedenheit langsam hoch. Im Jahresverlauf 1973 nahm die Zahl spontaner Arbeitsniederlegungen vor allem dort, wo viele Gastarbeiter waren, zu. Im Sommer übertraf die Zahl der nicht gewerkschaftlich organisierten Streiks und Proteste sowohl hinsichtlich der beteiligten Arbeiter als auch der betroffenen Betriebe bereits die von 1969. Ende August steuerte die Welle spontaner Streiks auf ihren Höhepunkt zu.

»Sendika satılmış!« – »Die Gewerkschaft ist käuflich!« (Parole türkischer Arbeiter im Fordstreik)

Freitag, 24. August 1973, 15 Uhr 30, kurz nach Beginn der Spätschicht. Peter B. steht in der W-Halle, dem Motorenwerk von Ford in Köln/Niehl, seinem Arbeitsplatz seit vier Monaten, als er hört, dass gestreikt wird. In der Y-Halle, zuständig für die Endmontage der Wagen, hätten die Kollegen die Arbeit niedergelegt. Jetzt bildeten sie einen Umzug durchs Werk, bald würden sie vom Gelände jenseits der Emdener Straße zu ihnen kommen, über die Brücke, zur W-Halle und in die übrigen Werksgebäude. Sofort finden sich Gruppen zusammen und beginnen zu diskutieren. Peter B. ist der einzige Deutsche unter den knapp 100 Arbeitern seiner Abteilung. Die anderen sind Türken, fast alle. Bei ihnen ist die Stimmung schon seit Tagen angespannt. Viele sind gerade aus dem Urlaub zurück, der einzigen Gelegenheit im Jahr, bei der Familie zu sein. Vier Wochen sind nicht lang, wenn man Frau, Kinder und Freunde seit Monaten nicht gesehen hat, zumal wenn fast die Hälfte der Zeit für die Reise draufgeht. Viele haben es nicht rechtzeitig zurückgeschafft. Sie haben noch ein paar Tage länger »zu Hause« verbracht. Die Aussicht, wieder im Wohnheim zu stecken, in *Almanya*, und bei Ford am Band zu schuften, war alles andere als verlockend. Solche Verspätungen gab es jedes Jahr. Doch in diesem Jahr hatten besonders viele türkische Arbeiter die Werksferien auf eigene Faust verlängert.[26] Und das Unternehmen hatte die Gelegenheit zum unbürokratischen Personalabbau genutzt, das Arbeitstempo erhöht und einen stattlichen Teil der »Spätkommer« entlassen. Insgesamt fünfhundert.

Peter B. hatte im Sommer 1968 ein Jura-Studium in Freiburg begonnen. Von der Welt des Protests angezogen, schloss er sich bald verschiedenen Arbeitsgruppen an und landete schließlich bei der KPD/ML Rote Fahne. Das war 1970. Zunächst zum Parteiaufbau nach Stuttgart beordert, stand nach kurzer Zeit die Abwicklung der Organisation auf der Tagesordnung. Wie viele andere aus der Konkursmasse des »Zentralbüros« wechselte auch Peter B. zur KPD/ML Roter Morgen. Von der Arbeit im Innern der Partei hatte er genug; er wollte in die Fabrik.

Seine Bewerbungen bei Hoesch in Dortmund und bei Krupp in Essen scheiterten, doch bei Ford klappte es schließlich. Seine Freundin fand ebenfalls eine Stelle in Köln, und damit war alles klar. Im April 1973 wurde geheiratet, im Mai war Arbeitsbeginn. Schon bald fühlte er sich wohl in der riesigen W-Halle, wo über 3.000 Arbeiter in drei Schichten alles herstellten und zusammenschraubten, was zum Motor eines Autos gehört. Peter B. blickt gerne auf die Zeit bei Ford zurück, auf die gewaltige, verwirrende, fremde Welt, trotz der strikten Arbeitsorganisation ein kaum kontrollierbarer Markt der Möglichkeiten. »Ford war ein Abenteuerspielplatz«, sagt er heute. »Du konntest alles kaufen, alles handeln, alles tauschen – es war eine echte Subkultur!«[27]

Ford war nicht nur eine Subkultur – Ford war ein Schmelztiegel. Oder hätte es nach der Vorstellung des Konzerns sein sollen. 1973 beschäftigte Ford in Köln/Niehl mehr als 31.000 Menschen, davon 24.000 Arbei-

---

26 Am Montag nach Ende der Werksferien, dem 30. Juli, sollen ca. 3.000 Beschäftigte gefehlt haben, davon 1.000 unentschuldigt. Siehe Vertrauenskörperleitung der IG Metall in den Ford-Werken: Untersuchungsergebnis der spontanen Arbeitsniederlegung in den Ford-Werken vom 24.8.1973 – 30.8.1973, ohne Ortsangabe, 2.
27 Die Zitate von Peter B. sind aus einem Interview von August 2008.

ter. Von diesen wiederum war die Mehrzahl »Gastarbeiter«. Die größte Gruppe, 12.000 Arbeiter, kam aus der Türkei. 1.500 waren Italiener, 600 Jugoslawen. Weitere kleinere Gruppen aus verschiedenen Ländern kamen hinzu. Frauen wurden kaum beschäftigt bei Ford; einige arbeiteten im Versorgungsbereich (sprich: in der Küche), sehr wenige in der Produktion.[28]

Die Herkunft war ausschlaggebend für die Stellung eines Arbeiters in der betrieblichen Hierarchie. Der »Arbeiterkampf«, eine bei Ford aktive Gruppe aus dem Sponti-Spektrum, schreibt über die Arbeitsteilung im Werk: »In der Produktion, d.h. an den Bändern und Maschinen sind fast nur ausländische Arbeiter. Deutsche sind dort Ausnahmen und haben oft Sonderstellungen: Springer, Spezialmaschinen etc. (...) Bei den qualifizierten Arbeiten nimmt der Anteil der Arbeitsemigranten, angefangen beim Einrichter bis zum Schlosser immer mehr ab. Bei den Facharbeitern sind Arbeitsemigranten genauso eine Ausnahme, wie Deutsche in der Produktion. (...) Bei den Meistern gibt es verschwindend wenig Ausländer, darüber gar keine mehr.«[29]

Die daraus entstehende Teilung der Arbeiterschaft in Deutsche und Ausländer hatte materielle Folgen. Herkunft entschied über gegenwärtige ebenso wie über künftige Chancen bei Ford[30] – außerdem über Folgen im Fall von Arbeitskämpfen. Fiel ein türkischer Arbeiter durch Widerspenstigkeit auf, verlor er Arbeit, Wohnung (die meisten waren in den Ford-eigenen Wohnheimen untergebracht) und damit häufig auch das Aufenthaltsrecht.

So verläuft auch die Diskussion in der W-Halle, in der Peter B. arbeitet, je nach Herkunft ganz verschieden. Für die türkischen Arbeiter ist es keine Frage, dass sie streiken. Bei den Deutschen sieht das schon anders aus. Viele erinnern sich an das »Riesentheater«, das »die Türken« bei einem Warnstreik in der Tarifrunde 1970 gemacht hatten. Die Wut der türkischen Arbeiter sprengte in jenem Jahr den Rahmen der IG-Metall-Tarif-Choreographie. Als die Gewerkschaft das Ende des Ausstands verkündete, streikten die türkischen Arbeiter einfach weiter. Streikbrecher sollen angegriffen worden sein, und auch manche Maschine wies nach der Aktion Schäden auf. Und dann sollen »die Türken« – dieses

---

28 Diese Informationen stammen aus dem Buch *Streik bei Ford in Köln*, das die Betriebszelle der Gruppe Arbeiterkampf wenige Monate nach Ende des Streiks herausgab.

29 Gruppe Arbeiterkampf: Streik bei Ford, 34-35.

30 Den Arbeitern im Werk war klar, dass es »den Deutschen leichter fällt, aus der Scheiße rauszukommen (Aufstieg oder andere Firma) und diese vom Meister besser behandelt werden«, schreibt die Gruppe Arbeiterkampf.

Gerücht macht am 24. August die Runde – auch noch einen Meister erschlagen haben. Das ist zwar unwahr, reicht aber aus, um die Ängstli-
cheren unter den deutschen Arbeitern in Aufregung zu versetzen. Als
sich der Demonstrationszug der Streikenden der W-Halle nähert, haben
die Handwerker ihren Entschluss gefasst. Sie verbarrikadieren sich in der
Werkstatt und warten dort, bis der Sturm vorbeigezogen ist. Außer Peter
B. schließen sich an jenem Freitag noch einige Hundert weitere Deutsche
dem Streik an. Den meisten anderen deutschen Ford-Arbeitern ist die
Vehemenz der Türken suspekt, ihre Kampfformen – und irgendwie auch
die Forderungen.

»Auslösendes Moment des Streiks waren türkische Kollegen in der Y-
Halle, die sich zu Beginn der Spätschicht weigerten, die durch die Entlassungen entstandene Mehrarbeit zu machen. Ein Türke, seit Jahren an
diesem Bandabschnitt und von seinen Kollegen recht isoliert und als
Kommunist verschrien, sollte zu Beginn der Spätschicht eine zusätzliche
Operation übernehmen. Er reagierte, wie schon viele Kollegen in dieser
Woche reagiert hatten: er motzte und schrie rum. Schließlich hörte er
ganz zu arbeiten auf und schrie: ›Kollegen, wie lange sollen wir uns das
noch gefallen lassen? Wann tun wir endlich was gegen die Schweinerei?‹
usw. Es dauerte nur ein paar Minuten, bis die ganze Y-Halle streikte. Die
Kollegen zogen durch die Y-Halle und formierten einen Streikzug, der
durch das ganze Werk zog und die Spätschicht zum Streik mobilisierte.
Nachdem der Zug durch die W-Halle gekommen war, suchte sich ein
deutscher Kollege ein Stück Pappe und einen Filzstift und begann die
Forderung nach 60 Pfennig zu malen. Als die umherstehenden Türken
das sahen, protestierten sie und sagten: ›60 Pfennig zu wenig – muss 1
Mark!‹ Dies ist die einzig wahre Version über das Auftauchen der 1-DM-
Forderung während des Streiks.«[31]

Reiner Schmidt ist vom Losbrechen des Streiks am Freitag überrascht,
nicht aber vom Inhalt des Protests. Als Mitglied der Gruppe Arbeiterkampf ist er seit fast zwei Jahren bei Ford; Ende 1971 hatte er dort angeheuert – allerdings im Ersatzteilelager, einem Ableger mit ca. 1.500
Beschäftigten in Köln-Merkenich, etwa drei Kilometer vom Hauptwerk
entfernt. So wie Reiner Schmidt waren noch knapp zehn weitere Aktivisten vom Arbeiterkampf zu Ford gegangen, die meisten ins Hauptwerk.
Sie waren nicht die Einzigen. Jede Gruppe, die sich für die Arbeiterklasse
interessierte, hatte ihre »Zelle« im Werk – auch wenn diese manchmal
nur aus einer Person bestand. Die »Kölner Fordarbeiter«, ein Zusam-

---

31 Gruppe Arbeiterkampf: Streik bei Ford, 55.

menschluss linker Aktiver bei Ford Köln, dem auch Reiner Schmidt angehörte, hatten bereits auf einen wilden Streik für 60 Pfennig mehr pro Stunde hingearbeitet, auf der Betriebsversammlung in der Vorwoche die 60 Pfennig propagiert, mit vielen Leuten gesprochen und Vorbereitungen getroffen. Die Stimmung im Werk schien günstig. Am Montag sollte es losgehen. Um Viertel nach zwölf wollte man den Streik starten.

Dass sich die Ereignisse bereits am Freitag überschlugen, zeigt, dass vor allem die türkischen Arbeiter nicht bloß der Wunsch nach mehr Geld auf die Barrikaden trieb. Es war die allgemeine Erfahrung der Benachteiligung und der Ignoranz von Betriebsrat und Gewerkschaften gegenüber ihren Anliegen, die sie wütend machte.[32] Die »Kölner Fordarbeiter« reagieren auf das frühzeitige Ausbrechen des Streiks, indem sie am Wochenende gemeinsam mit den »Türkischen Fordarbeitern« Flugblätter in den Wohnheimen verteilen. Darin rufen sie dazu auf, am Montag weiterzustreiken – für eine Mark mehr, die Rücknahme der Entlassungen, Herabsetzung der Bandgeschwindigkeit und Verlängerung des Urlaubs auf sechs Wochen. Die Rechnung geht auf. Obwohl am Samstag gearbeitet wird, geht der Streik am Montag weiter. Dazu hat die Vorbereitung der »Kölner Fordarbeiter« beigetragen, vor allem im Ersatzteilelager, wo sonst wohl nicht gestreikt worden wäre. Aber im Hauptwerk hat sich inzwischen eine eigene Dynamik entwickelt, die sich dem Einfluss der linken Gruppen weitgehend entzieht. Ausgehend von der Y-Halle, in der der Streik auch am Freitag ausgebrochen war, formiert sich zu Beginn der Frühschicht ein riesiger Umzug durchs Werk. Er mündet in einer Versammlung, an der sich türkische und einige deutsche Arbeiter beteiligen und auf der auch die Streikleitung gewählt und die weitere Organisation der Arbeitsniederlegung beschlossen wird. Die Versammelten fordern Gespräche mit dem Betriebsrat über ihre Forderungen, doch dieser verweigert sich. Er erklärt, der Streik sei illegal, und man werde ihn auf keinen Fall unterstützen. Also übernehmen die Streikenden selbst die Initiative. Sie besetzen die Tore des Werks und entscheiden, den Betrieb über Nacht besetzt zu halten.

Die Streikleitung besteht aus neun türkischen, zwei italienischen, zwei deutschen und einem jugoslawischen Arbeiter. Ihr Wortführer ist Baha Targün, ein türkischer Arbeiter, der erst zwei Wochen bei Ford

---

32 Bei Ford war in jenem Jahr ein türkischer Arbeiter zur BR-Wahl angetreten und hatte auf Anhieb 30 Prozent der Stimmen erhalten. Trotzdem verweigerte ihm die Betriebsratsmehrheit die Freistellung (siehe Redaktionskollektiv »express«: Spontane Streiks 1973. Krise der Gewerkschaftspolitik, Offenbach 1974, 104).

arbeitet. Targün hat sich, zusammen mit einem deutschen Anarchisten, schon am Freitag als Organisationstalent hervorgetan. Die Streikleitung nimmt Verhandlungen mit dem Betriebsrat auf, der seinerseits, wenn auch widerwillig, mit der Geschäftsleitung verhandelt. Zugleich starten Betriebsrat und IG Metall eine Kampagne gegen den Streik, in der sie diesen als das Werk von Chaoten hinstellen und die Streikenden zur Wiederaufnahme der Arbeit auffordern. Die Rede von den Chaoten, die die Arbeiter nur vor ihren Karren spannen wollen, verfängt vor allem bei den deutschen Beschäftigten.»Jetzt haben sie ihre Flausen im Kopf – später sind sie eure Chefs.« Schon im Laufe des Montags nimmt die Zahl deutscher Streikender dramatisch ab.

Doch der Rückzug der Deutschen ist nicht allein durch die gewerkschaftliche Gegenpropaganda oder rassistische Vorurteile zu erklären. Die Spaltung im Streik muss auch auf die unterschiedlichen Positionen in der betrieblichen Arbeitsteilung zurückgeführt werden. Deutsche und nicht-deutsche Arbeiter waren nicht»eine Kampffront« im Werk, wie die Flugblätter linker Organisationen behaupteten; sie hatten unterschiedliche Probleme und Anliegen. Der Streik hatte sich an denen der türkischen Kollegen entzündet; er richtete sich gegen die spezifischen Benachteiligungen, die sie zu erdulden hatten – im Werk, im Wohnheim, in der Gesellschaft und bei der zögerlichen Vertretung ihrer Interessen durch Betriebsrat und Gewerkschaft. Gegenüber dieser gemeinsamen und als *Gastarbeiter* erlittenen Benachteiligung traten alle politischen Differenzen unter»den Türken« in den Hintergrund. Im Streik spielte es keine Rolle, ob jemand Kommunist oder Religiöser, Landei oder Städter, Kurde oder Türke war.[33]

Die Gruppe Arbeiterkampf schrieb nach dem Ende des Streiks selbstkritisch, sie hätte sich stärker um die Vermittlung zu den deutschen Kollegen bemühen sollen. Doch ob eine solche Vermittlung zu einem anderen Verhalten geführt hätte, ist ungewiss. Die Appelle der linken Gruppen an die Einheit der Arbeiter trafen nicht den Punkt, um den es in der Auseinandersetzung ging. Der Streik bei Ford war vor allem ein Kampf um Würde, den die Gastarbeiter führten.

---

33 Das wäre an anderen Tagen undenkbar gewesen. Reiner Schmidt berichtet, für solche türkischen Arbeiter, die vor ihrer Anstellung bei Ford Bauern gewesen waren, seien»Kommunisten« beinahe so schlimm wie der Teufel persönlich gewesen:»In den Tagen vor dem Streik lief ein Meister aus meiner Abteilung rum bei den türkischen Kollegen und hat gesagt: ›Passt auf, der Schmidt – das ist ein Kommunist.‹ Und ein Kollege, mit dem ich ganz gut konnte, ehemaliger Bauer aus Anatolien, der hat den angeschrien: ›Schmidt? Schmidt ist guter Kollege! *Du* bist Kommunist!‹«

Unterdessen ist die Stimmung unter den Streikenden hervorragend: Große Essen finden statt, Umzüge durchs Werk, es gibt Musik und Tanz, abends sogar Aufführungen türkischer Arbeiter und Kulturschaffender. Mehrere Nächte in Folge schlafen Hunderte Arbeiter im »Hotel Y«, wie die Y-Halle inzwischen genannt wird, der Halle, in der die Arbeitsniederlegung ihren Anfang nahm. Jeder trägt etwas bei, und in dieser Atmosphäre der Solidarität kommen sich die Streikenden näher, erzählen einander von ihrem Leben außerhalb der Ford-Hallen und schließen Freundschaften, die das Ereignis überdauern.

Doch die Verhandlungen stecken fest. Das Unternehmen spielt auf Zeit, an den Toren kommt es zu Handgreiflichkeiten zwischen Streikenden auf der einen, Meistern oder Werkschützern auf der anderen Seite. Und in der Stadt »draußen« kippt die Stimmung gegen den Arbeitskampf. In den Medien ist nun immer öfter von »Türkenterror« und »Chaoten« die Rede. Nordrhein-Westfalens Innenminister Willy Weyer erklärt in der *Frankfurter Rundschau*, das bestreikte Unternehmen werde von Kriminalpolizisten und Beamten des Verfassungsschutzes beobachtet.[34] Arbeitswillige Deutsche sammeln sich vor dem Tor, bei den Lautsprechern der IG Metall, und auch die Polizei bezieht Stellung. Berichte machen die Runde, denen zufolge Betriebsrat und Geschäftsführung die Streikleitung isolieren und verhaften wollen. Am Mittwoch werden immer öfter unbekannte »Meister« auf dem Werksgelände gesichtet.

Am Donnerstagmorgen schließlich ist es so weit. Eine Demonstration Arbeitswilliger gelangt auf das Gelände. Sie greift die Streikenden an, spaltet deren Umzug und stürzt sich auf die Streikleitung. Es folgen Jagdszenen auf türkische Arbeiter. Etwa 30 Streikteilnehmer werden festgenommen, mindestens 80 verletzt.[35] Baha Targün wird später ausgewiesen. »Deutsche Arbeiter kämpfen FORD-Werke frei!«, titelt die BILD-Zeitung am nächsten Tag. Doch von Anfang an vermuten Streikteilnehmer, die Rückeroberung des Fordwerks sei nur durch den Einsatz von Zivilpolizisten oder bezahlten Schlägern möglich gewesen. Den militärisch präzisen Angriff trauen sie ihren Kollegen nicht zu – die Brutalität, mit der die Angreifer Jagd auf Streikende gemacht haben, auch nicht.[36]

Wer tatsächlich hinter dem Angriff steckte, ist bis heute nicht zweifelsfrei geklärt. Geklärt ist indes, dass der Streik mit dieser Aktion been-

---

34 Serhat Karakayalı: Sechs bis acht Kommunisten, getarnt in Monteursmänteln [http://www.kanak-attak.de/ka/text/fordstreik.html] (Download 22. Juni 2010).

35 Gruppe Arbeiterkampf: Streik bei Ford, 70.

36 Ebd. Ähnlich äußern sich Reiner Schmidt und Peter B.

det wurde. In den Folgetagen wird die Arbeit wieder aufgenommen, »Arbeiterschutzstreifen« patrouillieren durch die Hallen. Wer sich im Streik hervorgetan hat, wird entlassen – mit Zustimmung des Betriebsrats. An die 100 Arbeiter sind es, die das Unternehmen rausschmeißt, bis zu 600 weiteren wird zur »freiwilligen« Kündigung geraten. Es ist kein einziger Fall bekannt, bei dem der Betriebsrat einer Entlassung widersprochen hätte.[37] Bereits am Freitag hatte der Betriebsrat verkündet, er habe sich mit der Geschäftsleitung auf eine Einmalzahlung von 280 DM geeinigt, außerdem auf Bezahlung der Streiktage nach sorgfältiger Prüfung des Einzelfalls und auf individuelle Nachprüfung der vor dem Streik als »Spätkommer« Entlassenen. Die 280 DM werden auch den deutschen Arbeitern bezahlt, die sich mehrheitlich nicht an der Arbeitsniederlegung beteiligt haben.

Reiner Schmidt wird als Rädelsführer des Streiks in Merkenich entlassen. Damit ist seine Zeit im Betrieb vorbei. »Danach kriegte ich keine Arbeit mehr. In keinem Großbetrieb, keine Chance. Nicht mit *dem* Datum im Entlassungsstempel.« Er muss eine Weile nachdenken, dann ist klar, dass Schluss ist. Die Gruppe Arbeiterkampf schreibt eine Streikdokumentation, die im Oktober erscheint. Es ist ihre letzte große Tat. Danach beginnt eine erneute Diskussion der Grundlagen, in deren Verlauf das Projekt zerfällt. »Ein Teil ging zum KBW, ein Teil orientierte sich auf alternative Lebensformen, und ein großer Teil privatisierte«, sagt Reiner Schmidt. Für ihn ist das alles nichts. Er schließt sich dem KB an, beendet das Studium und schult um zum Lehrer.

Peter B. übersteht die Kündigungswelle, die auf die sechs Tage im August folgt. Trotz intensiver Suche des Unternehmens nach Beteiligten rutscht er durchs Raster. Einige Monate später sind aber auch seine Tage bei Ford gezählt. Nach Ablauf der Probezeit hatte die KPD/ML ihn zum presserechtlich Verantwortlichen ihrer Ford-Betriebszeitung gemacht. Das Unternehmen erhöht den Druck auf den nun aus der Deckung gekommenen Neuling, ständig wird er beim Verlassen des Werksgeländes gefilzt. Und er muss die Abteilung wechseln. Auf einer Betriebsversammlung einige Monate später entschließt er sich in Absprache mit der Fordzelle der Partei zu einem großen Auftritt. Er ergreift das Wort und rechtfertigt den Streik, nachträglich. Es kommt zum Tumult, man versucht, ihn vom Rednerpult wegzuzerren – der Saal johlt. Mit solchen »mutigen Aktionen« hofft die KPD/ML in jener Zeit noch, die Herzen der Arbeiter zu gewinnen. Die fristlose Kündigung erhält Peter B. in der

---

37 Serhat Karakayalı: Sechs bis acht Kommunisten.

nächsten Schicht – Nachtschicht – gleich am Arbeitsplatz. Wegen Störung des Betriebsfriedens, mit Brief und Siegel vom Betriebsrat. Es wird noch eine Weile dauern, bis die Partei diese Hit-and-Run-Strategie überdenkt. Für Peter B. heißt es, Sachen zusammenpacken, unter den wachsamen Blicken von Meister und Werkssicherheit. Und dann beschließt er, sich von seinen Kollegen in der Abteilung persönlich zu verabschieden. »Von jedem per Hand. Ich hatte ja nun einige kennengelernt, im Streik, auch Freundschaften geschlossen. Und der ganze Tross von Meister, Obermeister und Sicherheitsleuten – alle hinter mir her. Das war irgendwie ein ganz schöner Abgang«, sagt Peter B.

Es war eigentlich auch erst der Auftakt. Nach einigen Monaten auf dem Bau fängt Peter B. bei Felten & Guillaume an.

»Innenkader sind Feierabendspontis, Außenkader haben den ganzen Tag Feierabend«[38]

Im Fordstreik zeigte sich ein grundsätzliches Dilemma der linken Betriebsarbeit der frühen 1970er Jahre: Kamen spontane Kämpfe in Gang – und darauf richteten sich die Hoffnungen der Linken in der Fabrik –, mussten sich die Aktiven exponieren, wollten sie den Lauf der Dinge beeinflussen. Doch wer als Wortführer bei nicht-offiziellen Aktionen auftrat, geriet auch ins Visier der Unternehmensführung (und der Gewerkschaft) und riskierte die Entlassung.

Das bremste den Tatendrang nur wenig, zumindest in den Anfangsjahren der Fabrikintervention, als spontane Arbeitsniederlegungen noch vergleichsweise häufig vorkamen. Der Hunger nach Aktionen war angesichts des wenig revolutionären Alltags in der Arbeit groß, bei den Aktiven beider Lager. Im RK begann die Diskussion über dieses Dilemma bereits wenige Monate nach der Betriebsversammlung, die die erste Reihe der Opel-Innenkader in hohem Bogen wieder aus dem Unternehmen hinaus befördert hatte.

Nach diesem Knall setzte der RK seine Arbeit bei Opel fort, doch ihre Grenzen traten immer deutlicher zutage. Zwar gelang es nach wie vor, Zustimmung zu den Parolen des RK zu erzeugen, nur eröffneten die abstrakt richtigen Forderungen keine Handlungsperspektive. Einige Jahre später schrieb die Gruppe über dieses Problem: »Warum sollten die Ar-

---

38 Aus einem Papier des RK zum Verhältnis von revolutionärer Subjektivität und betrieblichem Alltag.

beiter aufgrund einiger Flugblätter plötzlich anfangen, ihre Angst, den Betriebsrat und die Gewerkschaften zu vergessen, ›sich selbst zu organisieren‹, sich ›nicht mehr uneins zu sein‹ und den ›Kampf gegen die kapitalistische Produktionsweise‹ zu eröffnen?«[39] Doch nicht nur die Arbeiter handelten nicht nach den Plänen der Aktivisten. Auch die Innenkader des RK waren kaum in der Lage, den markigen revolutionären Worten auf den Flugblättern Taten in ihren Abteilungen folgen zu lassen. Sie standen der Agitation von außen so hilflos gegenüber wie jeder andere Arbeiter auch. Schlimmer noch: Die Agitation überdeckte die fehlende Perspektive im Betrieb, wie eine interne Diskussionsgruppe des RK, die später als »Putzgruppe« bekannt wurde, meinte. Die Flugblätter, so die »Putzgruppe« in ihrem ersten Protokoll vom August 1972, hielten die Betriebsaktivisten auf Trab, verhinderten eine Reflexion über die Schwierigkeiten der politischen Arbeit im Werk und dienten im Endeffekt vor allem zur Beruhigung der überforderten Rüsselsheimer Innenkader, nach dem Motto: »wenigstens einmal in der Woche kommt das Frankfurter Bein rüber mit Tausenden von Flugblättern und demonstriert: Wir sind nur euretwegen da.«[40]

Je länger der RK bei Opel tätig war, desto schwieriger wurde es, genau zu sagen, was die Betriebsarbeit eigentlich erreichen sollte. In Frankfurt war sie vor allem nützlich für das Prestige der Gruppe in der Szene; sie war das politische Aushängeschild des RK, das besonders an der Universität wirkte. Umgekehrt brauchten die RK-Innenkader die Zugehörigkeit zum Kollektiv mit seinen »revolutionären Aktionen« in Frankfurt, um sich überhaupt als Revolutionäre fühlen zu können. Bei Opel ließ sich ein revolutionäres Selbstbild nicht herstellen. Tagsüber malochte man in Rüsselsheim, um abends die ereignisreiche Sponti-Freizeit in Frankfurt genießen zu können. Deshalb auch die Widerstände in der Gruppe, sich die Wirkungslosigkeit der politischen Arbeit bei Opel einzugestehen. Die Autoren des Putzpapiers resümierten: »Sponti im Betrieb – das ist unmöglich! Innenkader sind Feierabendspontis, Außenkader haben den ganzen Tag Feierabend.«[41]

Dieser Widerspruch wurde nach Auffassung der Putzgruppe von den verteilten Flugblättern überkleistert. Denn welche Praxis, fragten die Putz-Autoren, kann nicht scheitern:»Flugblätter, Flugblätter und noch

---

39 Revolutionärer Kampf (RK): Betriebsarbeit, diskus 4/1973, in: Redaktion diskus: Küss den Boden der Freiheit. Texte der Neuen Linken, Berlin/Amsterdam 1992, 273-286.
40 RK: Putzpapier, 10 (»Protokoll vom 30.8.1972«).
41 Ebd., 13.

mal Flugblätter! Hat schon jemand mal ein Flugblatt scheitern sehen?«[42] Der RK, so die Autoren des »Putzpapiers«, stecke in einem doppelten Dilemma: Einerseits wolle er revolutionäre Politik in nicht revolutionären Zeiten betreiben. Andererseits spiegele sich in der Arbeit des RK die gesellschaftliche Trennung von Hand- und Kopfarbeit. Die meisten Anhänger kamen von der Universität zum RK. Doch anstatt sich den Kopf über ihre eigene gesellschaftliche Rolle als linke Intellektuelle zu zerbrechen, taten sie »revolutionäre Pflicht im Proletariat«. »Besser ist, vom proletarischen Lebenszusammenhang quatschen«, schrieb die Putzfraktion, »als den eigenen politisch reflektieren zu müssen.«[43] Und folgerte: »Ne böswillige Interpretation: Betriebsarbeit als Stützkorsett für die kollektive Verdrängung der Lebensperspektive durch die Genossen: DARF NICHT SCHEITERN!!«[44]

Doch wie das Dilemma lösen? Konnte (und wenn ja: wie konnte) der revolutionäre Prinz – so eine selbstkritisch gemeinte Metapher aus dem Putzpapier – das proletarische Dornröschen wachküssen? Die Passivität der Arbeiter und die Unfähigkeit der Intellektuellen im Betrieb waren offensichtlich nur gemeinsam zu erklären, und zwar nicht zuletzt mit der unterschiedlichen Klassenzugehörigkeit der Beteiligten. Die »Putzfraktion« schrieb: »Das ständige Betonen der Schwere der Arbeit ist in der Intensität wohl mehr ein Problem der Studenten als derjenigen, deren einzige Möglichkeit der Reproduktion gerade in dieser Arbeit liegt. Das heißt nicht, dass die Arbeit für die Proleten weniger mörderisch ist, nur scheint die Verschärfung der Arbeitsbedingungen für die Arbeiter einen anderen Stellenwert zu haben – zum einen, weil die Vorstellung von einer anderen Art zu arbeiten und zu leben fehlt, zum anderen, weil das Kapital natürlich in der Lage ist, subjektive Bedingungen einzelner Arbeitergruppen einzusetzen (Ausländer, Angestellte, Ungelernte, Frauen usw.). Das heißt nun nicht, dass man aufhören solle, die Barbarei der Produktion zu geißeln, sondern dass man sich verstärkt darüber Gedanken machen muss, warum unsere blumigen Beschreibungen über all das entsetzliche nur den Spruch ›Recht habt ihr‹ provoziert. Als ein studentisches Problem erscheint es deshalb, weil unsere Mobilität, unsere Bereitschaft, auch unter dem Risiko des Rausschmiss was zu machen (zunächst mal, mit einer linksradikalen Organisation in den Betrieb zu gehen), also unsere Subjektivität als Linksradikale nicht mit dem identisch ist, was

42 RK: Putzpapier, 27.
43 Ebd., 25.
44 Ebd., 27.

sich für einen Proleten, dem auch alles stinkt, darstellt: Wird er entlassen, das scheint ja die entscheidende Angst zu sein, fängt die gleiche Scheiße in einem anderen Betrieb an, obwohl man sich gerade irgendwo eingerichtet hat, vielleicht mit schlechterem Lohn und miesen Kollegen, schlechteren Arbeitsbedingungen und weiteren Anfahrtswegen. Dass man sich verkaufen muss unter Bedingungen, die man nicht selbst bestimmen kann, gilt wohl für die Proleten, aber nicht ohne weiteres für uns.«[45]

Über die notwendigen Konsequenzen aus diesem Befund gingen die Meinungen im RK auseinander. Die Autoren des Papiers meinten zunächst, man sollte stärker auf eine Polarisierung im Unternehmen hinarbeiten:»Mehr Putz« hieß die Devise – daher auch der Name »Putzgruppe«. So sollten die Arbeiter zur Auseinandersetzung mit den Widersprüchen gewissermaßen gezwungen werden. Nur konnte niemand genau sagen, was das für die politische Praxis heißen sollte: mehr Putz.«

Zudem hatte die Putzfraktion ja gerade analysiert, wie die Arbeit bei Opel zu einem schleichenden Anpassungsprozess auch der Aktivisten führte. Die tägliche »Primärsozialisierung« im Betrieb sei ein so machtvoller Mechanismus, der passives Verhalten fördere, dass das ständige Dagegenangehen einen kaum leistbaren Kraftaufwand bedeute. Um für Agitation empfänglich zu sein, brauche man schon ein Bewusstsein davon, dass das Leben anders organisiert sein könnte; man brauche andere, nicht so ohne weiteres in die kapitalistische Verwertung integrierbare Lebensbedürfnisse, an die die Agitation sich richten könnte. Wer sich am dringlichsten einen Farbfernseher oder ein neues Auto wünsche, wer einen Kredit auf sein Haus abbezahlen müsse, werde kaum etwas gegen Überstunden unternehmen:»Die Kastration der lebendigen menschlichen Bedürfnisse: dass man alles vermeiden muss, was überflüssige Kraft und Anstrengung bedeutet. Die Familie, das Auto, das Haus, die Kinder, der Fernseher, der Verein usw. absorbieren den Rest, die Inanspruchnahme ist eine Frage des psychischen Überlebens, will man nur ein Fünkchen Sinn in lebenslanger Betriebsarbeit sehen. Das Elend der Fabrikarbeit hat einen genauso kaputten Bruder außerhalb der Hallen.«[46]

Ein Ausweg aus diesem Problem sahen die Autoren des Papiers darin, die eigenen Lebenszusammenhänge für die Opel-Proletarier zu öffnen. Hierfür sprach eine weitere Erfahrung: Die jugendlichen Arbeiter und Lehrlinge, bei denen der RK am meisten Zuspruch fand, wollten

---

45 Ebd., 20f.
46 Ebd., 22.

sich gar nicht *als Opel-Arbeiter* organisieren. Sehr viel mehr konnten sie sich begeistern für den aufregenden Lebensstil der Spontis, für ihre Wohngemeinschaften, Feste und wechselnden Partnerschaften. Am Wochenende fuhren sie so oft wie möglich nach Frankfurt – nicht immer zur Freude der RK-Aktiven, die die arbeitsfreie Zeit auch gern ohne ihre jugendliche Anhängerschar verbracht hätten. Für diese jungen Arbeiter wurde durch den Kontakt mit den Frankfurter Spontis aus einem Traum plötzlich eine greifbare Möglichkeit. Wo sich die Gelegenheit bot, schlugen sie gleich zwei Fliegen mit einer Klappe: Sie entflohen der Enge des elterlichen Zuhauses und der Monotonie der Fabrik, zogen in eine der vielen Szenewohnungen und begannen zu jobben oder schalteten sich in die aufkommenden Hausbesetzungen in Frankfurt ein.

Angesichts dieser Erfahrungen stellte sich für die RK-Mitglieder die Frage, warum sie überhaupt weiter in der Fabrik schuften sollten. Die Konsequenz war bald gezogen. 1973 erklärte die Gruppe, die Jugendzentrumsbewegung, Hausbesetzungen und Schülerstreiks seien die modernen Klassenbewegungen des jugendlichen Proletariats.[47] Sie spiegelten das Bedürfnis wider, gegen den Stumpfsinn in Arbeit, Ausbildung und Freizeit aufzubegehren und das eigene Leben selbst zu organisieren. In diesen Bewegungen fanden die RKler das rebellische Subjekt und die Akte praktischer Verweigerung, die sie bei Opel so schmerzlich vermissten. Auch wenn die Betriebsarbeit fortgesetzt wurde – die Häuserkämpfe in Frankfurt und die Auseinandersetzung um ein Jugendzentrum in Rüsselsheim liefen ihr nach und nach den Rang ab.

»Wir sind keine Spatzen, wir brauchen keine Krümel!« (Parole der Siemens-Frauengruppe zur Tarifrunde 1972)

Auch die Münchener »Arbeitersache« musste feststellen, dass Aktionsaufrufe an die Arbeiter in der Fabrik wirkungslos verpufften. Dafür förderten die gemeinsamen Feiern und internationalen Versammlungen die Erkenntnis zutage, dass eine auf die Situation in der Fabrik beschränkte Agitation nicht ausreichte. Viel lieber als über ihre Lage bei BMW (oder MAN) sprachen die Arbeiter über Themen aus ihrem Leben jenseits der Fabrik. Die Arbeitersache schlussfolgerte, dass die politische Arbeit den ganzen Lebenszusammenhang umfassen müsse. Es entstand das Konzept der »Multinationalen Betriebs- und Regionsarbeit«.

---

47 Nachzulesen in RK: Betriebsarbeit.

Der erste Schritt hierzu war der Umzug in das Viertel Milbertshofen im Münchener Norden, wo auch das BMW-Werk lag. In dem Viertel hatten viele BMW-Arbeiter ihre Wohnungen; außerdem gab es einige kleinere Unternehmen, meist Zulieferbetriebe von BMW, in denen viele der ausländischen Arbeiter anheuerten, die es beim Autobauer nicht mehr aushielten.

Hier eröffnete die Arbeitersache ein politisch-kulturelles Zentrum, und sogar einige Studenten-Wohngemeinschaften zogen vom Stadtzentrum in das Viertel, um dort den Kontakt mit den Arbeitern auf Dauer zu stellen, auch jenseits der Schichten bei BMW.

Eine ähnliche Erfahrung machte eine Gruppe von Frauen aus dem Umfeld der Arbeitersache. Sie waren schon einige Zeit zuvor zu der Ansicht gelangt, dass durch die Konzentration auf die männlichen »Gastarbeiter« bei BMW und MAN die Situation der »Gastarbeiterinnen« vernachlässigt wurde, die oft an anderen Orten als die Männer arbeiteten und auch mit anderen Problemen konfrontiert waren. Die Frauen beschlossen, diesen Zustand zu ändern. Ab Ende 1971 zogen sie in den Stadtteil Giesing im Süden Münchens und ließen sich bei Siemens einstellen. Dort wollten sie als Frauen politische Arbeit mit Frauen machen – und zwar in einem Betrieb, in dem überwiegend Frauen beschäftigt waren.

Auf den schlecht bezahlten und arbeitsintensiven Plätzen im Siemens-Werk, in der Fräserei und Bohrerei, arbeiteten überwiegend Griechinnen, aber auch Türkinnen und Jugoslawinnen. Die deutschen Frauen waren entweder in höheren Positionen beschäftigt oder, wie sich Christine Dombrowsky, eine Aktivistin der Siemens-Frauengruppe, erinnert, alt und ausgebrannt, fertig von der Arbeit und für die jungen Agitatorinnen nicht mehr ansprechbar.

Auch die Siemens-Frauengruppe fand schnell heraus, dass die Probleme der nichtdeutschen Kolleginnen nach der Arbeit nicht aufhörten. Sie lebten meist beengt im Gastarbeiterinnen-Wohnheim, wo sich vier Frauen ein Zimmer teilten, und von dem knappen Lohn schickten sie immer auch noch etwas nach Hause. Weil das Geld vorne und hinten nicht reichte, arbeiteten viele nach Feierabend noch als Putzfrauen, manche auch als Prostituierte. Aber auch Beziehungsprobleme, Krankheiten und Schwierigkeiten mit den deutschen Behörden waren wiederkehrende Themen in den Gesprächen mit den griechischen und türkischen Kolleginnen. Auch die Lage der Gastarbeiterinnen ließ sich nicht auf die acht Stunden in der Fabrik reduzieren. So entschloss sich die Siemens-Frauengruppe – ähnlich wie die befreundete Arbeitersache – zum Schritt vom Betrieb in den Stadtteil. 1973 gründete die Gruppe ein Frauenzentrum in Giesing. Dort bot sie Sprachkurse an, Begleitungen zum Ausländeramt oder zum Arbeitsgericht und – eine besonders dringend benötigte Hilfe – Begleitungen zu Abtreibungen, die illegal waren.

Der Schritt entsprach auch der Lebenssituation der feministischen Aktivistinnen, anders als die Arbeit in der Fabrik, wo es kaum eine der Frauen länger als ein Jahr aushielt. Auch Christine Dombrowsky war froh, als sie 1974 die anstrengende und unangenehme Stelle bei Siemens gegen eine Anstellung im Trikont-Verlag eintauschen konnte. Die Arbeit im Giesinger Zentrum, aber auch die Proteste gegen den Paragrafen 218 brachten die Frauen innerhalb und außerhalb der Fabrik sehr viel näher zusammen, als es die Agitation gegen schlechtes Kantinenessen und Leichtlohngruppen getan hatte.

Durch die Abtreibungshilfen entstanden Kontakte zu anderen Frauengruppen, und schließlich ging die Gruppe zumindest teilweise in der neuen Frauenbewegung auf.

Der Weg aus der Fabrik führte nicht nur im Fall der Münchener Gruppe in die entstehende Frauenbewegung hinein. Auch Barbara Köster aus Frankfurt schloss sich, nachdem sie sich in Rüsselsheim an den Kämpfen um ein linkes Jugendzentrum beteiligt hatte, der RK-Frauengruppe an, die sich zunehmend vom RK entfernte und sich als Teil der neuen autonomen Frauenbewegung verstand. Doch war dies beileibe nicht die einzige Konsequenz, die ehemalige Betriebsaktivistinnen aus ihrer Erfahrung entfremdeter Arbeit – und auch entfremdeter Agitation – in der Fabrik zogen. Letztlich kann diese Umorientierung von der Fabrikarbeit auf neue Protestbewegungen auch als ein Ergebnis des Untersuchungsansatzes angesehen werden. Der lenkte den Blick auf die »autonomen Bedürfnisse« der Arbeiter, aber zugleich auf die Momente der betrieblichen Wirklichkeit, die der Entwicklung einer kämpferischen Subjektivität entgegenstanden. Es war für den RK wie für die Arbeitersache also nur folgerichtig, nicht blind am einmal beschlossenen Konzept festzuhalten, sondern den Kämpfen gegen die Disziplin der Arbeitsgesellschaft auf das neue Terrain zu folgen.

»Abweichungen in der praktischen Zellenarbeit« – ML-Szene zwischen proletarischer Linie und betrieblicher Realität

Für die meisten maoistischen Gruppen verbot sich dagegen die Abkehr von der Fabrik. Ihr Selbstverständnis als »proletarische Partei« bzw. als »Avantgarde der proletarischen Revolution« verbot es den ML-Gruppen von der Prämisse, dass die Arbeiter in den Fabriken die zentralen Akteure gesellschaftlicher Emanzipation seien, abzurücken. »Die Arbeiterklasse« war als die revolutionäre Klasse gesetzt und aus dem maoistischen Agitations- und Organisationskonzept einfach nicht wegzudenken. Dabei herrschte ein Bild von »der« Klasse vor, das in dieser einen (zumindest theoretisch) einheitlichen Akteur sah. Die unterschiedlichen Bedingungen, denen Männer und Frauen, Ausländer und Deutsche unterworfen waren, wurden höchstens als Spaltungsstrategien der Kapitalisten analysiert, denen man Appelle an die Einheit der Arbeiterklasse entgegenhielt. Unterschiedliche Interessen innerhalb des Proletariats gab es nicht. So blieb, während außerhalb der Produktionsstätten die neue Frauenbewegung entstand, die Agitation der maoistischen Gruppen auf gleichen Lohn für gleiche Arbeit und auf Fragen der Gleichstellung im Unternehmen beschränkt.

Dass es inner- und außerhalb der Fabrik Interessengegensätze zwischen Männern und Frauen gab, dass männliche Arbeiter durchaus davon profitierten, dass ihre Frauen die Hausarbeit verrichteten und sich um die Kindererziehung kümmerten, wurde ausgeblendet.

Ähnliches lässt sich für das Verhältnis zu den ausländischen Arbeitern sagen. Sie boten als Hauptakteure in den betrieblichen Kämpfen der frühen 1970er Jahre eine ideale Projektionsfläche für die revolutionären Wunschvorstellungen der jungen Aktivisten. Dass sich diese Rolle aber gerade nicht aus der »Einheit der Klasse« ergab, sondern aus den speziellen Unterdrückungserfahrungen der »Gastarbeiter« und aus der Ignoranz von Betriebsräten, Gewerkschaften und auch der Mehrzahl der deutschen Kollegen gegenüber ihren Belangen, übersahen die ML-Parteien geflissentlich. Und das, obwohl sich in ihren Betriebsgruppen häufig vor allem nichtdeutsche Arbeiterinnen und Arbeiter versammelten.

Diese selbst aufgezogenen Scheuklappen führten auch dazu, dass der soziale und kulturelle Wandel außerhalb der betrieblichen Produktion von den maoistischen Gruppierungen kaum erfasst wurde. Dass neue soziale Bewegungen entstanden und Teile der Jugend sich von der Industriearbeit ab- und der Suche nach neuen Lebensinhalten zuwandten, dass die Arbeitsverweigerung grassierte, fand in den Überlegungen zahlreicher ML-Gruppen zunächst keine Berücksichtigung.

Dabei mussten, wie bereits erwähnt, auch die jungen Anhänger des ML erleben, dass ihre Botschaften bei den Arbeitern kein Gehör fanden. Jahre später resümierte ein ehemaliger Verkäufer des KBW-Zentralorgans seine Erfahrungen beim Verkauf der *Kommunistischen Volkszeitung*: »Es ist schwer vorstellbar, wie schnell 20–30 Menschen an einem vorüber sind, wenn sie frühmorgens zur Arbeit gehen. Die an mir Vorbeirasenden dürften vielleicht zwei Worte, wenn überhaupt etwas von der Parole mitbekommen haben. Nachdem ich mir nach den ersten Malen noch den Kopf darüber zerbrach: sollte ich mich besser placieren?, früher mit dem Ausrufen beginnen?, kurze Strecken mitlaufen?, kam ich schnell auf die Idee, dass es an etwas anderem liegen muss, als dass man es mit einem technischen Herangehen lösen könnte. Was ich da rief und anbot waren nicht ihre Probleme, es waren nicht die Angelegenheiten, die sie beschäftigten.«[48]

Um Rückschläge wegzustecken, war eine umso stärkere Identifikation mit der Organisation und ihren Zielen nötig – und eine innere Abschottung gegen Erfahrungen, die die Fundamente des maoistischen Politikmodells in Frage stellten. Eine wichtige Rolle spielten dabei die Erfolgsmeldungen, die die meisten Zentralorgane regelmäßig verkündeten: »Die Haupttendenz der Welt ist Revolution!« Unter diesem Titel berichtete der *Rote Morgen* in jeder Ausgabe über die Fortschritte des Klassenkampfs überall auf der Welt.

»Die Massen wollen nach links!« war der Ruf, mit dem der KBW seinen Mitgliedern Mut machte. In diesen Szenarien war jeder Schauplatz gesellschaftlicher Kämpfe Teil einer größeren, globalen Schlachtordnung. Ein Nachlassen hier konnte schwerwiegende Folgen für die Kämpfe dort haben. Mit dieser Argumentation spornten die ML-Gruppen ihre Mitglieder zu immer neuen Anstrengungen an.

Ein anderer Baustein, der bei der Arbeit an einer organisationskompatiblen Version der Realität von großer Bedeutung war, waren die ständigen Liniendiskussionen in den K-Gruppen. Es ist weiter oben bereits darauf hingewiesen worden, dass der ultimative Wahrheitsanspruch im maoistischen Lager einen erbitterten Kampf um die Frage nach sich zog, wer diese Wahrheit am treffendsten formulierte. Die Deutungskämpfe erinnern in ihren Verweisen auf die Worte der »Klassiker« bisweilen an Seminare zur Auslegung religiöser Schriften. Sie waren auch geprägt von einem den »Originalen« entlehnten Vokabular. Der *Rote Morgen* etwa schleuderte der Konkurrenz die leninschen Vorwürfe des »Zurückweichlertums«, der »Nachtrabpolitik« und der »Anbetung der Spontaneität« entgegen. Und mit Mao prophezeite ein Artikel:»Der Stein, den sie erheben, wird ihnen auf die eigenen Füße fallen.«[49] Diese Ausdrucksweise schlich sich nach und nach in die Umgangssprache der Mitglieder

---

48 N.N.: Wir warn die stärkste der Partein ... Erfahrungsberichte aus der Welt der K-Gruppen, Berlin 1977, 52.
49 Roter Morgen, Nr. 9, April 1972.

ein und prägte bei Außenstehenden das Bild von den weltfremden Agitatoren. Die ML-Sprache war zugleich Ausdruck und Motor einer zunehmenden Abkapselung von der Realität.

Verstärkt wurde die schleichende Überblendung der erlebten Realität durch die organisationsspezifische Variation derselben durch die enorme zeitliche Beanspruchung der Mitglieder. Viele ehemalige Aktive beschreiben das ständige Hinterherlaufen hinter dem mit Terminen gefüllten Kalender als Hamsterrad, das den kritischen Blick auf die eigene Tätigkeit verstellte. Selbst ein einfaches Mitglied kam leicht auf 40 Stunden pro Woche im Dienste der Partei.[50] Das führte dazu, dass soziale Kontakte außerhalb der Organisation versiegten. Auch die Anregungen, die sich aus der Beschäftigung mit anderen Themen, aus kulturellen Aktivitäten etc. ergeben, entfielen weitgehend. Die totale Inanspruchnahme der Mitglieder durch die Organisation machte den teilweise sektenhaften Zug aus, der den K-Gruppen von ehemaligen Anhängern und zeitgenössischen Beobachtern attestiert wird.[51] Ein Aktivist des KSV, des Studentenverbandes der KPD, schreibt rückblickend über diesen Effekt:»Der Gegensatz von Anspruch und Wirklichkeit – Partei der Arbeiterklasse sein zu wollen, faktisch aber von der Arbeiterklasse ignoriert zu werden – führt dazu, dass man ungeheuer stark nach innen, innerhalb der Organisation denkt und lebt und in ihr den Ersatz für die fehlende Außenwirkung sucht. Die Welt, in der man lebt, schrumpft auf innerorganisatorische Termine und das vorgegebene politische Weltbild. Die sogenannte Massenarbeit, Verkaufen, Flugblätter verteilen und Studenten agitieren, korrigiert das innerorganisatorische Weltbild überhaupt nicht, weil man vor anderen immer nur als Aufklärer, als Standpunkteprediger auftritt, der den Massen erst das richtige Bewusstsein beibringen muss.«[52]

Dass diese Ersatzwirklichkeit auf ihre Art hermetisch war, mussten vor allem diejenigen feststellen, die sich mit den Parolen der Organisation nicht mehr identifizieren konnten. Zweifel an der Politik der Partei waren nicht erwünscht; wer sie äußerte (und nicht in einer Selbstkritik revidierte), kehrte der Organisation ziemlich bald den Rücken. Allerdings: In einer Atmosphäre, in der an den Prämissen des Denkens und

---

50 Siehe etwa N.N.: Wir warn die stärkste der Partein, 59ff.
51 Auch die»Kritik-und-Selbstkritik«-Runden, in denen die Mitglieder ihre»falschen« Gedanken und Handlungen vor einer parteiinternen Öffentlichkeit darlegen, kritisieren und korrigieren mussten, gehören zu den an Sekten erinnernden Verkehrsformen der K-Gruppen.
52 N.N.: Wir warn die stärkste der Partein, 76.

Handelns nicht gerüttelt werden durfte, war eine kritische Überprüfung der Arbeitsgrundlage ohnehin nur schwer vorstellbar. Anders als bei den Gruppen des Sponti-Lagers sucht man daher selbstkritische Diskussionen über die Grundlagen der politischen Praxis im Betrieb in den meisten maoistischen Organisationen vergeblich.

Allerdings hatte die offensichtliche Diskrepanz zwischen den Zielsetzungen der ML-Organisationen – sich in den Kämpfen der Arbeiter zu verankern und dort »politisches Bewusstsein« zu erzeugen – und der Realität in den Unternehmen Folgen.

Die Praxis der Mitglieder im Betrieb und die Ansprüche der Partei drifteten zusehends auseinander, und zwar umso mehr, je länger die Mitglieder im Unternehmen arbeiteten. Denn trotz aller revolutionärer Propaganda ihrer Organisationen mussten die am Arbeitsplatz aktiven MLer sich vor allem an den Interessen und Bedürfnissen ihrer Kollegen orientieren – sonst blieben sie isoliert und wurden bestenfalls als Exoten und Paradiesvögel betrachtet, eine Rolle, die kaum jemand lange aushielt. Aber auch die äußeren, durch die Regeln von Arbeitsrecht und Arbeitsalltag gesetzten Bedingungen beeinflussten die politischen Möglichkeiten am Arbeitsplatz. Wurden die Vorgaben der Partei im Betrieb tatsächlich umgesetzt und zogen die Mitglieder auf Betriebsversammlungen gegen die Kapitalisten und ihre »gekauften Handlanger« in der Gewerkschaft vom Leder, riefen zu wilden Streiks auf oder rechtfertigten sie nachträglich, dann passierte in der Regel das, was Peter B. bei Ford und Barbara Köster bei Opel erlebt hatten: Sie wurden entlassen. Die beflügelnde Wirkung solcher Auftritte auf die Kollegen und Kolleginnen dürfte sich in Grenzen gehalten haben. Wie sich die Agitation der Partei und das praktische Vorgehen ihrer betrieblichen Mitglieder nach und nach auseinanderentwickelten, soll am Beispiel von Annette Schnoor verdeutlicht werden.

Annette Schnoor, eine Kaufmannstochter aus Gelsenkirchen, hatte sich bereits mehrere Jahre in der KPD/ML Zentralbüro engagiert und nach dem Staatsexamen von der Überlegung verabschiedet, als Lehrerin zu arbeiten, als sie sich auf eine Stelle als Bandarbeiterin bei Siemens bewarb. Das 1970 eröffnete, in Witten im südlichen Ruhrgebiet gelegene Siemens-Werk stellte Telefonanlagen für Büros und Fabriken her. Die große Nachfrage nach modernen Kommunikationssystemen führte zum Wachstum des Werks, auch als andere Unternehmen bereits unter der beginnenden Wirtschaftskrise zu leiden hatten. In der Phase der Expansion verzichtete das Unternehmen auf die bei Neueinstellungen übliche Anfrage beim Verfassungsschutz, und so bekam auch die ehemalige

Lehramtstudentin und Anwärterin auf Mitgliedschaft in der KPD/ML, Annette Schnoor, einen Arbeitsplatz.

Nur wenige Wochen nach ihrer Einstellung protestierte sie – erfolglos – gegen den zu Ungunsten der Arbeiterinnen in ihrer Abteilung falsch berechneten Akkord. Damit war sie schlagartig im Betrieb bekannt. Sie wurde gewerkschaftliche Vertrauensfrau, und als ein Jahr später die Neuwahl des Betriebsrats anstand, wurde Annette Schnoor sofort gewählt. Das war 1974.

Etwa 60 Prozent der Siemens-Beschäftigten in Witten waren Frauen; die meisten arbeiteten am Fließ- oder Rollband, dort löteten und klebten sie die Einzelteile der Telefonanlagen zusammen: filigrane Handgriffe, die einige Geschicklichkeit verlangen. Den Männern, sagt Annette Schnoor, fehlte die Geduld für diese Arbeit.[53] Sie war ihnen auch zu schlecht bezahlt. Die Siemens-Frauen waren in den unteren Lohngruppen einsortiert; Männer arbeiteten entweder als Betriebshandwerker und Prüfer, also Facharbeiter und Meister, oder auf Vorarbeiterposten, und zwar ganz gleich, ob sie zuvor als Elektriker, Fleischer oder Bäcker ihr Geld verdient hatten. Auch der Betriebsrat war ein von Männern dominiertes Gremium; gegenüber den Frauen am Band benahmen sich die gewählten Interessenvertreter nicht viel anders als die übrigen Vorgesetzten. Für ihre Probleme fühlten sie sich nicht zuständig. Annette Schnoor, die sich gerade über diese empörte, war ein Fremdkörper in dem Gremium. Der Konflikt war vorprogrammiert: »Die Abstimmungen im Betriebsrat waren in den ersten Jahren meistens vierzehn zu eins. Bei fünfzehn Betriebsräten. Als ich im Urlaub war, hat der Betriebsrat dann beim Arbeitsgericht geklagt, um mich loszuwerden. Weil ich zum Streik aufgerufen hätte, weil ich sie außerdem diffamieren würde und weil sich die Ablehnung des Betriebsverfassungsgesetzes und der gesetzlichen Mitbestimmung wie ein roter Faden durch mein Leben und Handeln ziehe.«[54]

Dieser Versuch misslang. Die Kolleginnen, die ihren Arbeitsplatz aus Protest gegen unbezahlte Mehrarbeit verlassen und sich im Büro des Betriebsrats versammelt hatten, legten dem Gericht überzeugend dar, dass sie aus eigenem Antrieb gestreikt hätten, weil der Betriebsrat sich nicht um ihr Anliegen gekümmert hätte.

Von diesem Tag an war das Betriebsratsbüro Feindesland. Von der Ausschuss-Arbeit war Annette Schnoor ausgeschlossen, und mit den

---

53 Interview mit Annette Schnoor, 2008.
54 Ebd. Auch die weiteren Zitate von Annette Schnoor sind aus dem Interview.

Frauen aus ihrer Abteilung konnte sie nur heimliche Treffen auf der Betriebstoilette vereinbaren. Die einzige Möglichkeit, die ihr blieb, um als Betriebsrätin aktiv zu sein, bestand darin, Kolleginnen bei Beschwerden zu begleiten. Beschäftigte, die ihre Beschwerden selber vorbringen, haben das Recht, einen Betriebsrat ihrer Wahl mitzunehmen. »Ich habe deshalb immer versucht«, sagt Annette Schnoor, »die Leute zu überreden, dass sie das machen. Ich bin nicht, wie die Betriebsräte sonst, zum Vorgesetzten gegangen und hab gesagt, da gibt es die und die Beschwerde, sondern ich bin immer mit der Kollegin gegangen. Und da musste ich natürlich das Vertrauen, das sie in mich gesetzt hat, irgendwie rechtfertigen. Da kannst du dich nicht irgendwie über ihren Kopf hinweg verständigen mit dem Abteilungsleiter, sondern du musst ihren Standpunkt einnehmen und dich anlegen mit den Leuten.«

Annette Schnoor hatte ursprünglich nur ein Jahr bei Siemens arbeiten wollen. »Aber dann habe ich«, sagt sie, »dem Unternehmen und dem Betriebsrat nicht gegönnt, dass sie mich so schnell wieder loswerden.« Sie fühlte sich in der Pflicht ihren Kolleginnen gegenüber, die häufig nicht nur unter der harten Arbeit zu leiden hatten, sondern dazu noch den Haushalt schmissen, Kinder großzogen und nicht selten mit einem einfältigen Ehemann geschlagen waren. »Diese Arbeit, das ist ja auch eine Sozialbeziehung, in die die Frauen eintreten«, sagt sie. »Viele Probleme, die sie zu Hause hatten, mit ihren Männern, die wurden auf der Arbeit mit den Kolleginnen besprochen. Der Mann regeneriert sich zu Hause. Aber die Frauen, die haben sich auf der Arbeit die Stärke geholt, die sie für ihren Alltag zu Hause brauchten.«

Den Frauen die Parolen der KPD/ML zu verkaufen lag Annette Schnoor fern. Über Politisches sprach sie, wenn es einen erkennbaren Zusammenhang zur Situation im Werk gab. Sonst nicht. Die Propaganda der KPD/ML entsprach nicht der Realität der Frauen, die sich bei Siemens von ahnungslosen Vorgesetzten und zu Hause von ihren Männern herumkommandieren lassen mussten.

Die KPD/ML bewertete dieses Vorgehen als »rechts-opportunistisch«. Annette Schnoor schüre »trade-unionistische Illusionen« unter den Arbeiterinnen. Mit diesem Widerspruch sahen sich auch andere Aktive der Partei konfrontiert. Verlegten sie sich unter dem Eindruck des Arbeitsalltags in ihrer Praxis zu sehr auf rein »betriebliche« Fragen, drohte eine Rüge der Organisation, die ein Abgleiten ihrer Kader in »ökonomistische« Vorstellungen befürchtete und verstärkte »politische Enthüllungen« vor dem Fabriktor oder mehr Konfrontation im Unternehmen anmahnte. »Die Aufgabe der Kommunisten ist gerade«, heißt es in der Parteizeitung *Roter Morgen*,»die Erfahrungen der Arbeiter im wirtschaftlichen Kampf mit den politischen Kampfaufgaben zu verbinden.« Durch die Vernachlässigung dieser Aufgabe, sei es z.b. in der Metall-Tarifrunde 1973 zu»rechten Abweichungen in der praktischen Zellenarbeit«[55] gekommen. Wie aber das richtige Verhältnis von betrieblichen und»politischen« Aktivitäten aussehen könnte, vermochte die Partei auch nicht zu sagen. Ihre Vorgaben für den»betrieblichen Kampf« pendelten zwischen der Sorge um den Verlust des radikalen Profils und der drohenden Isolation von den Arbeitskollegen. Jedenfalls bot die Arbeit am Bewusstsein der Kollegen wenig Gelegenheit für Erfolgserlebnisse. Die Hoffnung, dass die Beteiligung der»jungen, entschlossenen Genossen« an den betrieblichen Kämpfen die Empfänglichkeit der Arbeiter und Arbeiterinnen für die politischen Parolen der linken Organisationen erhöhen würde, erfüllte sich nicht.

Dieses Dilemma der ML-Organisationen ähnelte also durchaus dem »Flugblatt-Problem«, das die»Putzgruppe« für die Arbeit des Frankfurter RK beschrieb. Die Betriebskader des ML brauchten die revolutionäre Propaganda gewissermaßen, um sich eine revolutionäre politische Perspektive erhalten zu können. Denn im Betrieb arbeitete man – am Band und politisch –»trade-unionistisch«. Die Termine, Veranstaltungen und Verpflichtungen, kurz: die Innenwelt der ML-Organisation, übernahmen dieselbe Funktion, die die Sponti-Szene, die Hausbesetzungen und militanten Aktionen für die Frankfurter Opel-Kader hatten: Sie war ein wichtiger Ort zur Pflege der eigenen politischen Identität, zur revolutionären Selbstvergewisserung. Doch anders als die Spontis waren die ML-Organisationen zunächst außerstande, dieses Problem zu thematisieren. Trat der gewünschte Effekt nicht ein, dann mussten die»Anstrengungen verstärkt« oder musste das»Auftreten der Genossen gegenüber den Kollegen« überdacht werden; eine andere Erklärung war nicht vorstellbar.

Und so kam es, dass viele, die die Organisationen verließen, dies still und heimlich taten, oft mit Gewissensbissen gegenüber ihren Genossen und in der Überzeugung, ihre Pflichten zu verraten. Die Parteien, Bünde und Zirkel hielten sich ihrerseits nicht lange damit auf, über die Beweggründe der Abtrünnigen nachzugrübeln. Die Frage war für sie von nachrangiger Bedeutung, denn in den Anfangsjahren wurden die Abgänge noch durch den Zustrom neuer Mitglieder kompensiert.

Dass es im Unternehmen kaum möglich war,»als Revolutionäre« aufzutreten, mussten sowohl Spontis als auch die Anhänger maoistischer

55 Beide Zitate aus Roter Morgen, Nr. 4, Februar 1973, 6.

Organisationen feststellen. Der Arbeitsalltag im Betrieb folgte anderen Gesetzmäßigkeiten als das Leben in der Szene oder der Partei. Die bürgerliche Trennung der Gesellschaft in eine ökonomische und eine politische Sphäre war nicht einfach per Willensakt oder per Forderung nach der Politisierung des ökonomischen Kampfes aufzuheben. Während die Sponti-Gruppen aus dieser Beobachtung größtenteils den Schluss zogen, der Fabrik wieder den Rücken zu kehren, entwickelte sich bei den Maoisten die beschriebene unbewusste Parallelstrategie. Wie sich diese auf die politische Praxis am Arbeitsplatz auswirkte, werde ich im nächsten Kapitel schildern.

»Organisation kaputt«

4. Kapitel

Viele träumen bei Spaghetti und Rotwein von der revolutionären Bewegung, wie sie sein könnte, turnen sich an bei dem Gedanken an mögliche Großtaten. Wenn es nur nach den Köpfen ginge, gäbe es wirklich eine starke revolutionäre Bewegung: doch die Füße tragen die meisten schließlich doch in die Betriebe, die Uni-Fabrik, das Fabrik-Krankenhaus oder in die Sackgasse der traditionalistisch orientierten kommunistischen Parteien.

Claus J. Carstensen: Gegenökonomie und Alternativkultur[1]

Wenn im letzten Kapitel der Fordstreik so ausführlich behandelt wurde, dann auch deshalb, weil er sinnbildlich für das Ende eines betrieblichen Kampfzyklus in der Bundesrepublik steht und einen Epochenbruch in der gesellschaftlichen Entwicklung überhaupt markiert. Der Fordstreik war Höhepunkt der bis dahin größten Welle wilder Streiks im Wirtschaftswunderland. Im August 1973 legten etwa 80.000 Beschäftigte in knapp 100 Betrieben die Arbeit ohne Erlaubnis nieder; über das ganze Jahr gesehen waren es zwischen 270.000 und 325.000 Arbeiterinnen und Arbeiter, die an 335 bis 458 nicht genehmigten Streiks teilnahmen – mehr als doppelt so viele wie 1969.[2]

Viele Streiks des Jahres 1973 entzündeten sich an der spezifischen Situation der sogenannten Gastarbeiterinnen und Gastarbeiter: Bei John Deere in Mannheim streikten die vornehmlich nichtdeutschen Beschäftigten im Mai ohne großen Erfolg gegen niedrige Löhne und hohe Arbeitsintensität (der Streik wurde durch die Polizei und unter tatkräftiger Mithilfe deutscher Vorarbeiter zerschlagen). Beim Karosseriewerk Karmann in Osnabrück trieben schlechte Urlaubsregelungen die spanischen und portugiesischen Arbeiter auf die Barrikaden; im Unternehmen Hella in Lippstadt und Paderborn löste die Übergehung ausländischer

---

1 Autonomie Nr. 2, 1976
2 Wilde Streiks genau zu erfassen, ist schwierig, da sie nicht automatisch Eingang in die gewerkschaftliche Streikstatistik finden und mitunter gar nicht öffentlich bekannt werden. Die kleinere Zahl geht auf eine Zählung des *express* zurück, die größere auf eine der IG Metall (vgl. Peter Birke: Wilde Streiks im Wirtschaftswunder, 287f.).

Beschäftigter bei den Tariferhöhungen im Juli 1973 einen Arbeitskampf aus. Hella hatte seinen deutschen Beschäftigten 15 Pfennig mehr gezahlt, während die Nichtdeutschen leer ausgingen. Die Migrantinnen und Migranten erreichten durch ihren Streik schließlich eine Erhöhung um 40 Pfennig für alle Beschäftigten. Und bei Pierburg in Neuss protestierten vor allem griechische Arbeiterinnen gegen ein Lohnmodell, das Gastarbeiter(innen) und Frauen benachteiligte. Die Streikenden setzten schließlich die Abschaffung der Leichtlohngruppen und eine allgemeine Lohnerhöhung von 65 Pfennig durch.

Mit der Perspektive eines nur vorübergehenden Arbeitsaufenthalts waren schlechte Wohnverhältnisse, Überstunden, Lärm und Dreck vielen Gastarbeiterinnen und Gastarbeitern noch als zu verkraftendes Übel erschienen: für kurze Zeit erträglich, man war ja nur zum Arbeiten hier. Doch je mehr sich ihr Lebensmittelpunkt an den Arbeitsort in der Bundesrepublik verlagerte, desto weniger waren sie bereit, ihre Ausgrenzung in Betrieb und Gesellschaft hinzunehmen. Die Streiks von 1973 rückten diesen Umstand in das Blickfeld der Öffentlichkeit – wenn auch in verzerrter oder verkürzter Form. »Ruf nach mehr Geld mit türkischem Akzent«, war am 16. August die Schlagzeile der *Süddeutschen Zeitung*.

Es ist kein Zufall, dass viele Streiks nach dem Ende der Werksferien ausbrachen, in dem Moment also, in dem die Gastarbeiter als Personen, die sie »vor Ford« waren, wieder in die rassistische Hierarchie der Fabriken und die soziale Isolation der Wohnheime gepresst wurden. Doch in den Betrieben weigerten sich die Gewerkschaften, die Situation der Migrantinnen und Migranten überhaupt zur Kenntnis zu nehmen.[3] Das Verhalten der IG Metall beim Kölner Fordstreik war durchaus exemplarisch. In der Zeitschrift *Metall* distanzierte sich im September auch der Gewerkschaftsvorstand wortreich von den »Tumulten bei Ford in Köln«. Die Schuld an diesen »Vorgängen« gab man den »aus dem gesamten Bundesgebiet angereisten Extremisten«, die die unerfahrenen Türken aufgehetzt hätten.[4]

---

3 Im Metall-Bereich waren insgesamt gut zehn Prozent der Beschäftigten Migranten, doch ihr Anteil an den Betriebsratsmitgliedern lag nur bei knapp zwei Prozent. Erst seit der Reform des Betriebsverfassungsgesetzes von 1972 waren sie überhaupt wahlberechtigt.

4 So eine Erklärung des IG-Metall-Vorstands in der *Metall* Nr. 18 vom 4. September 1973. Wer durch die einschlägigen Jahrgänge der *Metall* blättert, gewinnt allerdings einen anderen Eindruck. Dort wurde schon das ganze Jahr 1973 ausführlich über die Lage der »ausländischen Arbeiter« berichtet. Auch die Diktaturen in Griechenland, Spanien und Portugal sind wiederkehrende Themen, ebenso der Krieg der USA in Vietnam.

Seit 1969 hatte sich allerdings nicht nur die Zusammensetzung der Streikenden geändert. Anders als vier Jahre zuvor konnten die Proteste 1973 nicht mehr auf eine breite gesellschaftliche Zustimmung bauen. Politik und Gewerkschaften äußerten ihr Unverständnis gegenüber den Forderungen der Kollegen und Kolleginnen, und die Unternehmen waren deutlich weniger zu Zugeständnissen bereit als im September 1969. Nicht wenige der spontanen Streiks von 1973 endeten mit Niederlagen. In den Medien wurden sie als Aufstand der Gastarbeiter hingestellt – was sie ja zum Teil auch waren. Im Sommer waren u.a. im *Spiegel* und im *Kölner Stadt-Anzeiger* Warnungen vor einer »Überfremdung« der Bundesrepublik durch die Gastarbeiter und der Entstehung von »Ausländer-Ghettos« in den Städten erschienen. Diese Berichterstattung trug dazu bei, rassistische Ressentiments gegen die »unberechenbaren« Aktionen der »wilden Türken« zu mobilisieren. Der Streikzyklus, der 1969 als breite Welle spontaner Streiks um bessere Arbeitsbedingungen und höhere Löhne begonnen hatte, wurde 1973 als »Ausländerstreiks« zum Problem einer betrieblichen »Randgruppe« erklärt, isoliert und nicht selten durch den Einsatz der Polizei beendet. Im Oktober verhängte die Regierung schließlich die ersten Zuzugssperren für ausländische Arbeiter und Arbeiterinnen.[5]

Diese veränderte Haltung erklärt sich auch vor dem Hintergrund, dass die wirtschaftliche Aufschwungperiode der Nachkriegsjahre vorbei war und die Weltwirtschaft in ihre erste schwere Krise seit Jahrzehnten steuerte. Auf die »kleine Krise« von 1966/67 waren noch mal einige Jahre satten Wachstums gefolgt. 1973 kam die Weltwirtschaft ins Stocken – und legte schließlich den Rückwärtsgang ein. Die US-Wirtschaft, die im Jahresverlauf 1973 noch um fast sechs Prozent gewachsen war, brach ein Jahr später völlig ein und verzeichnete ein Negativwachstum von 0,5 Prozent. Im Folgejahr ging sie um weitere 0,2 Prozent zurück. Die Bundesrepublik Deutschland erwischte es mit einigen Monaten Verspätung. Doch

<hr>

All das ist vor allem dem Chefredakteur der Zeitung, Jakob Moneta, zu verdanken, seines Zeichens Mitglied der SPD sowie der trotzkistischen Gruppe Internationaler Marxisten (GIM).

5 Karl Heinz Roth weist allerdings darauf hin, dass nicht allein die Repression des Staates die Streikbereitschaft der ausländischen Arbeiterinnen und Arbeiter gedämpft habe. Mit dem sukzessiven Familiennachzug und dem Entstehen einer sozialen Infrastruktur der (ehemaligen) Gastarbeiter in bundesdeutschen Städten hätten sich auch neue Möglichkeiten zur Kompensation des Arbeitsfrusts ergeben. Siehe Frombeloff: Gespräch mit Karl Heinz Roth, in: Ders.: ... und es begann die Zeit der Autonomie. Politische Texte von Karl Heinz Roth, Hamburg 1993, 299.

auch hier war der Rückgang von fünf Prozent Wachstum 1973 auf nur noch knapp ein Prozent bereits 1974 zu spüren – bevor das Jahr 1975 mit minus einem Prozent zum negativen Rekordjahr wurde. Ganz ähnlich verlief die Entwicklung in anderen westeuropäischen Ländern, und auch Japan blieb nicht verschont. Die tiefste wirtschaftliche Krise der kapitalistischen Welt seit Ende des Zweiten Weltkriegs war so einschneidend, dass sie den Historiker Eric Hobsbawm mehr als zwanzig Jahre später dazu veranlasste, das Ende der »Goldenen Jahre« des Kapitalismus auf 1973 zu datieren.

Die Operaisten beharren darauf, dass es die Klassenkämpfe, die offenen und die verdeckten, waren, die die Profitraten ins Trudeln brachten. »Die Arbeiter produzieren die Krise«, lautete der Titel eines 1974 im Trikont-Verlag publizierten Buches, das sich mit den Arbeitskämpfen bei FIAT Mirafiori in Turin im Vorjahr befasste. Fest steht, dass die Arbeiter seit den 1960er Jahren in den kapitalistischen Kernländern beträchtliche Lohnerhöhungen durchsetzten. Doch das Produktionsmodell der Vorjahre geriet auch aus anderen Gründen in Schwierigkeiten. Das Wirtschaftswunder der Nachkriegszeit hatte auf der Möglichkeit zur Ausdehnung der Produktion beruht, auf hoch entwickelten Produktionsanlagen und einem großen Bedarf an den produzierten Gütern. Dieses Wunder nutzte sich ab. Mit der Vollbeschäftigung (in Deutschland Anfang der 1960er Jahre) verschwand die Möglichkeit, durch bloße Erweiterung der Produktion zusätzliche Profite zu erwirtschaften. Die Unternehmen konkurrierten zunehmend um die knapper werdende Arbeitskraft. Damit wuchs die Durchsetzungsmacht der Arbeiter, die Löhne stiegen, die Arbeitszeit sank. Um die Profitspanne weiter hochzuhalten, mussten die Unternehmen sich etwas einfallen lassen. Sie versuchten, das Problem durch die Einführung neuer Technologien und die Umorganisation des Arbeitsprozesses zu lösen. Nicht mehr Neuinvestitionen bestimmten nun das Bild, sondern Rationalisierungen der bestehenden Produktionsstätten. Der Wettlauf um die technische Revolutionierung der Produktion hatte begonnen.

In der Folge stieg die Kapitalintensität, und zwar drastisch. Anders gesagt: Um wenigstens halbwegs profitabel zu wirtschaften, waren 1970 deutlich mehr oder deutlich teurere Maschinen notwendig als zehn Jahre zuvor.[6] Die Produktivität der Arbeit (die durchschnittliche Arbeitsleis-

---

6   War das Bruttoanlagevermögen pro Arbeiter im Zeitraum von 1951–1960 nur um etwa 35 Prozent gewachsen, so legte es in der Folgedekade, zwischen 1960 und 1970, um 74 Prozent zu.

tung pro Erwerbsperson) hielt mit dem gestiegenen Kapitaleinsatz nicht Schritt.[7] Die Kapitalrentabilität sank zwischen 1960 und 1970 um mehr als 13 Prozent. Dafür waren vor allem die schmaleren Produktivitätssteigerungen verantwortlich, und erst in zweiter Linie die Lohnzuwächse der Arbeiter – zumindest in der Bundesrepublik.[8] Das System des Nachkriegskapitalismus büßte auch gesellschaftlich an Zustimmung ein. Das drückte nicht zuletzt die globale Revolte der 1960er Jahre gegen die »Fabrikgesellschaft« aus. In Lateinamerika griffen starke linke Bewegungen ihre US-hörigen nationalen Bourgeoisien an. In Vietnam, wo der globale Linkstrend gestoppt werden sollte, war die US-Militärmacht trotz jahrelanger Anstrengungen nicht in der Lage, den materiell unterlegenen Vietcong zu besiegen. Die hohen Rüstungsausgaben lasteten im Gegenteil schwer auf dem amerikanischen Staatshaushalt. Die wachsende Verschuldung und das US-Außenhandelsdefizit führten 1971 dazu, dass die kapitalistische *Lead Nation* die Goldbindung ihrer Währung aufgeben musste, die ein Schlüsselfaktor für die Stabilisierung der Weltwirtschaft im System von Bretton Woods gewesen war. Die Aufkündigung der Goldbindung durch US-Präsident Nixon führte unmittelbar zu einem massiven Kursverfall des Dollar. Doch mit dieser Maßnahme leitete die angeschlagene Weltmacht auch eine politische Reorganisation ein, um ihren verlorenen Einfluss zurückzuerobern.

Auf das Ende der Goldbindung folgte die »monetaristische« Wende in der Wirtschaftspolitik, die Vertreter der »Chicagoer Schule« schon seit langem gefordert hatten. Wenig später schob die US-Regierung dem Linkstrend in Lateinamerika einen Riegel vor. Am 11. September 1973 unterstützte sie den Putsch von General Pinochet gegen die gewählte Volksfrontregierung Allendes in Chile und ebnete so den Weg für eine ganze Reihe von Militärdiktaturen in Süd- und Mittelamerika. Tausende bezahlten den Staatsstreich mit dem Leben, mehrere Zehntausend mit Folter oder Gefängnis. Die USA hatten aus dem Desaster des Vietnam-

---

7 Siehe Elmar Altvater u a.: Vom Wirtschaftswunder zur Wirtschaftskrise. Ökonomie und Politik in der Bundesrepublik, Berlin 1979, 99 und 114. Nach den Zahlen des Statistischen Bundesamtes stieg die Produktivität von 1960–69 um 48,4 Prozent. In der Dekade zuvor (1950–59) war sie noch um 54 Prozent gestiegen. Zwischen 1970 und 1979 lag der Produktivitätszuwachs trotz weiter gestiegenen Kapitaleinsatzes nur noch bei 34,4 Prozent (Statistisches Bundesamt: Statistische Jahrbücher 1960 bis 1985).

8 Die Lohnhöhe geht nicht in die Berechnungen der Arbeitsproduktivität ein. Demgegenüber sind zumindest in den wilden Streiks der frühen 1970er Jahre die Forderungen nach Verlangsamung der Bandgeschwindigkeit Gegenstand der betrieblichen Auseinandersetzung gewesen. Diese Kämpfe um die Taktzeiten sind Kämpfe um die Arbeitsproduktivität.

kriegs gelernt. Sie hüteten sich, mit eigenen Truppen im Andenstaat einzumarschieren. Stattdessen schickten sie Berater. Die an der Universität von Chicago in den wirtschaftlichen Konzepten Milton Friedmans ausgebildeten Ökonomen begannen, im Einverständnis mit den neuen Machthabern einen neoliberal orientierten Kapitalismus in Chile zu installieren, noch während die blutigen antisozialistischen Maßnahmen der Militärs andauerten.

Auch außerhalb des amerikanischen Kontinents wurde die US-Unterstützung für den Staatsstreich als Zeichen verstanden, dass die USA keinen »friedlichen Übergang zum Sozialismus« durch gewählte Linksregierungen in ihrem Einflussbereich mehr dulden würden. Als Erste reagierte die Kommunistische Partei Italiens auf dieses Signal. Vor dem Hintergrund zugespitzter gesellschaftlicher Kämpfe im Land und mit Blick auf die Militärdiktaturen in Spanien und Griechenland erklärte sie Ende 1973 den »Historischen Kompromiss«: die Abkehr von der Vision einer Linksregierung und die punktuelle Zusammenarbeit mit Kräften der Christdemokratie.[9]

In Deutschland begann die Krise der Reformperiode unter Willy Brandt ebenfalls 1973. Als »Ölkrise« kam sie zum Jahreswechsel im Bewusstsein der Öffentlichkeit an. Die Verringerung der Ölfördermenge durch die OPEC-Staaten am 17. Oktober 1973 hatte einen drastischen Anstieg des Weltmarktpreises pro Barrel Öl zur Folge. Die Bundesregierung nutzte den »Ölschock« dazu, mit einigen spektakulären Maßnahmen (Sonntagsfahrverbote und Geschwindigkeitsbegrenzungen auf den Autobahnen) die Krise auch für die Bevölkerung spürbar zu machen, obwohl in der Bundesrepublik de facto von einer Ölknappheit keine Rede sein konnte.[10]

Als erste sichtbare Folge der Krise stieg die Arbeitslosigkeit spürbar. War Arbeitslosigkeit in der Bundesrepublik zwischen 1960 und 1970 ein nahezu unbekanntes Phänomen gewesen, so wurde sie nun unübersehbar. Von 1973 auf 1974 verdoppelte sich die Arbeitslosenzahl, und von 1974

---

9 Der Bombenanschlag auf die Landwirtschaftsbank an der Mailänder Piazza Fontana, der im Dezember 1969 16 Menschenleben forderte, hatte gezeigt, dass in Italien durchaus eine Putschgefahr bestand. Das Attentat wurde zunächst der Linken angelastet, war aber von einer Allianz rechter Kräfte im Staatsapparat und organisierter Faschisten verübt worden. Mit dieser »Strategie der Spannung« sollte die Linke verunsichert und ein allgemeines gesellschaftliches Bedrohungsgefühl erzeugt werden, das den Boden für eine autoritäre Lösung bereitete.

10 Karl D. Bredthauer: Ölkrise?, in: Blätter für deutsche und internationale Politik, Nr. 12, 1973, 1264.

auf 1975 verdoppelte sie sich gleich ein weiteres Mal. Innerhalb von nur zwei Jahren waren nicht mehr bloß 250.000, sondern über eine Million Menschen ohne Erwerb. Damit lag die Arbeitslosenquote bei beinahe fünf Prozent. Lediglich Ende der 1970er Jahre sollte sie noch einmal unter vier Prozent sinken, um sich wenige Jahre später in Richtung zehn Prozent zu bewegen.

Während in der Wirtschaftspolitik auch nach der Regierungsübernahme durch Helmut Schmidt 1974 noch die keynesianisch motivierten Werkzeuge der »Globalsteuerung« galten, hatte die Bundesbank bereits die monetaristische Wende nachvollzogen. Mit einer weltweit einzigartigen Autonomie gegenüber der Regierung ausgestattet, setzte sie durch die Begrenzung der Geldmenge den fiskal- und verteilungspolitischen Spielräumen, aber auch den Spielräumen für Lohnsteigerungen enge Grenzen.

Die Unternehmen spürten Rückenwind. Im Jahr 1975 wagten sie erstmals, eine »Lohnpause« zu fordern. Dieses Ansinnen wiesen die Gewerkschaften empört zurück. Doch die Trendwende bei den Löhnen war eingeleitet. Hatten die Arbeitnehmervertretungen mit dem Schwung der wilden Streiks im Rücken Anfang 1974 noch einmal respektable Abschlüsse von über zehn Prozent in vielen Branchen durchsetzen können (bei einer Inflation von knapp sieben Prozent im Jahresverlauf), so drückten Krise und Arbeitslosigkeit in den Folgejahren auf die Arbeitseinkommen. 1975 und 1976 stiegen die Reallöhne nur in ausgesuchten Branchen – und auch dort nicht nennenswert.[11]

Die Gewerkschaften reagierten verunsichert. Nach einigen Streiks zu Jahresbeginn 1974 stellten sie Arbeitskampfmaßnahmen bis 1976 weitgehend ein. Stattdessen begannen sie Überlegungen, wie sie der gewachsenen Verdichtung der Arbeit und der Rationalisierungspolitik Rechnung tragen könnten, mit der die Unternehmen auf die Krise reagierten. Mit der Parole von der Humanisierung der Arbeitswelt griffen die Gewerkschaften zugleich Forderungen für bessere Arbeitsbedingungen aus den spontanen Kämpfen der frühen 1970er Jahre auf. Zugleich sagten die DGB-Gewerkschaften der linken Opposition in den Betrieben den Kampf an. Ab 1973 schlossen sie zahlreiche Mitglieder aus, die sie der Unterstützung kommunistischer Organisationen verdächtigten.

---

11 Siehe Wiebke Krüer-Buchholz: Gewerkschaften in der Defensive, in: Jörg Huffschmid/ Herbert Schui: Gesellschaft im Konkurs? Handbuch zur Wirtschaftskrise 1973–1976 in der BRD, Köln 1976. Sowie Eberhard Schmidt: Arbeitskämpfe 1974 bis 1977. Ein Überblick, in: Otto Jacobi u.a.: Gewerkschaftspolitik in der Krise, Berlin 1978, 115-124.

Nicht nur aus der Gewerkschaft wurden Linke nun ausgeschlossen. Der noch unter Willy Brandt eingeführte »Radikalenerlass« hatte bereits seit 1972 zahlreiche Berufsverbote und -verbotsdrohungen gegen vermeintliche »Linksextremisten« im Öffentlichen Dienst zur Folge. Mitte des Jahrzehnts schwenkte die Regierung Schmidt schließlich auch in der Wirtschafts- und Sozialpolitik nach rechts. Sie verpflichtete sich auf das Ziel der Haushaltskonsolidierung, was auch erste Ausgabenkürzungen im Sozialbereich bedeutete, setzte den Ausbau der Atomkraft auf die Tagesordnung und baute – im Kampf gegen die RAF – Bürgerrechte ab und die Befugnisse von Polizei und Justiz erheblich aus. Mit diesen Maßnahmen blies die Regierung Schmidt zum Gegenangriff gegen die linken Kräfte in der Bundesrepublik. Der Spielraum für gesellschaftliche Veränderungen im Sinne der Linken wurde kleiner. Allerdings konnte sich das 1973, nach all den Jahren der linken Offensive, noch kaum jemand vorstellen.

Eine »andere« Arbeiterbewegung?

Ein Supermarkt-Parkplatz in Köln-Gremberg, kurz nach ein Uhr nachts am frühen Freitagmorgen, 9. Mai 1975. Auf einen Hinweis aus der Bevölkerung halten die Polizeibeamten Bartzik, Hoffmann, Grüner und Pauli einen Wagen mit drei Insassen an. Ein Anrufer will die Männer beim Stehlen eines Autos beobachtet haben. Die Polizisten kontrollieren die Personalien der Wageninsassen. Dass zwei von ihnen gefälschte Ausweise besitzen, bemerken sie nicht. Der Ausweis des dritten Mannes ist echt. Als die Beamten den Namen Karl Heinz Roth durchgeben, erhalten sie den Warnhinweis aus dem Polizeicomputer: »Anarchist«. Die Beamten ziehen ihre Waffen und fordern die Wageninsassen zum Aussteigen auf.

Was dann geschieht, ist nicht zweifelsfrei geklärt. Fest steht, dass nach einem Schusswechsel zwei Tote und zwei Verletzte zu beklagen sind. Einer der Männer im Wagen soll einen Fluchtversuch unternommen haben, woraufhin die Beamten Grüner und Pauli das Feuer eröffnen. Karl Heinz Roth wird von einer Kugel Grüners in den Rücken getroffen, außerdem von einem Querschläger aus der Waffe des Flüchtenden, und verliert das Bewusstsein. Der Beamte Grüner wird ebenfalls durch eine Kugel schwer verletzt. Sein Kollege Walter Pauli stirbt an einem Herzdurchschuss, und auch der mutmaßlich Flüchtende, Werner Sauber, erliegt mehreren Schusswunden. Einiges spricht dafür, dass ihn die tödlichen Schüsse erst trafen, als er bereits verletzt am Boden lag.[12] Roland Otto übersteht den Schusswechsel unverletzt; er saß auf der Rückbank und hatte den Wagen noch nicht verlassen, als die Schießerei begann.

Roland Otto und der schwer verletzte Karl Heinz Roth werden festgenommen und in Isolationshaft gesteckt. Auch bei ihnen findet die Polizei Waffen, allerdings sind aus ihnen keine Schüsse abgefeuert worden. Den beiden Überlebenden wird Mitgliedschaft in einer terroristischen Vereinigung, gemeinschaftlicher Mord und Mordversuch vorgeworfen. Bei Roland Otto, der sich einer mehrjährigen Gefängnisstrafe entzogen hatte, und dem getöteten Philipp Werner Sauber soll es sich um Mitglieder der Bewegung 2. Juni handeln. Am nächsten Tag melden die Zeitungen: »Mutmaßlicher Lorenz-Entführer erschossen«. Und über Karl Heinz Roth fällt die *Kölnische Rundschau* das Urteil: »Tagsüber Arzt, nachts Terrorist«.[13] Nach zwei Jahren Untersuchungshaft werden beide Angeklagten 1977 vom Vorwurf des vollendeten und versuchten Mordes freigesprochen.

Vieles deutet darauf hin, dass in jener Nacht in Köln Versuche, eine Fabrikguerilla nach dem Vorbild der frühen Roten Brigaden auch in der Bundesrepublik aufzubauen, ihr Ende gefunden haben könnten. Sowohl in den Debatten der am Operaismus orientierten (Sponti-)Szene als auch innerhalb der Bewegung 2. Juni gibt es einige Anhaltspunkte für ein solches Vorhaben.[14]

Karl Heinz Roth, Gründungsmitglied der Proletarischen Front aus Hamburg, hatte bereits während seines Medizinstudiums Mitte der 1960er Jahre als Werkssanitäter bei Ford in Köln gearbeitet. Dort war er lange vor der »proletarischen Wende« der antiautoritären Bewegung in Kontakt mit der »despotischen« Arbeitsorganisation in der Fabrik gekommen. In den Schriften der Proletarischen Front, die Karl Heinz Roth maßgeblich mitverfasste (und später in seinen eigenen Veröffentlichungen), spielte der repressive Charakter der Arbeitsorganisation stets eine große Rolle.

---

12 Siehe Wolfgang Heiermann: Das Urteil, in: Klaus Dethloff u.a.: Ein ganz gewöhnlicher Mordprozess. Das politische Umfeld des Prozesses gegen Roland Otto, Karl Heinz Roth und Werner Sauber, Berlin 1978, 156.
13 Siehe den Artikel in der Schweizer Wochenzeitung WOZ von Daniel Ryser: Sauber, Tod und Teufel, 2. März 2006.
14 In einem Buchbeitrag »Stadtguerilla und Klassenkampf – revised« spricht Klaus Viehmann davon, dass es im sozialrevolutionären Flügel der Bewegung 2. Juni Überlegungen zu einem solchen Schritt gab. Siehe Klaus Viehmann: Stadtguerilla und Klassenkampf – revised, in: jour fixe initiative berlin: Klassen und Kämpfe, Münster 2006.

Die Proletarische Front war die Hamburger Zweigstelle der operaistischen Strömung, die sich um die Zeitschrift *Wir Wollen Alles* sammelte. Stärker als in den anderen Gruppen aus diesem Spektrum war bei der PF der Bezug zur Marxschen Theorie ausgeprägt, weniger stark der Hang zur hedonistischen Lebensgestaltung. Während der Revolutionäre Kampf aus Frankfurt und die Arbeitersache aus München vor allem mit der optimistisch-revolutionären *Lotta Continua* kooperierten, hatte sich bei der Proletarischen Front ab 1971 eine enge Bindung an *Potere Operaio*, die andere große Kraft der italienischen Neuen Linken, entwickelt. Besonders der Arbeiterwiderstand in Porto Marghera hatte die Aktivisten aus dem Norden beeindruckt. In diesem riesigen Chemiepark vor den Toren Venedigs ließ sich die Verwissenschaftlichung der Produktion bestens studieren. Die Arbeiter-Techniker von Petrolchimico und Chatillon spielten eine große Rolle in den Kämpfen von Porto Marghera, und sie waren auch ein wichtiger Bestandteil der Basis von *Potere Operaio*.

Auch die strategischen Konzepte der beiden Gruppen ähnelten sich. Die Hamburger hatten das sperrige Motto vom »Kampf gegen den Fall des relativen Lohns« ersonnen, das sie in ihren Flugblättern auf die Formel »weniger Arbeit – mehr Geld« brachten. Damit zielten sie auf die Ausdehnung der Lohnquote, bei gleichzeitiger Angleichung der Löhne der verschiedenen Arbeiterschichten. So hoffte die Gruppe, eine Brücke zwischen den technischen Angestellten und den »Massenarbeitern« zu bauen und diese zum gemeinsamen Kampf zu bewegen – oder in den Begriffen des Operaismus: eine politische Neuzusammensetzung der Arbeiterklasse zu erreichen. Die italienische *Potere Operaio* arbeitete mit einer ähnlichen strategischen Konzeption, allerdings unter dem Titel des »Politischen Lohns«. Die Idee war eine Frühform der heutigen Forderung nach einem allgemeinen Grundeinkommen oder Existenzgeld: Der »politische Lohn« sollte für alle gelten – ein von der Arbeit unabhängiger, gleicher, gesellschaftlicher Lohn.[15]

War die »politische Neuzusammensetzung« im oben beschriebenen Sinne das strategische Ziel, so konzentrierten sich die praktischen Bemühungen der Hamburger Gruppe auf die betriebliche Unterschicht – die »multinationalen Massenarbeiter«. Bei VW in Hannover, in den Arbeiterkneipen rund um den Hamburger Hafen und vor den Toren der Bremer Werften suchten die Gruppenmitglieder das Gespräch mit den Arbeitern. Durch kleinere nächtliche Sabotageaktionen am Arbeitsgerät bemühten sie sich um die Sympathien der Belegschaften. Besuche in den

---

15 Steve Wright: Den Himmel stürmen, 136 und 151.

Wohnheimen der Arbeitsmigranten und gemeinsame Agitationsfahrten mit italienischen Aktiven in den Heimaturlauberzügen ergänzten das praktische Repertoire der Hamburger. Außerdem hielten sie Kontakt mit Gruppen im In- und Ausland. Das sollte die Gewähr bieten, dass im Falle des Aufstands des multinationalen Massenarbeiters, mit dem die Gruppe fest rechnete[16], überregionale, ja europäische Strukturen zur Koordinierung der Kämpfe zur Verfügung stünden, auf die man zurückgreifen könnte. Das Jahr 1973 wurde für die Proletarische Front in zweifacher Hinsicht zur Zäsur. Zum einen erfüllten sich die strategischen Erwartungen: Tatsächlich entfalteten sich in diesem Jahr militante Kämpfe der »Massenarbeiter« sowohl in Italien als auch in Westdeutschland, hier vor allem die der ausländischen Arbeiter. In der gewaltsamen Beendigung des Fordstreiks, aber auch davor schon in den Polizeieinsätzen gegen Streiks bei John Deere in Mannheim und andernorts sah die Gruppe den Gegenangriff des Kapitals, die Antwort der Unternehmer auf den Aufschwung der Arbeiterkämpfe. So schreibt Karl Heinz Roth ein Jahr später im Rückblick auf die Streiks von 1973: »Wir haben es in den letzten Monaten miterlebt, den ersten Kristallisationspunkten des proletarischen Klassenwiderspruchs steht eine ungeheuer erfahrene Gewaltmaschine gegenüber, die entschlossen ist, jeden aufkeimenden Ansatz von revolutionärer Arbeiterorganisation mit allen Mitteln auszutreten. Diese Gewaltmaschine erweist sich in den meisten Fällen als überaus flexibel. (...) Die Arbeiter werden diese Gewaltmaschine nur dann zu zerstören vermögen, wenn sie ihr mit den Erfahrungen ihrer eigenen Kampfgeschichte gegenübertreten.«[17]

Ungünstigerweise war die Proletarische Front, schon als die 1973er-Streiks richtig in Gang kamen, zu keiner Reaktion auf die Ereignisse mehr in der Lage. Im Frühjahr 1973 hatte sich die Gruppe an einer Hausbesetzung in Hamburg beteiligt. Die geplante militante Verteidigung des besetzten Hauses in der Eckhoffstraße wurde zum Fiasko; die Polizei räumte das Haus in einem Gewaltakt und fügte der militanten linken Szene Hamburgs eine schwere Niederlage zu.[18]

---

16 Frombeloff: Gespräch mit Karl Heinz Roth, 298f.
17 Karl Heinz Roth: Die »andere« Arbeiterbewegung, S. 17ff.
18 Die polizeiliche Repression bewirkte bei einigen der Beteiligten eine sprunghafte Radikalisierung. Zwei der Hamburger Hausbesetzer, Karl-Heinz Dellwo und Bernd Rössner, gehörten zwei Jahre später zum »Kommando Holger Meins« der RAF, das die Deutsche Botschaft in Stockholm besetzte. Einige andere schlossen sich ebenfalls der RAF oder der Bewegung 2. Juni an.

Diese Niederlage hatte sowohl für die PF als Gruppe als auch für ihre einzelnen Mitglieder existenzielle Konsequenzen. Den Druck der zurückliegenden Jahre und die Eskalation in der Eckhoffstraße hielten viele nicht mehr aus; in der Folge löste sich die Proletarische Front auf. Ein Teil der Gruppe verabschiedete sich von der Strategie einer militanten Eskalation der Kämpfe und engagierte sich in der Stadtteilarbeit z.B. in Hamburg-Ottensen. Ein anderer Teil (die »Hafengruppe«) blieb dem Betriebskonzept noch eine Weile treu – ohne jedoch eine neue praktische Perspektive zu finden. Eine Option, über die diskutiert wurde, war – orientiert an der Situation in Italien – eine verschärfte Gangart gegen den »Krisenangriff« des Kapitals. Als Antwort auf die Defensive, in die die Unternehmer die Arbeiterproteste drängten, müssten die an den Kämpfen des Massenarbeiters orientierten Kräfte härter zuschlagen.

Dieser Gedanke taucht auch in einem Buch von Karl Heinz Roth aus dem Jahr 1974 auf. Nach dem Zerfall der Proletarischen Front machte sich Karl Heinz Roth daran, die Erfahrungen der vorangegangenen Jahre zu theoretisieren. Das Buch *Die »andere« Arbeiterbewegung*, das 1974 erschien, überträgt die operaistische These vom Massenarbeiter auf deutsche Verhältnisse und stellt dabei den repressiven Charakter der tayloristischen Arbeitsorganisation und die deutsche Werkschutztradition besonders heraus. Es rekonstruiert eine dissidente, militante Kampfgeschichte innerhalb der deutschen Arbeiterbewegung, an die anzuknüpfen das Buch vorschlägt. Der Text endet mit den Sätzen:»Die Fabrik ist heute zu einer waffenstarrenden Unternehmerfestung geworden, die die antagonistischen Bedürfnisse der Arbeiter mit Füßen tritt. Die Antwort kann nur sein, die Fabrik zur Arbeiterfestung zu machen, zum Ausgangspunkt, von dem aus die Arbeiter die gesamte vergesellschaftete Maschinerie des Systems aus den Angeln heben werden. Der Ausnahmezustand des Arbeiteralltags wird zur antagonistischen und nicht weniger alltäglichen Arbeiter-Guerilla führen.«[19] Nach Fertigstellung des Buches zog Karl Heinz Roth im Herbst 1974 nach Köln, um dort als Arzt zu arbeiten.

---

19 Karl Heinz Roth: Die »andere« Arbeiterbewegung, 267. Weiter heißt es dort:»Dabei glauben wir [es folgt ein Zitat aus einem Interview mit den *Brigate Rosse* von 1973; J.O.A.], ›dass die bewaffnete Aktion nur das kulminierende Moment einer breitgestreuten politischen Arbeit sein kann, über die sich die proletarische Avantgarde organisiert, die Widerstandsbewegung in direkter Beziehung zu ihren realen unmittelbaren Bedürfnissen‹, zu Bedürfnissen, die in der ersten Phase des Kampfs vor allem vom multinational zusammengesetzten Arbeiter der Massenproduktion artikuliert werden, so, wie er seit August 1973 auf die historische Bühne getreten ist.«

Auch für die hier anklingende Option einer härteren Gangart gegen das Kapital gab es Vorbilder in Italien. Allerdings mit dem Unterschied, dass diese Ansätze dort nicht im Moment der Niederlage entstanden, sondern zu einem Zeitpunkt, als sich radikale Arbeiterproteste ebenso wie die Organisationsformen der radikalen Linken noch sehr schwungvoll entwickelten. *Potere Operaio* hatte bereits nach dem »Heißen Herbst« von 1969 mit einem harten Gegenschlag von Staat und Unternehmern gerechnet. Um diesem zu begegnen, propagierte die Organisation den Aufbau von Strukturen zur militanten Verteidigung der erkämpften Arbeitermacht. In dem Text *Krise des Planstaats* erklärte Toni Negri, der bekannteste Theoretiker von *Potere Operaio*, dass gegen die entfesselte Gewalt des Staates nur die von der Avantgardepartei geleitete »Insurrektion« der Massen zum Erfolg der Klassenkämpfe führen könne.[20]

Zwar konnte *Potere Operaio* dieser Ankündigung keine Taten folgen lassen, da die Gruppe bald zerbrach. Doch die Argumentation fand in der radikalen Linken Italiens ihre Anhänger. Schon seit 1970 hatten manche von ihnen zunächst in einigen Fabriken Mailands, bei Pirelli und Sit-Siemens, damit begonnen, die Autos unbeliebter Meister, Fabrikaufseher und örtlicher Faschisten abzubrennen. Ab 1972 operierte ein Teil dieser Gruppen unter dem Namen *Brigate Rosse* (Rote Brigaden) auch überregional. Im Frühjahr 1972 entführten die Roten Brigaden erstmals einen Fabrikmanager, verhörten ihn für einige Stunden und ließen ihn wieder frei. Ein Jahr später, während des Tarifkampfs bei FIAT in Turin, wiederholten sie diese Aktion. Beide Taten brachten ihnen großen Applaus unter den Arbeitern in den Fabriken ein. 1974, als die Folgen der Wirtschaftskrise spürbar und die Reaktionen des Staates auf die Aktivitäten der Roten Brigaden härter wurden, rief die Organisation den »Angriff auf das Herz des Staates« aus und verstärkte ihre Attacken auf die konservative Regierungspartei *Democrazia Cristiana*[21] und den Justizapparat. Die breite Unterstützung, die die Roten Brigaden in einigen Fabriken und Arbeiterstadtteilen genossen hatten, bröckelte erst, als sich der Konflikt mehr und mehr zu einem militärischen Zweikampf zwischen den Roten Brigaden und dem Staatsapparat entwickelte.

---

20 Toni Negri: Krise des Plan-Staats, Kommunismus und revolutionäre Organisation, Berlin 1973. Diese Argumentation sollte Polizei und Staatsanwaltschaft einige Jahre später dazu dienen, Toni Negri und Hunderte weitere Linke der »Konspiration gegen den Staat« anzuklagen und sie als führende Köpfe der Roten Brigaden und geistige Urheber des Terrorismus hinzustellen.

21 Die italienische Christdemokratie, Regierungspartei vom Kriegsende bis in die 1990er Jahre.

Auch in Deutschland war es ab 1970 zu vielfältigen Aktivitäten bewaffneter Untergrundgruppen gekommen – allerdings war das politische Umfeld ein anderes. Die Anschläge der RAF orientierten sich vor allem an antiimperialistischen Themenstellungen; die der hauptsächlich in Berlin aktiven Bewegung 2. Juni richteten sich mehrheitlich gegen Polizei- und Justizstellen, die sich in der Bekämpfung der linken Bewegungen hervorgetan hatten. Keine der beiden Gruppen hatte eine Verbindung zu den – im Verhältnis zu Italien schwach entwickelten – bundesdeutschen Arbeiterkämpfen der frühen 1970er Jahre.[22] Doch zum Jahreswechsel 1974/75 waren plötzlich andere Töne zu vernehmen: »Die Arbeiter haben sich nach den Kämpfen der letzten Jahre zurückgezogen«, schrieb in einem Text vom Januar 1975 Werner Sauber.[23] Sauber, gebürtiger Schweizer und seit 1967 in Berlin, soll im Umfeld der Bewegung 2. Juni aktiv gewesen sein – Genaueres lässt sich kaum sagen. Er war 1973 untergetaucht und ein Jahr später nach Köln gezogen, wo er unter falschem Namen beim Fahrzeug- und Motorenhersteller Klöckner-Humboldt-Deutz (KHD) an der Stanze arbeitete, um sich, wie er schrieb, nach dem »kurzen Sommer des Aufatmens, des Muts, der Hoffnung auf neue Menschlichkeit in den Betrieben«[24] in die Kämpfe der Arbeiter einzureihen. Sauber erlebte die Entlassungen der Jahre 1974 und 1975 als Rundumschlag gegen die Unruhe in den Betrieben, die Krisenpolitik der Regierung Schmidt als Unterdrückungsmaßnahme gegen die rebellischen Gruppen in der Bundesrepublik. Die Versuche, die Kontrolle über Fabrik und Gesellschaft mittels Repression, Massenentlassungen und Umorganisation der Arbeit wiederherzustellen, hätten eine Stimmung der Verunsicherung unter den Arbeitern geschaffen, diese in eine regelrechte Angststarre versetzt. Einen Ausweg böte nur der Aufbau militanter Organisationsansätze: »Wirkliche proletarische Gegenmacht ist bewaffnete Arbeitermacht!«[25]

Im Gegensatz zur RAF, der Sauber vorwarf, nicht in den Betrieben und Arbeiterstadtteilen verankert zu sein, hätten die »Genossen vom

---

22 Allerdings hatten Mitglieder der Bewegung 2. Juni in ihrer Berliner Frühphase einmal einem Firmenchef das Auto angezündet.
23 Werner Sauber: Mit dem Rücken zur Wand?; http://www.bewegung.in/mate_wand. html (Download 19. August 2010). Auf dieser Webseite über die Geschichte der Bewegung 2. Juni steht in den einleitenden Worten zu dem Text: »Werner Sauber arbeitete in den 70er Jahren, unter anderem mit Karl Heinz Roth, am Aufbau von militanten Fabrikgruppen im Ruhrgebiet.« Allerdings ist diese Aussage, zumindest was die Beteiligung Karl Heinz Roths angeht, nicht belegt.
24 Ebd.
25 Ebd.

2. Juni« begriffen, dass eine bewaffnete Bewegung nur stark sein könne, wenn sie von den täglichen Konflikten in der Gesellschaft ausgehe. »Die Bewegung hat gelernt, dass nicht die linke Szene die revolutionäre Kraft ist, sondern die Massenarbeiter, der Lehrling, die gefangenen Proleten, die rebellierenden Frauen in der Fabrik und im Stadtteil.« Eine solche »bewaffnete Massenlinie« gelte es »hier und jetzt« aufzubauen.

Die Argumentation Werner Saubers weist einige Gemeinsamkeiten mit den Analysen der Proletarischen Front wie auch mit den italienischen Diskussionen auf. Doch welche Resonanz der Text fand, ist heute kaum zu rekonstruieren. Vermutlich wurden Saubers Thesen durch die spektakuläre Entführung des Berliner CDU-Bürgermeisterkandidaten, Peter Lorenz, mit der die Bewegung 2. Juni Anfang März fünf inhaftierte Mitglieder freipresste, in den Schatten gestellt.

Gleichwohl war Werner Sauber Mitte der 1970er Jahre nicht der einzige Berliner, der unter falschem Namen eine Arbeitsstelle an Rhein oder Ruhr annahm. Auch Fritz Teufel arbeitete seit 1975 inkognito in einer Fabrik in Essen. Mit dieser Enthüllung erreichte er, dem eine Beteiligung an der Lorenz-Entführung zur Last gelegt wurde, 1980 seinen Freispruch. Ob es im Kernland der westdeutschen Industrie noch weitere »Illegale« mit Kontakten zur Bewegung 2. Juni gab, ist nicht bekannt. Karl Heinz Roth sagte 2006 in einem Gespräch mit der Schweizer Wochenzeitung WOZ, er habe die beiden Untergetauchten in jener Nacht getroffen, um einen »Illegalen« zu behandeln.

Etwaige Überlegungen zum Aufbau einer Fabrikguerilla dürften sich mit den Ereignissen in Köln und der Verhaftung weiterer Mitglieder der Bewegung 2. Juni in Berlin jedenfalls erledigt haben. Die Partnerorganisationen der Proletarischen Front aus dem *Wir Wollen Alles*-Spektrum in Frankfurt und München hatten ihre Betriebsarbeit zu diesem Zeitpunkt schon längst eingestellt, und auch die Kölner Gruppe Arbeiterkampf war nicht lange nach dem Fordstreik zerfallen. Mit dem Rückgang spontaner Arbeitskämpfe in den Fabriken wurde auch der Bezug auf den Massenarbeiter als zentrales politisches Subjekt minoritär.

Doch der Schritt, auf die Niederlage des einen Ansatzes und die daraus entstehende politische Verunsicherung und Orientierungslosigkeit mit einer militanten Radikalisierung der Aktionen zu antworten, findet sich auch beim Nachfolgeprojekt der Frankfurter Opel-Untersuchung: in den Häuserkämpfen, in die sich der RK ab Ende 1972 stürzte.

»Der Stein, den sie abgerissen haben, ist ihnen wieder an den Kopf geflogen« (Parole im Frankfurter Häuserkampf)

In den Zimmern standen sechs Betten, immer zwei übereinander. In den ersten zwei Betten meines Zimmers schliefen zwei Geschwister, die nicht verheiratet waren. (...) Nach der Fabrikarbeit trugen sie im Wonaym Morgenmäntel in hellblauer Farbe aus elektrisierten Stoffen. Wenn sie ihre Tage hatten, waren auch ihre Haare elektrisch geladen, und ihre Mäntel aus elektrisierten Stoffen gaben im Zimmer Geräusche von sich. (...) Die beiden sprachen, als ob sie im Zimmer allein wären:
»Eil dich, wir müssen schlafen.«
»Wer macht heute das Licht aus, du oder ich?«
Eine stand an der Tür. Die Hand am Lichtschalter, und wartete, bis die andere sich ins Bett gelegt hatte. Sie legte dann ihren Kopf mit den Lockenwicklern auf das Kissen, als ob sie mit einem Auto vorsichtig rückwärts parken würde. Wenn sie den Kopf richtig hingelegt hatte, sagte sie: »Mach aus!« Dann machte ihre Schwester das Licht aus.
Wir, die anderen vier Mädchen, saßen noch am Tisch, manche schrieben Briefe. Die Dunkelheit schnitt uns auseinander. Wir zogen uns im Dunkeln aus. Manchmal fiel ein Bleistift herunter. Als alle im Bett lagen und alles still war, hörten wir die elektrisierten Stoffe der beiden Morgenmäntel, die an den Haken hingen.

Emine Sevgi Özdamar: Die Brücke vom Goldenen Horn[26]

Seit 1970 hatte sich in Frankfurt eine Bewegung der Mietstreiks und Hausbesetzungen entwickelt, die zunächst vor allem von Arbeitsmigranten (und ihren Familien) sowie einigen deutschen Studenten getragen wurde. Die türkischen, italienischen und spanischen Arbeiter, die bei Opel und anderswo schufteten, waren zumeist in unternehmenseigenen Wohnheimen untergebracht, deren Ausstattung bestenfalls notdürftig zu nennen war. Wer der Tristesse des Wohnheims entfliehen wollte, fand Mietwohnungen zumeist nur in den maroden Altbauvierteln der Städte. Dort wurde den »Gastarbeitern« für baufällige, dringend reparaturbedürftige Zimmer nicht selten ein Vielfaches der ortsüblichen Miete abgeknöpft.[27] Mangels anderer Alternativen mussten sie die überteuerten

---

26 Emine Sevgi Özdamar: Die Brücke vom Goldenen Horn, Köln 2008, 19ff.
27 Siehe Wir Wollen Alles, Nr. 2, März 1973 sowie Serhat Karakayalı: Lotta Continua in Frankfurt, Türken-Terror in Köln. Migrantische Kämpfe in der Geschichte der Bundesrepublik, in: Bernd Hüttner u.a.: Vorwärts und viel vergessen. Beiträge zur

Wohnungen nehmen. Im Frankfurter Westend kamen die ausländischen Mieter den Hausbesitzern gerade recht, denn die Altbauten waren zum Abriss bestimmt. Sie sollten dem neuen Frankfurter Bankenviertel weichen, und bis es so weit war, konnten sie hochprofitabel an »die Ausländer« zwischenvermietet werden.

Diese offenkundige Ungerechtigkeit war provozierend. Damit sich die Unruhe aus der Fabrik auch auf die Wohnviertel der »Gastarbeiter« übertrug, brauchte es nur einen Auslöser – und der ließ nicht lange auf sich warten. Die italienischen Mietergewerkschaft *Unione Inquilini* hatte seit 1970 die Mieter der verfallenden Quartiere aufgesucht und schließlich die Bewohner eines Hauses überzeugen können, gegen den Mietwucher auf die Barrikaden zu gehen. Am 10. August 1971 behängten die vorwiegend italienischen und türkischen Mieter der Ulmenstraße 20 ihr Haus mit Transparenten und erklärten auf einer Pressekonferenz: »Wir sind keine Schafe, sondern Menschen. Deswegen weigern wir uns, die Diebesmieten zu bezahlen, die der Besitzer von uns verlangt. Wir werden keinen Pfennig mehr bezahlen, bis die Miete für ein menschliches Haus nicht höher sein wird als 10 % des Lohns des Familienoberhaupts.«[28]

Die Nachricht verbreitete sich wie ein Lauffeuer, und das Beispiel fand Nachahmer. Immer mehr Hausgemeinschaften mit meist nichtdeutscher Bewohnerschaft im Frankfurter Westend setzten ihre Mieten eigenhändig herab und verlangten, unterstützt von Studenten der Universität, eine Lösung für ihr Wohnungsproblem. 1972 fand eine erste Demonstration der mietstreikenden Migrantinnen und Migranten statt; bis Jahresende sollen sich mehrere Dutzend Häuser und an die 1.500 Migranten aus verschiedenen Ländern an der Mietstreikbewegung beteiligt haben.[29] Auch linke Studenten und erste politischen Gruppen schlossen sich nun der Bewegung an und begannen, Häuser zu besetzen.

Sowohl die Mietstreiks als auch die Hausbesetzungen stießen zunächst auf ein wohlwollendes Echo in den Medien und sogar bei Teilen der regierenden SPD. Als Ende 1971 die geplante Räumung eines Hauses im Grüneburgweg 113 am militanten Widerstand der Besetzer scheiterte und der Magistrat der Stadt Frankfurt daraufhin seine Linie, Neubesetzungen sofort zu räumen, revidierte, versetzte das dem Selbstbewusst-

---

Geschichte und Geschichtsschreibung neuer sozialer Bewegungen, Neu-Ulm 2005.

28 Wir Wollen Alles, Nr. 2, März 1973.

29 Serhat Karakayalı: Lotta Continua in Frankfurt, Türken-Terror in Köln. Damit entstanden die Wohnungskämpfe der Gastarbeiterinnen und Gastarbeiter parallel zu ihrer wachsenden Militanz in den Betrieben – und parallel zum Aufkommen ähnlicher Kampfformen in anderen europäischen Ländern, vor allem in Italien.

sein der Bewegung einen ordentlichen Schub. Die von der Opel-Agitation frustrierten Aktiven des RK waren begeistert. Sie sahen in den Häuserkämpfen »Klassengegensätze in zugespitzter Form«[30] und in den Straßenschlachten den »militanten Widerstand einer Massenbewegung«[31]. Die Gruppe schaltete sich in die Bewegung ein und wurde im Frankfurter Häuserrat, dem zentralen Gremium der Besetzer, schnell eine führende Kraft.

Doch in dem Maße, wie Gruppen der organisierten Linken in die Bewegung einstiegen und mit ihren spektakulären, militanten Aktionen die Proteste prägten, zogen sich die ausländischen Arbeiter und ihre Familien aus den Hausbesetzungen zurück. Die Mietstreiks wurden im Laufe des Jahres 1973 durch eine regelrechte Prozesslawine erstickt. Für die Gastarbeiterfamilien war der Druck durch Polizei und Gerichte zu groß geworden, das Risiko kaum mehr kalkulierbar und die Erfolgsaussichten gering. Die Mietstreik-Prozesse, mit denen die Bewegung auf einen linksradikalen Kern zusammengestutzt wurde, fanden bei den Frankfurter Spontis allerdings kaum Beachtung. Im Frühjahr 1973 kritisierten daher Mitglieder des Häuserrats: »Überhaupt ist es so, dass die linken Gruppen zwar ausflippen, wenn ein organisierter Genosse wegen einer Hausbesetzung vor dem Kadi steht (...), dass sie sich aber einen Dreck scheren um die Prozesse, mit denen hier einer entstehenden Massenbewegung der Garaus gemacht werden soll.«[32]

Diese Kritik kümmerte die Angesprochenen wenig. Die Auseinandersetzungen zwischen den Hausbesetzern und der Stadt hatten inzwischen eine eigene Dynamik bekommen, der sich die Beteiligten nicht entziehen konnten. Aktion und Gegenaktion diktierten das Handeln. Ständig wurden neue Häuser besetzt; Räumungen wurden mit Demonstrationen und Straßenschlachten beantwortet. Eine Gruppe im RK begann damit, den Straßenkampf am Wochenende zu trainieren. Mit Helmen und Knüppeln bewaffnet stellte sich die Gruppe im März 1973 der Polizei entgegen und verhinderte in einer heftigen Straßenschlacht die Räumung des Kettenhofwegs. »Die Demonstranten«, schrieb daraufhin die Polizei an den hessischen Innenminister, »zeigten ein bis dahin in Frankfurt am Main nicht gekanntes Ausmaß an Aggressivität und Brutalität. Die Angriffe durch Steinwürfe und Eisenteile wurden teilweise so heftig geführt, dass die eingesetzten Beamten erst nach mehrmaliger Aufforderung vorgin-

30 Wir Wollen Alles, Nr. 16, Juni 1974.
31 Wir Wollen Alles, Nr. 13/14, Februar/März 1974.
32 Wir Wollen Alles, Nr. 2, März 1973, 3.

gen. (...) Außerdem waren die Besetzer mit Latten, schweren Knüppeln, durch Schlaufen am Handgelenk befestigt, Bleirohren (...) bewaffnet. Sie verschossen aus sog. ›Spatzenschleudern‹ Glaskugeln, die die Schutzschilde der Beamten durchschlugen.«[33] Es dauerte eine ganze Woche, bis die Polizei die Räumung erfolgreich abschließen konnte. Spätestens nach dieser Aktion war der Häuserrat ein politischer Machtfaktor in der Stadt. Doch die militante Verteidigung der Häuser hatte ihre Grenzen. Im Februar 1974 räumte die Polizei in einer Nacht- und Nebelaktion einen ganzen Häuserblock in der Bockenheimer Landstraße, in dem auch RK-Aktivisten ihre Unterkunft hatten. Die Gebäude wurden umgehend abgerissen. Die darauf folgenden Straßenkämpfe waren zwar heftig, doch die zuvor selbstbewusst angekündigte Verteidigung der Häuser mit allen Mitteln war misslungen. Das warf Fragen nach den Perspektiven der Bewegung auf.

Von Vorwürfen, sich in einer quasi-militärischen Konfrontation mit der Staatsmacht zu verrennen, wollte der RK zunächst nichts wissen. Die Befürworter der Militanz argumentierten, die breite Zustimmung zu den Hausbesetzern ergäbe sich gerade aus dem Einsatz militanter Mittel. Politische Fragen seien Machtfragen. Diese Erfahrung sei im gesellschaftlichen Bewusstsein tief verankert:»Politisches Bewusstsein der Massen heißt u.m. Bewusstsein der Möglichkeit von realen Veränderungen, das schließt ein das Wissen von der Möglichkeit, auf der Ebene der Machtauseinandersetzung ›ein Wörtchen mitreden‹ zu können.«[34]

Deshalb ermögliche die nötigenfalls militante Durchsetzung greifbarer, materieller Erfolge überhaupt erst eine breite Politisierung der Massen. Dem entgegnete kurz darauf eine andere Fraktion des RK in der gleichen Zeitung, von einer Massenbewegung könne überhaupt nicht die Rede sein. Die Teilnehmerzahlen an den Demonstrationen drückten ziemlich genau die Zahl der mobilisierbaren Linksradikalen in der Stadt aus. Sicherlich gäbe es hier und dort Sympathiebekundungen aus der Bevölkerung. Aber Außenstehende seien angesichts der Härte des Konflikts zu einer passiven Zuschauerrolle verurteilt. Der Kampf der linken Studentinnen und Studenten für die eigenen Wohnbedürfnisse sei legitim und artikuliere auch ein allgemeines gesellschaftliches Bedürfnis, aber er sei nicht mit einer Massenbewegung, seine Organisationsformen nicht mit potenziellen Massenorganisationen zu verwech-

---

33 Zitiert nach Christian Schmidt: Wir sind die Wahnsinnigen. Joschka Fischer und seine Frankfurter Gang, München/Düsseldorf 1999, 72.
34 Spinnt der RK?, in: Wir Wollen Alles, Nr. 16, Juni 1974.

seln. Die Eskalationslogik, die dem Häuserkampf innewohne, sei nicht geeignet, Hausbesetzungen zu massenhaften Protestformen zu machen: »Wenn die Einschätzung richtig ist, dass aus unterschiedlichen Gründen unsere politische Massenarbeit in den verschiedenen Bereichen nahezu verschwunden ist, so ist die militante Strategie eine politische Verzweiflungstat, die ausdrückt, dass man noch kämpfen kann, aber nicht mehr politisch, sondern sprachlos-existenziell.«[35]

In den Folgemonaten verebbte die Häuserbewegung, und im RK machte sich zunehmend Ratlosigkeit breit. Ein neuer politischer Ansatzpunkt war nicht in Sicht – und dann gab es auch noch interne Querelen, da die Frauen der Gruppe sich aus Protest gegen das dominante Verhalten der RK-Männer getrennt organisierten und auch aus ihren bisherigen WGs aus- und in separate Frauen-WGs einzogen.[36] Ab 1975 zerbröckelte auch der RK als organisierter Zusammenhang zusehends.[37]

Es ist auffallend, dass sowohl in der Argumentation Werner Saubers zum Aufbau der Fabrikguerilla als auch im Frankfurter Häuserkampf eine Tendenz zur militanten Eskalation erkennbar ist, die stärker wurde, je schwächer sich die Kämpfe der Arbeiterinnen und Arbeiter bzw. der Mietstreikenden zeigten. Diese Entwicklung hat durchaus Parallelen zum Verhalten der ML-Gruppen, die den geringen Zuspruch »der Massen« durch die Fixierung auf die eigene Organisation kompensierten. Auch die Antiautoritären richteten den Blick umso stärker nach »innen«, auf die eigene Szene (und orientierten sich an deren Logik), je schwerer sie Anschluss an gesellschaftliche Kämpfe finden konnten. Damit wurden auch die Schnittstellen zu den bewaffnet kämpfenden Gruppen größer, die zwar in der Illegalität, aber politisch am Rande der militanten Sponti-Szene operierten. Die Eskalation der Auseinandersetzung zwischen der linken Szene und dem zunehmend repressiv agierenden Staat schlug auch auf den Alltag durch. »Bei uns in der Wohngemeinschaft«, berichtet Barbara Köster, »stand die Tür eigentlich immer offen. Alle Leute konnten ein- und ausgehen, und es ist oft passiert, dass ich abends nach Hause kam, und in meinem Bett hat jemand geschlafen. Egal, dann habe ich eben woanders geschlafen. Aber irgendwann fing es an, dass geklaut wurde. Eines Tages war mein Pass verschwunden. Und mein Auto war auch drei Tage lang verschwunden. Und du trafst Leute in der Wohnung, die dich aber Jahre in den Knast gebracht hätten, wenn man die

35 Wenn der RK kräht auf dem Mist ..., in: Wir Wollen Alles, Nr. 17, Juni 1974.
36 Interview mit Barbara Köster, 2007.
37 Wir wollen alles – anders machen!, in: Wir Wollen Alles, Nr. 27, Juni 1975.

bei uns gefunden hätte. Nach einigen solchen Erlebnissen war ich auch nicht mehr die heftigste Vertreterin, dass immer offen ist. Das Vertrauen ging verloren.«[38]

Nicht nur das Vertrauen in »die Genossen« ging verloren, sondern auch die Siegesgewissheit, mit der die Spontis einige Jahre zuvor gestartet waren. Seit 1968 war es – zumindest in den Augen der Aktiven und ihres Umfelds – stets »voran« gegangen. Dass sich das ändern könnte, man die Überholspur der Geschichte wieder verlassen müsste, dass »die Gegenseite« Oberwasser bekam, hatte sich niemand vorstellen wollen und können.

Aus dieser Logik war der Schluss naheliegend: Agierte die Gegenseite härter, musste man selbst auch zu härteren Mitteln greifen. Barbara Köster, die zur Zeit der Frankfurter Häuserkämpfe vor allem in Rüsselsheim beim Aufbau eines Jugendzentrums aktiv war, sagt: »Wir haben den Boden unter den Füßen verloren. Die Gegenseite hat die Initiative ergriffen. Die waren ja nicht für immer besiegt, das war ja eine Illusion von uns. Wir sind in die Defensive geraten und haben es nicht gemerkt. Und haben mit Einigeln und Radikalisieren reagiert. Und dadurch ist alles nur noch schlimmer geworden.«[39]

In dieser Situation der verschärften militanten Auseinandersetzung, die viele nicht nur als politische Sackgasse, sondern auch als äußerst belastend erlebten, entbrannte in der Zeitschrift *Autonomie* eine Diskussion über veränderte Formen der gesellschaftlichen Arbeit und neue Modelle der Organisierung.

Der große Basar – das Zeitalter der »Nicht-Arbeit« bricht an

In einem Artikel von Murray Bookchin mit dem Titel »Für eine befreiende Technologie« (...) habe ich letzthin folgendes gelesen: Er sagt, viele Revolutionäre würden sich den Kommunismus so vorstellen, dass die ganze gesellschaftlich notwendige Produktion automatisiert und unter der Erdoberfläche eingebuddelt würde. Sichtbar bliebe nur noch ein großes Loch, wo die fertigen Produkte abgeholt werden könnten. An dieser Vorstellung kritisiert Bookchin, dass sie das verklemmte Verhältnis zur Technologie und damit zur Natur überhaupt aufrechterhalte. Seine Kritik hat mir eingeleuchtet. Sie hat mir aber auch gezeigt, wie dringend notwendig eine

---

38 Interview mit Barbara Köster, 2007.
39 Ebd.

massenhafte Alternativpraxis ist. Woher sonst, als aus einem neuen Ver-
hältnis zu uns selbst, zu den anderen und zur Natur soll die Kraft für eine
neue Gesellschaft kommen.

Meinrad Rohner: Wir Kinder der Tertiarisierung[40]

Mit dem Abflauen der Fabrikkämpfe und kurz darauf auch der Häuserbewegung und dem Zusammenbruch der letzten noch verbliebenen
Organisation aus dem »Wir Wollen Alles«-Spektrum, des RK aus Frankfurt, fand auch das gemeinsame Zeitschriftenprojekt ein Ende. Doch ein
überregionales Diskussionsforum war auch in der Folgezeit unerlässlich.
Im Herbst 1975 erschien die erste Nummer der *Autonomie – Materia-
len gegen die Fabrikgesellschaft.* Hier vertieften die Reste der Frankfurter,
Münchener und Hamburger Gruppen die Diskussion über die durch die
Krise ihres praktischen Ansatzes aufgeworfenen theoretischen Fragen.
Thomas Schmid, langjähriges RK-Mitglied und Mitherausgeber der *Autonomie,* schrieb einige Jahre später, schon mit der Wahl des Titels habe
man sich von einem »interventionistischen« Politikverständnis abgren-
zen wollen, das stets die Arbeiterautonomie propagierte, »ohne das Problem unserer eigenen Autonomie, unserer eigenen Bedürfnisse, unserer
eigenen Existenz angegangen zu haben«.[41]

Doch wenn der Massenarbeiter als zentraler Bezugspunkt revolutionärer Strategie ausgedient hatte: Wer oder was sollte an seine Stelle treten?
Den Aufschlag machte Thomas Schmid mit dem Aufsatz »Facing Reality:
Organisation kaputt« in der ersten Ausgabe der *Autonomie.* Schmid ging
von der Beobachtung aus, dass sich die radikale linke »Scene« außerhalb
des ML-Spektrums nicht um Organisationen, sondern vornehmlich um
bestimmte Inhalte gruppiere, die zusammen kein festes Programm er-
gäben, wohl aber ein gemeinsam geteiltes Set an Überzeugungen und
rebellischen Praktiken. Diese Entwicklung schien ihm das Modell einer
linken Organisation überhaupt in Frage zu stellen: »Das, was sich in der
Bundesrepublik ›revolutionäre Linke‹ nennt, ist zersplittert und schwach:
es gibt auf der einen Seite bedeutungslose und lächerliche Sekten und auf
der anderen Seite eine große Zahl von Genoss(inn)en, die den gegenwärtigen Zustand nur als Schwäche erleben; sie sind ratlos. (...) Dieser Aufsatz
will zeigen, dass das – wie auch immer modifizierte – Konzept der umfassenden revolutionären Organisation ein vollkommen unbrauchbares

---

40 Autonomie, Nr. 2, 1976
41 Thomas Schmid: Geschichte von unten und Modell Deutschland. Über Karl Heinz
    Roth, in: Autonomie, Nr. 5, 1977, 24.

und schädliches Instrument ist und dass es dennoch in der Bundesrepublik eine gute Perspektive revolutionärer Tätigkeit gibt. Sie kommt nicht aus den Köpfen, sondern aus der gesellschaftlichen Realität.«[42] Thomas Schmid analysierte, dass die gegebenen gesellschaftlichen Bewegungen und Kämpfe keinen geradlinigen Weg zum Aufbau des Sozialismus repräsentierten. Sie seien vor allem destruktiv, sie drückten die Ablehnung des Bestehenden aus – und seien zugleich vom Wunsch getragen, sich ein anderes Leben anzueignen. Diese Kämpfe zielten nicht auf die Überwindung des Kapitalismus, sie entzögen sich dessen Logik, verweigerten die Arbeit in der Fabrik, den Gehorsam gegenüber der kapitalistischen Disziplin – auch wenn dies oft in selbstzerstörerischer Form (Kriminalität, Drogen- und Alkoholkonsum etc.) geschehe.[43] Wer diesen Bewegungen ein politisches Programm, eine einheitliche Linie vorschlage, verkenne ihren Charakter. Im Mittelpunkt aller jüngeren Kämpfe stehe die Subjektivität der Akteure – in erster Linie der Jugendlichen aller Klassen. Für die revolutionäre linke Szene stelle sich deshalb die Aufgabe, politische und gesellschaftliche Gegenstrukturen aufzubauen, eine umfassende Gegenkultur, in der sich die radikale autonome Subjektivität der Verweigerung gegenüber der kapitalistischen Gesellschaft entwickeln und ausdrücken könne. Eine revolutionäre Bewegung müsse das Handeln in erster Person fördern, den Ausgangspunkt aller Kämpfe gegen die Fabrikgesellschaft.

Diese Sichtweise stellt durchaus eine Verarbeitung der Frankfurter Betriebsintervention dar, genauer gesagt der Erfahrung, dass die Innenkader des RK am Montageband bei Opel nie sonderlich revolutionär handeln konnten, sondern sich als Arbeiter in die Logik der industriellen Produktion und in die Routinen der Arbeitsorganisation einfügten. Es liege daher in der Logik der Bewegungen in der Bundesrepublik und im Interesse der subjektiven Befreiung der »Revolutionäre«, das begrenzte Terrain der Fabrik zu verlassen und sich den vielfältigen gesellschaftlichen Kämpfen zuzuwenden.

Diese Argumentation konnte sich auf eine These Toni Negris stützen, die dieser nach der Auflösung der Organisationen in Italien zu formulieren begonnen hatte. In den Massenentlassungen, der Inflation und der räumlichen Umstrukturierung der Produktion (Verlagerung mancher Unternehmensteile ins Ausland und Ausgliederung anderer in Subun-

---

42 Thomas Schmid: Facing reality: Organisation kaputt, in: Autonomie, Nr. 1, 1975, 16.
43 In »positiver« Form komme dieses Bedürfnis hauptsächlich in der Jugendzentrumsbewegung zum Ausdruck.

ternehmen) ab 1974 meinte Negri, einen Angriff auf die Figur des Massenarbeiters zu erkennen, ja mehr noch: einen Schritt zur (technischen) Neuzusammensetzung der Arbeiterklasse. Auf der anderen Seite hatte die Explosion der alltäglichen Kosten privater Haushalte seit 1974 dazu geführt, dass in norditalienischen Städten und Rom viele Familien auf eigene Faust die Miete, Heizkosten, Telefongebühren herabsetzten. Allein im Piemont griffen 180.000 Familien zum Mittel der *Autoriduzione*.[44] In Rom wurden diese Praktiken unterstützt von radikalen Arbeitern beim staatlichen Stromversorger ENEL, die Haushalte, denen der Strom abgeschaltet worden war, einfach wieder ans Netz anschlossen. Gleichzeitig wuchs die Bewegung der Hausbesetzungen, und auch Italiens Schüler protestierten zu Tausenden gegen Kürzungen im Bildungssystem. Dass sich nicht nur die Versuche des Kapitals, die Profite zu sichern, sondern auch die Kämpfe auf die Gesellschaft ausgedehnt hatten, wertete Negri als Beleg dafür, dass ein neuer Arbeitertypus im Entstehen war: der »gesellschaftliche Arbeiter«. Die weitere »Vergesellschaftung des Kapitals«, die »gesellschaftliche Vermassung der abstrakten Arbeit« habe zu einer Vermassung der »auf Kampf eingestellten, gesellschaftlich verstreuten Arbeitskraft« geführt.[45]

In Westdeutschland waren derart offensive Momente im Kampf zwischen den Klassen ab 1974 rar geworden. Die Verweigerung in den Fabriken ging, wie Thomas Schmid schon erkannt hatte, eher passive Wege (nämlich in die Arbeitslosigkeit oder vorübergehende Jobs); neue Kämpfe entstanden an gänzlich unerwarteten Orten, etwa in Wyhl, wo aufgebrachte Bauern 1975 den Bauplatz eines Atomkraftwerks besetzten. Aber in der Tendenz schien sich auch hier zu zeigen: Die gesellschaftlichen Kämpfe und Konflikte entzündeten sich kaum noch am Widerspruch zwischen Lohnarbeit und Kapitel – und wenn doch, dann in den seltensten Fällen dort, wo dieser Widerspruch »produziert« wurde: am Arbeitsplatz. Stattdessen standen plötzlich Fragen der Lebensweise und des Lebensinhalts im Zentrum der Auseinandersetzungen.

Zum Beispiel in der neuen Frauenbewegung. Die Frauengruppen, die in den großen »Sponti-Städten« entstanden, übten heftige Kritik sowohl an den Inhalten der Fabrikagitation, die ihren Anliegen eine eigenständige Relevanz außerhalb des Klassenwiderspruchs absprach, als auch am dominanten und selbstherrlichen Verhalten der männlichen Akti-

---

44 Steve Wright: Den Himmel stürmen, 171.
45 Toni Negri: Proletarier und Staat, in: Ders.: Massenautonomie gegen Historischen Kompromiss, München 1977, 92.

visten in den Gruppen. Die Forderung der Frauen nach solidarischeren Umgangsformen setzte das Thema der Selbstveränderung als essenziellen Bestandteil politischer Veränderungen auf die Tagesordnung – und rückte damit das Individuum und dessen subjektive Befreiung wieder in den Mittelpunkt der Betrachtung.

Das Projekt gesellschaftlicher Emanzipation mit dem Projekt Selbstveränderung zu verknüpfen war ein Anspruch, der direkt auf die Intervention der Frauenbewegung zurückging. Er fiel bei den von jahrelanger intensiver – und gemessen am Ziel der revolutionären Gesellschaftsveränderung letztlich erfolgloser – politischer Arbeit erschöpften Aktivisten beiderlei Geschlechts auf fruchtbaren Boden. In dieser »subjektiven Wende« (oder Rückbesinnung) der antiautoritären Bewegung entstand nun bei manchen eine gehörige Skepsis gegen alles, was mit »Arbeiterbewegung« zu tun hatte. Gleichzeitig bestand das erklärte Ziel des Sponti-Spektrums darin, den Blick für die neuen Orte zu schärfen, an denen sich die gesellschaftlichen Widersprüche zeigten. Die *Autonomie* wandte sich zunächst der Aufgabe zu, die Bedeutung der Arbeitslosigkeit zu begreifen und sie zu den eigenen Erfahrungen mit der verbreiteten Arbeitsverweigerung in Bezug zu setzen. »Die internationale Jugendrevolte der 6oer Jahre«, schrieb Meinrad Rohner, »war die Revolte der Söhne und Töchter der Tertiarisierung. (...) Die Angestellten sind zum Sinnbild einer massenhaften Möglichkeit des Nicht-Arbeiter-Seins geworden. Die rebellierenden Kinder dieser komischen, sich selbst verleugnenden Schicht des Proletariats wollten das Werk zu Ende führen. Sie haben sich konsequenterweise sehr weit von der Arbeit überhaupt entfernt.«[46]

Die klassisch marxistische Beschreibung der Arbeitslosen als passive Bataillone der industriellen Reservearmee kam angesichts dieser Flucht aus der Fabrik nicht in Frage. Der Arbeitslosigkeit Jugendlicher wohnten rebellische Elemente inne. Da, wer arbeitslos war, nicht gleich das völlige Absinken des materiellen Lebensstandards befürchten musste, ließ sich die frei gewordene Lebenszeit für Tätigkeiten nutzen, die erfreulicher waren als die 40-Stunden-Woche am Fließband. Selbsthilfe-Aktivitäten jugendlicher Arbeitsloser und die Netzwerke gegenseitiger Hilfe in den »Ausländer-Communities« schienen außerdem zu belegen, dass die modernen »Nicht-Arbeiter« so hilflos und ohnmächtig nicht waren, wie vielfach angenommen wurde. Nicht wenige Aktive aus der linken »Scene« lebten ja ebenfalls nach diesem Modell – wenngleich sie durch die Einbindung in die soziale Infrastruktur der Szene auf ganz andere

---

46 Meinrad Rohner: Wir Kinder der Tertiarisierung, in: Autonomie, Nr. 2, 1976, 5.

Ressourcen und Netzwerke zurückgreifen konnten als die Mehrzahl der »normalen« Arbeitslosen. Trotzdem: Die Herstellung von Zeitungen wie der *Autonomie*, aber auch viele andere zeitaufwändige Projekte wären ohne ein gut ausgebautes System sozialstaatlicher Absicherung – und seine ausgedehnte Nutzung – nicht denkbar gewesen.

»Das hat«, schreibt die *Autonomie*-Redaktion im Editorial zur zweiten Nummer, »sehr weitreichende Konsequenzen: die Arbeitslosigkeit kann ihren negativen Charakter verlieren, als Nicht-Arbeit verstanden (die gesellschaftlich zunehmend ins Gewicht fällt) ist sie die objektive Voraussetzung für das, was heute als Selbsthilfe-Projekte beginnt, und worin wir die weitere Perspektive der Community sehen.«[47] Dabei sahen die Autoren durchaus, dass Arbeitslosigkeit nicht einfach positiv umgedeutet werden kann. Sie habe vor allem für viele, die außerhalb von Community- und Selbsthilfe-Netzen stünden, geradezu zerstörerische Folgen. Dennoch führe an ihrer Existenz gewissermaßen kein Weg mehr vorbei:

»Sicher wird das Kapital Strategien finden, um mit der Nicht-Arbeit umzugehen. So die Spaltung zwischen Arbeitenden und Nicht-Arbeitenden, zwischen Deutschen und Ausländern, zwischen Jungen und Älteren und schließlich ein differenzierter Umgang mit der Vergabe von Arbeitslosengeld; dazu neue Mittel betrieblicher und außerbetrieblicher Repression. Nur eins wird das Kapital nicht ändern können: dass es diese Nicht-Arbeit als Dauerzustand gibt.« Und weiter: »Zwar ist es heute in den Betrieben der BRD an der Oberfläche ruhig, mit dem größer werdenden Sektor der Nicht-Arbeit aber hat sich das Kapital einen neuen Krisenherd geschaffen: die Perspektive, nicht zu arbeiten, wird immer realistischer (was auch nicht ohne Einfluss auf die bleiben wird, die arbeiten). (...) Das bedeutet nicht nur Arbeitslosigkeit, sondern auch häufiges, erzwungenes Wechseln der Arbeitsplätze, Job-Verhältnis zur Arbeit (...). All das durchlöchert und zersetzt immer mehr die Disziplin, die zum reibungslosen Verlauf der Fabrikgesellschaft notwendig wäre.«[48] Gerade die linke »Scene« mit ihren vielfältigen ökonomischen und sozialen Gegenstrukturen könne dazu beitragen, die Fragen von Selbsthilfe und Aneignung in den Sektoren der Arbeitslosigkeit und den entstehenden Communities zu stärken.

Auch wenn diese Beobachtungen aus dem Jahr 1976 eine Menge hellsichtiger Momente enthalten, so bleibt die anvisierte Perspektive doch

---

47 Autonomie Redaktion: Zu diesem Heft, in: Autonomie, Nr. 2, 1976, 2-3.
48 Ebd.

recht vage. Die »Nicht-Arbeit« ist kaum greifbar, sie ist alles und nichts. Sie wirft zwar die Frage auf, wie die Lebensrealität der »Scene« mit der arbeitsloser Jugendlicher und Jobber verknüpft werden könnte, doch eine Vision eines gemeinsamen Projekts (oder auch nur Bezugspunktes) der zersplitterten linken Kräfte enthält sie kaum. Vor allem aber ist sie in einem Maße wie nie zuvor nach innen gerichtet, auf die eigene »Scene«. Sie gibt die Analyse der Klassenzusammensetzung zugunsten der verschwommenen Silhouette des gesellschaftlichen Nicht-Arbeiters auf. Am schärfsten formulierte die Abkehr vom Proletariat erneut Thomas Schmid. Er meinte, die Fabrik produziere ein passives Denken und Handeln bei denen, die ihr unterworfen waren. »Ein ganzes Leben«, schrieb er, »kann man in der Fabrik nur verbringen, wenn man sich jede Utopie eines anderen Lebens strikt aus dem Kopf schlägt, wenn man sich einredet, es müsse eben alles so sein, wie es ist – das ist die furchtbare erzieherische Bedeutung der Fabrik und darüber hinaus der Fabrikgesellschaft heute.«[49]

Diese Einschätzung war nicht ohne Folgen für das Verhältnis zu den Kämpfen der Arbeiterinnen und Arbeiter. Thomas Schmid weiter: »Die Arbeiter sind die vom System am besten, d.h. effektivsten erpresste und zurechtgestutzte Schicht. Ein Arbeiter kann sich in der Fabrik wehren – er kann es aber nur auf der Basis eines wesentlichen Zugeständnisses: dass er die Autorität der Fabrikgewalt prinzipiell anerkennt, die des Meisters, die der Produktion, der Maschinerie usw.; tut er das nicht, hört er auf Arbeiter zu sein, wird entlassen. Dieses prinzipielle Anerkenntnis hat seine weitreichenden Folgen: es prägt eine angepasste, geknechtete Lebensweise, es lässt den Gedanken nicht aufkommen, Herrschaft als solche könne beseitigt werden.«[50]

So weit, den Arbeitern grundsätzlich Passivität zu bescheinigen, gingen die wenigsten. Aber die Enttäuschung über die spärliche Arbeitermilitanz führte in der Sponti-Szene doch zu einer Abkehr vom Proletariat auf breiter Front, die sich in zahlreichen Artikeln, vor allem aber in den neuen politischen Projekten dieses Spektrums widerspiegelt. An die Stelle der alten Konzepte von Arbeiterautonomie und »nicht-leninistischer, proletarischer Partei« trat der Vorschlag, dass viele kleine Zusammenschlüsse das tun sollten, was sie jeweils für richtig hielten. Einen Austausch über die verschiedenen Projekte sollten die gemeinsamen Zeitschriften oder Zentren ermöglichen. Es war der »große Basar«, den

---

49 Thomas Schmid: Kuh und Computer, in: Autonomie, Nr. 3, 1976, 59.
50 Ebd.

Daniel Cohn-Bendit 1975 in einem gleichnamigen Buch und bald auch in der Frankfurter Stadtzeitung *Pflasterstrand* beschwor. Und so leitete die Diskussion schließlich ein Kapitel ein, das für weite Teile der linken Szene den sukzessiven Abschied vom Konzept des Klassenkampfs bedeuten sollte: die Alternativbewegung.[51]

Im Zuge der »Community-Diskussion« waren einige Aktivistinnen und Aktivisten des Sponti-Lagers in die Vereinigten Staaten gereist, wo schon länger mit Ansätzen experimentiert wurde, das Zusammenleben kollektiv zu organisieren. Die dort praktizierten Versuche hatten großen Eindruck auf die Amerika-Reisenden gemacht. In den US-Alternativprojekten schienen sowohl die subjektiven Bedürfnisse der Einzelnen als auch die nach außen gerichtete politische Arbeit ihren Platz zu haben. Diese Versuche, die Privatleben, Lebensunterhalt und Politik miteinander verknüpften, klangen vielversprechend. Für viele markierte der Aufbau alternativer Formen des Zusammenlebens und Arbeitens einen neuen emanzipativen Aufbruch; dieses Experiment schien das beste Mittel gegen Resignation und politisches Auf-der-Stelle-treten in der »Scene« zu sein.

»Gerade in den Anfangsjahren«, schrieb Meinrad Rohner, »legten die meisten Alternativprojekte großen Wert darauf, dass sie Teil einer gegenkulturellen und politischen Bewegung waren. Man wollte zeigen, dass es möglich war, anders zu leben und zu arbeiten. Und man hoffte, aus den Alternativprojekten sowohl die Kraft zu schöpfen als auch die materiellen Sicherheiten zu generieren, die den politischen Kampf gegen die ›Fabrikgesellschaft‹ erst möglich machten. Zum revolutionären Prozess gehört nicht nur die Fähigkeit zur massenhaften Zerstörung der kapitalistischen Verhältnisse, sondern auch die Fähigkeit, schon jetzt ein neues Leben zu führen.«[52]

In der Tat fanden sich viele ehemalige Betriebskader des RK in Betrieben wie der »Arbeiterselbsthilfe« (ASH), einem Umzugs- und Restaurationsunternehmen, oder anderen Alternativprojekten wieder. Nicht wenige hatten in den Jahren zuvor einen großen Teil ihrer Zeit in die politische Arbeit investiert, waren »in die Fabrik« gegangen, von der Schule geflogen oder hatten ihr Studium abgebrochen. Über eine klar de-

---

51   Eine Ausnahme stellte der Hamburger Teil der *Autonomie*-Redaktion dar, der den Hoffnungen, die mit der Alternativökonomie verknüpft waren, schon sehr früh widersprach und aus dem später die Redaktion der *Autonomie – Neue Folge* hervorging (siehe 5. Kapitel).

52   Meinrad Rohner: Wir Kinder der Tertiarisierung, 6.

finierbare Berufsperspektive verfügten die wenigsten; stattdessen waren gelegentliche Jobs oder staatliche Transferleistungen wichtige Einkommensquellen der Szene. Auch vor diesem Hintergrund erklärt sich die Attraktivität des alternativen Projekts für die revolutionären Aktivisten. Nicht nur in den »Autonomie-Städten« Frankfurt, München und Hamburg, auch in Berlin entstanden immer mehr Alternativbetriebe und tauschten in der linken Stadtzeitung radikal ihre Erfahrungen aus.

An vielen Orten konnte das Versprechen der Alternativbewegung, persönliche Emanzipation und politische Revolte zu verbinden, große Begeisterung entfachen und erstaunliche Kräfte freisetzen. Doch diese Verbindung war nicht frei von Konflikten. Der politische Anspruch der Alternativprojekte geriet leicht in Widerspruch zu den praktischen Notwendigkeiten der täglichen Arbeit – und zwar umso mehr, je prekärer die wirtschaftliche Lage eines Projektes war. Nicht zuletzt stellte sich die Frage, wie die antiautoritäre Lebensweise der »Alternativen« so eingehegt werden konnte, dass das gemeinsame ökonomische Projekt keinen Schaden nahm. Arndt Neumann schreibt über dieses Problem: »Innerhalb des Kollektivs wurden Verhaltensweisen, die in der Schule und der Fabrik Ausgangspunkt des Widerstands waren, zum Hindernis.«[53] Und weiter: »Auf der einen Seite war es das erklärte Ziel der Alternativprojekte, dem einzelnen ein Höchstmaß an Autonomie zu ermöglichen. Auf der anderen Seite war es jedoch für den Fortbestand des Kollektivs notwendig, die individuelle Entfaltung an bestimmten Punkten einzuschränken.«[54]

Dieser Konflikt konnte in verschiedene Richtungen aufgelöst werden. Arndt Neumann hat in seinem Buch nachgezeichnet, wie in vielen Alternativprojekten mit der Zeit die ökonomische Logik die Oberhand über das Ziel der politischen Emanzipation gewann. Doch dies war kein Automatismus; viele Projekte erfanden Mechanismen, um der »Vermarktlichung« entgegenzuwirken, etwa die häufige Rotation besonders solcher Aufgaben (zum Beispiel der Buchhaltung), die denjenigen, die sie ausfüllten, zu einem an Markterfordernissen ausgerichteten Denken verleiteten. Auch die Dynamik der (Sponti-)Bewegung wirkte auf die Auseinandersetzung in den Kollektiven und konnte dazu führen, dass die politischen Ziele eines alternativen Projekts wieder wichtiger genommen wurden. Dennoch konnten die Alternativprojekte die Gesetze des Marktes, auf dem sie konkurrierten, nicht dauerhaft aussperren. Arndt Neumann

53 Arndt Neumann: Kleine geile Firmen. Alternativprojekte zwischen Revolte und Management, Hamburg 2008, 24.
54 Ebd., 28.

schlussfolgert: »Während eine zufrieden stellende ökonomische Situation den Kollektivmitgliedern ein hohes Maß an Autonomie ermöglichte, sah die Situation in den meisten Alternativprojekten grundlegend anders aus.«[55]

Obwohl viele Alternativprojekte ihren befreienden Charakter mit der Zeit verloren, blieb ihre Rolle ambivalent. Einerseits bedeuteten sie oft Niedriglöhne und Selbstausbeutung, andererseits eröffneten sie trotz allem die Möglichkeit, Einfluss auf die eigenen Arbeitsbedingungen und -inhalte zu nehmen. Sie boten den Angehörigen der Sponti-Szene nicht nur Jobs, sondern in vielen Städten auch eine Einbindung in ein kleines ökonomisches Netzwerk und so zumindest das Gefühl einer gewissen materiellen Sicherheit. Auf diese Weise halfen die Projekte den Spontis, eine rebellische politische Praxis aufrechtzuerhalten. Zugleich beschleunigten sie aber auch die tendenzielle Abkopplung der Szene von der »Normalgesellschaft«.

Diese Gefahr wurde bereits zu Beginn der Alternativbewegung gesehen. »Schon heute gibt es Genossen, die ihre Angst darüber bekunden, dass wir einer ähnlichen Euphorie für die Alternativen verfallen werden, wie wir uns dereinst mit der Fabrik verrannt haben«, schreibt Meinrad Rohner Anfang 1976. Diese Genossen, deren Vorbehalte Rohner in seinem Text zu entkräften sucht, sollten sich einige Jahre später bestätigt fühlen.

Die Festung

Im Dezember 1974 bezog Werner Imhof, der in Freiburg Germanistik und Anglistik studiert hatte, eine Wohnung in Essen. Mitte der 1960er Jahre hatte er damit begonnen, Texte von Adorno zu lesen; im Zuge der allgemeinen Politisierung war er zum überzeugten Marxisten-Leninisten geworden. Mit mehreren Freunden hatte er schließlich die ML Freiburg gegründet und sich der Arbeiterklasse zugewandt. Anfang der 70er beschloss dieser kleine, aber hochmotivierte Zusammenhang, die politische Arbeit im Proletariat aus dem studentisch geprägten Freiburger Milieu ins klassisch proletarische Ruhrgebiet zu verlegen. Im Gegensatz zu vielen anderen Gruppen maßen die Marxisten-Leninisten aus Freiburg den betrieblichen Kämpfen keine entscheidende Bedeutung bei. Klassenkämpfe und revolutionäre Situationen, so meinten sie, könne

---

55 Ebd.

man nicht erzeugen, man könne sich nur auf sie vorbereiten: durch den Aufbau einer revolutionären (»anti-revisionistischen«) Partei und politische Aufklärung der Arbeiter.

Die Lage der Arbeiter wollten die Freiburger MLer trotzdem teilen, ihre Erfahrungen und ihr Bewusstsein besser kennenlernen, die wirtschaftlichen Kämpfe der Arbeiter unterstützen und für Kapitalismuskritik und sozialistische Propaganda ausnutzen. Die Mehrheit der Gruppenmitglieder suchte und fand eine Anstellung in den Großbetrieben des Ruhrgebiets.

Werner Imhof hatte vorgehabt, bei einem großen Verlag oder Druckbetrieb in Essen eine Stelle als Korrektor zu finden. Diese Arbeit hatte er bereits in Freiburg gemacht. Doch seine Bewerbungen liefen ins Leere. Von der Wirtschaftskrise gebeutelt, verzichteten die Verlage auf Neueinstellungen. Werner Imhof war einige Monate arbeitslos. Bei den Mannesmannröhren-Werken in Mülheim wurde er schließlich zum Werkstoffprüfer umgeschult und auf Druck des Arbeitsamtes auch übernommen. Aus Werner Imhofs Sicht war das nicht die schlechteste Lösung.

Das Mülheimer Werk war ein traditionsreicher Standort, den die Mannesmanröhren-Werke – eine Tochter des Mannesmann-Konzerns – 1970 von Thyssen übernommen hatten. 12.000 Menschen arbeiteten hier, etwa 600 im Großrohrwerk, wo Werner Imhofs Arbeitsplatz war. 1975 wurde das Unternehmen umgebaut, sodass statt 12 Meter nun bis zu 18 Meter lange Stahlrohre hergestellt werden konnten. Das war 1975 einzigartig in der Welt. So wurden die Mannesmannröhren-Werke zum Weltmarktführer in Großröhren.

Es dauerte eine Weile, bis Werner Imhof sich an die körperlich erschöpfende Schichtarbeit gewöhnte. Bis er sich überhaupt in dem Riesenbetrieb zurechtfand, einer bizarren Landschaft aus kolossalen Maschinen und riesigen, scharfkantigen Röhren, die automatisch durch die Hallen bewegt wurden. Ein Respekt einflößendes Gelände war das Großrohrwerk – und dazu nicht ungefährlich: Allein 1975 ereigneten sich zwei tragische Unfälle. Ein Arbeiter wurde von der Kante eines Rohrendes enthauptet, ein anderer in der Mitte zerteilt. Die Ungetüme auf den Rollgängen machten nicht Halt, wenn ein Mensch dazwischen geriet.

Schon nach kurzer Zeit machte Werner Imhof einige Entdeckungen, die für seine politischen Absichten nicht ohne Folgen blieben. Die erste war: Mannesmann bot den Beschäftigten Sicherheit, trotz der tödlichen Gefahren, die vom Produktionsprozess ausgingen. Das Mülheimer Werk war ein Familienunternehmen, und das gleich in mehrfacher Hinsicht. Viele Arbeiter waren schon seit Generationen im Werk bzw. davor bei Thyssen und rechneten sich gute Chancen aus, auch ihre Kinder einmal im Konzern unterbringen zu können. In einer Welt, die das materielle Wohl an die permanente Unsicherheit des erfolgreichen Arbeitskraftverkaufs knüpft, bedeutete die Anstellung bei den Mannesmannröhren-Werken ein gehöriges Maß an Planungssicherheit und Stabilität. Die Beschäftigten hatten kein Interesse, diese Sicherheit leichtfertig aufs Spiel zu setzen.

Für die politischen Kräfteverhältnisse im Werk – das war die zweite Entdeckung – war eine weitere Großfamilie von Bedeutung: die SPD, genauer gesagt: die SPD-Betriebsgruppe, mit ihren weit über tausend Mitgliedern nach eigener Aussage die größte ihrer Art in Deutschland. Diese Betriebsgruppe war der entscheidende Machtfaktor in Mülheim. Sie dominierte die örtliche IG Metall, den DGB – »Der DGB-Kreisvorsitzende war ein Mann von ihren Gnaden«, so Werner Imhof[56] – und nebenbei auch noch den Stadtrat. Die Grundlage ihrer Macht war die Kontrolle über die Werkswohnungen von Thyssen. Der Betriebsrat, in dem die SPD-Gruppe ebenfalls die Mehrheit stellte, hatte sich die Vergabe der Wohnungen gesichert. Wer in die SPD eintrat (genauer gesagt: *nur* wer in die SPD eintrat), konnte sich Hoffnung auf eine der begehrten Unterkünfte machen.

Die Mannesmannröhren-Werke war nicht die einzige Bastion der Sozialdemokratie. In vielen Zechen und Stahlwerken im Ruhrgebiet, aber auch in wichtigen Metallbetrieben, gab es eine lange Tradition sozialdemokratischer Organisierung; SPD-Betriebsgruppen waren keine Seltenheit. Und auch die Machtmechanismen, auf die sich diese etablierten Gruppen stützen konnten, ähnelten denen im Mülheimer Werk.[57] »Diese Macht einer Parteirichtung«, sagt Werner Imhof, »das war für mich etwas völlig Neues. Ich dachte, gegen diese Macht kannst du niemals ankommen.«

Die Parolen aus der maoistischen Bewegung waren jedenfalls nicht geeignet, um gegen die Mauern der SPD-Festung Mannesmann anzu-

---

56 Interview mit Werner Imhof, 2008. Alle Zitate von Werner Imhof stammen aus diesem Gespräch.

57 So etwa im 1962 gegründeten Bochumer Opel-Werk, wo eine Gruppe aus dem Bochumer SDS Anfang der 1970er Jahre politisch zu arbeiten begann. Willi Hajek schreibt über die anfängliche Dominanz der SPD-Betriebsgruppe: »Bei der Einstellung ging es gleich ins Betriebsratsbüro, um sich das Mitgliedsbuch der IG Metall abzuholen, manchmal auch gleich das Parteibuch der SPD mitzunehmen. Der Betriebsrat konnte auch Wohnungen vermitteln und hatte zumeist ein offenes Ohr für Verwandte und Freunde, die eine Stelle suchten« (Willi Hajek: Der Geist der Rebellion, in: Jochen Gester/Willi Hajek: Sechs Tage der Selbstermächtigung. Der Streik bei Opel in Bochum Oktober 2004, Berlin 2007, 10).

rennen. Das war die dritte Feststellung, die Werner Imhof – plötzlich selbst Adressat linker Agitation – machte. Alle ML-Gruppen, die etwas auf sich hielten, verteilten Flugblätter und Zeitungen vor dem Werk, Trotzkisten, die DKP und andere. Für Werner Imhof war das ein ernüchterndes Erlebnis. Die politische Agitation der Linken ging an den Erfahrungen und Erwartungen der Arbeiter wie auch an den Machtverhältnissen im Unternehmen völlig vorbei: »Sowohl die Schilderung der Verhältnisse im Osten durch die DKP als auch die revolutionären Losungen der Maoisten oder Trotzkisten – das klang zynisch für die Arbeiter. Wenn man sich selber erlebt als eine Klasse, die im Grunde verwaltet wird, und dann kommen irgendwelche revolutionären Phrasen über die Macht der Arbeiter und Solidarität und, und, und – dann fasst man sich an den Kopf.«

Bis zu seinem Arbeitsbeginn im Großrohrwerk hatte Werner Imhof selbst mit großem Einsatz an der Zeitung *Oktober* gearbeitet, die er mit den Freiburger Freunden herausgab. Nun stellte er fest: »Das, was wir uns damals gedacht und vertreten haben, war so dermaßen zur Wirklichkeit konträr und kontraproduktiv, dass wir alle, die wir in Betrieben waren, sehr schnell gesehen haben, dass wir so nicht mehr weitermachen können. Dass das Schwachsinn ist. Parteiaufbau von außen, mit einem fertigen Plan und einem fertigen Programm, und dann nur noch irgendwo verankern und Zustimmung finden – kann nicht funktionieren.« 1976 stellte die Gruppe ihre Zeitschrift ein und zog sich erst einmal aus der politischen Arbeit zurück.

Die Erfahrung, die Werner Imhof als Mitglied einer kleinen ML-Gruppe im Mülheimer Werk machte, machten in ähnlicher Weise viele Anhänger anderer Organisationen in »ihren« jeweiligen Unternehmen. Es war bereits davon die Rede, dass die erlebte Realität des Arbeitsalltags dazu führte, dass viele Aktive aus den K-Gruppen die politischen Vorgaben ihrer Parteien für die »revolutionäre Betriebsarbeit« ignorierten oder selektiv anwendeten. Annette Schnoor (siehe 3. Kapitel) war da kein Einzelfall.

Auch ein anderes ehemaliges Mitglied der KPD/ML berichtet, ihm haben die Weisungen und neuen Linien des ZK zwar meist eingeleuchtet, aber er habe sich selten gründlich damit auseinandergesetzt. Deshalb habe er meist nur das umgesetzt, was einen praktischen Nutzen bei der Arbeit im Betrieb hatte. Was er nicht gebrauchen konnte, habe er »vergessen« oder links liegen lassen. Auch er räumt ein, dass er politische Diskussionen mit Kollegen meist nur im privaten Rahmen und mit Bezug auf das Tagesgeschehen geführt habe. »Wenn man es von der Partei her betrachtet«, sagt er, »war ich rechts-opportunistisch. Aber da meine Arbeit im Betrieb ganz erfolgreich war, in dem Sinne, dass es mir gelungen ist, oppositionelle Kollegengruppen zu sammeln und in den Betriebsrat gewählt zu werden, bin ich da nie groß einer Kritik ausgesetzt gewesen von Seiten der Partei. Es war einfach so, dass diejenigen am erfolgreichsten waren im Unternehmen, die im Grunde ›trade-unionistisch‹ gearbeitet haben. Ich kann mich nicht erinnern, dass ich mal mit den Kollegen über Parteiaufbau oder so diskutiert hätte.«[58]

»Wenn der Feind uns bekämpft, dann ist das gut und nicht schlecht.« (Mao) – »Rote Betriebsräte« und Gewerkschaftsopposition

Anders als die Gruppen aus der Sponti-Szene bemühten sich die Anhänger der diversen K-Gruppen sehr schnell um betriebliche und manchmal gewerkschaftliche Ämter. Auch wenn die meisten ML-Organisationen den Gewerkschaften Verrat vorwarfen und die Betriebsräte korrupt nannten, war doch nichts dagegen einzuwenden, wenn »klassenkämpferische Kollegen« auf diese einflussreichen Posten kämen. Schon bei den Betriebsrätewahlen 1972 hatten sich Anhänger der KPD (AO) und der KPD/ML um Kandidaturen auf eigenen »roten« Listen bemüht, die mit den offiziellen Listen der Gewerkschaften konkurrierten.[59] Das brachte noch nicht den großen Durchbruch, aber ein Anfang war gemacht.

Der Kommunistische Bund aus Norddeutschland brachte es mit einer etwas anderen Strategie bereits 1972 auf 30 gewählte Betriebsratsvertreter allein in Hamburg. Drei Jahre später hatten nach Selbstauskunft der Organisation bereits 100 Mitglieder Ämter in Betriebsräten inne.[60] Anders als die beiden zuvor genannten Gruppierungen riet der KB seinen Mitgliedern, auf den gewerkschaftlichen Einheitslisten zu kandidieren, ohne sich als Anhänger des Bundes zu erkennen zu geben. Nur für den Fall, dass die Gewerkschaftsvertreter eine Kandidatur auf aussichtsreichen Listenplätzen verhinderten, sollte man selbst »alternative« oder »demokratische« Listen aufstellen. Mit dieser Linie verband sich die Hoffnung, eine Isolierung der eigenen Kandidaten in der Belegschaft zu verhindern

58 Die Sätze stammen von einem ehemaligen Mitglied der KPD/ML aus Berlin, das nicht namentlich genannt werden möchte.
59 Roter Morgen, Nr. 5 und Nr. 9, 1972.
60 Michael Steffen: Geschichten vom Trüffelschwein, 100.

und durch den gewerkschaftlichen Organisationshintergrund bündnisfähig zu bleiben.

Dass KPD/ML und KPD (AO) auf eigene Listen setzten, hatte mit ihrer gewerkschaftspolitischen Orientierung zu tun. Die KPD/ML schrieb hierzu:»Der Kampf für die Interessen der Arbeiterklasse kann nicht im DGB-Apparat und mit ihm, sondern nur im schonungslosen Kampf gegen ihn geführt werden. (...) Im Kampf gegen den DGB-Apparat und für eine revolutionäre Gewerkschaftsbewegung müssen wir eine Taktik einschlagen, die darauf abzielt, den DGB-Apparat zu isolieren, die Masse der Mitglieder auf revolutionärer Grundlage zusammenzuschließen.«[61] Diese Mammut-Aufgabe konnten die Betriebszellen der Partei allein nicht lösen. Um eine revolutionäre betriebliche Massenbewegung ins Leben zu rufen, brauchte es andere Mittel.»Jetzt die RGO organisieren!« forderte deshalb bereits im Oktober 1972 ein Artikel im *Roten Morgen*.[62] Innerhalb der Gewerkschaft müsste, so die Autoren,»eine starke Organisation gegen die Führung« aufgebaut werden. Eine solche»Revolutionäre Gewerkschaftsopposition« solle eine»von der Partei organisatorisch unabhängige Organisation« sein:

»Mit dem Aufbau der RGO setzen wir der Zersplitterung der gewerkschaftsoppositionellen Bewegung ein Ende. (...) Nur in fester organisatorischer Verbindung miteinander werden wir in der Metall-Tarifbewegung zu einer starken gemeinsamen Streikbewegung kommen. So werden wir uns aus den Kampferfahrungen der anderen Betriebe ermutigen lassen und einheitliche Forderungen aufstellen und durchsetzen.«[63]

Im November desselben Jahres versammelten sich, wie der *Rote Morgen* berichtete, zunächst unter dem Arbeitstitel»Gewerkschaftsopposition« Aktive aus 33 Metallbetrieben, um ein»Kampfprogramm« für die Tarifrunde zusammenzustellen. Für die – auch in jenen Jahren utopischen – Forderungen (nach 1,50 DM mehr Lohn, der Einführung eines Mindestlohnes von 1.250 DM u.A.) sollten die Beteiligten in ihren jeweiligen Betrieben werben; sie sollten die Grundlage für den Zusammenschluss oppositioneller Gewerkschafter werden. Doch auch wenn der Artikel betonte, dies seien»Arbeiterforderungen, die im Betrieb entstanden« seien[64], so war doch offensichtlich, dass das abstrakte Forderungsbündel in der Tarifrunde selbst keinen konkreten Nutzen haben würde.

61 Roter Morgen, Nr. 4, Januar 1976.
62 Roter Morgen, Nr. 21, Oktober 1972.
63 Ebd.
64 Roter Morgen, Nr. 23, November 1972.

Von »Durchsetzen« konnte gar nicht erst die Rede sein. Das historische Vorbild der KPD/ML-»RGO« war eine gleichnamige Organisation der KPD aus der Weimarer Zeit. Die gewerkschaftlich aktiven Kommunisten hatten sich bereits Mitte der 1920er Jahre zu RGO-Gruppen zusammengeschlossen, um eigenständig Arbeitskämpfe organisieren zu können. 1930 begann die KPD mit der Gründung eigener Verbände in verschiedenen Branchen. Aus der Revolutionären Gewerkschafts*opposition* wurde nach und nach die Revolutionäre Gewerkschafts*organisation*. Diesem Schritt lag die bereits in den 1920er Jahre formulierte Sozialfaschismusthese zugrunde. Da der Reformismus der SPD sich in einen »Sozialfaschismus« verwandelt habe, dessen Funktion es sei, die revolutionären Kämpfe der Arbeiter auszubremsen, so die verhängnisvolle Überlegung der KPD, seien auch die Gewerkschaften zu Werkzeugen der Kapitalisten geworden. In der Tat hatten sich die ADGB-Gewerkschaften in den betrieblichen Kämpfen während der Wirtschaftskrise stark zurückgehalten, sodass sich viele Arbeiter enttäuscht von ihnen abwandten. In den im ADGB zusammengeschlossenen »Freien Gewerkschaften«, die 1920 über 8 Millionen Mitglieder gezählt hatten, waren 1932 nur noch gut 3,5 Millionen Menschen organisiert. Der wachsenden Zahl Unorganisierter sollte die RGO eine neue Heimat bieten, um in den erwarteten wirtschaftlichen Massenkämpfen eine schlagkräftige Struktur im Rücken zu haben.

Die in ADGB-Gewerkschaften organisierten Arbeiter sollten durch oppositionelle Fraktionsarbeit in selbigen für die »revolutionäre Gewerkschaftslinie« der KPD gewonnen werden. Auch Teile der betrieblichen KPD-Basis, denen die Haltung der Freien Gewerkschaften zu lasch war, begrüßten die Gründung eigener Verbände.

Doch die Mitgliedermassen kamen nicht. Indem sie eine eigene Organisation aufbaute und die Arbeit in den bestehenden Gewerkschaftsverbänden vernachlässigte, manövrierte sich die KPD ins Abseits und verlor den Kontakt zur Mehrzahl der Beschäftigten. Sie hatte sowohl die Aktionsmöglichkeiten als auch die Bereitschaft der Arbeiter, sich eigenständig zu organisieren, dramatisch überschätzt.[65] Die RGO-Politik führte zur Isolation der Kommunisten in den Betrieben; 1932 waren nur noch knapp 300.000 Arbeiter Mitglieder der RGO. Die KPD kam nicht mehr dazu, ihre Strategie zu revidieren. Als die Nazis im Januar 1933 die Macht

---

65 Eine sehr genaue Darstellung dieser Entwicklung (am Beispiel des Einheitsverbands der Metallarbeiter Berlins EVB) findet sich bei Stefan Heinz: Moskaus Söldner? Der Einheitsverband der Metallarbeiter Berlins, Hamburg 2010.

übernahmen, konnten sie die zersplitterten Arbeiterorganisationen bequem der Reihe nach ausschalten.[66] Den historischen Fehler der KPD wollten die maoistischen Organisationen vierzig Jahre später eigentlich nicht wiederholen. Doch de facto war die von der KPD/ML ausgegebene Parole vom Konzept der Weimarer RGO kaum zu unterscheiden. Zunächst sollten oppositionelle Fraktionen innerhalb der Gewerkschaften gebildet werden, da man den Kontakt zu den gewerkschaftlich organisierten »Arbeitermassen« nicht aufs Spiel setzen wollte. Über kurz oder lang sollte jedoch ein eigenständiger streikfähiger Apparat entstehen, der auch Nicht-Gewerkschaftsmitgliedern offenstand.[67] Auf diese Weise wollte die KPD/ML Arbeiter einbinden, die vor einer Mitgliedschaft in der Partei (noch) zurückschreckten. Die Mitgliedschaft in der RGO kostete fünf DM im Monat und enthielt ein Bekenntnis zum revolutionären Kampf und zum bewaffneten Umsturz. Dafür bot sie Unterstützung bei oppositioneller Betriebsarbeit und die vage Hoffnung, einer werdenden Massenorganisation anzugehören.

Doch die Hoffnung sollte sich nicht erfüllen. Die RGO wurde nie zu einer Massenorganisation im quantitativen Sinn. Die strategische Bedeutung der RGO-Losung, den nicht reformierbaren Gewerkschaften, die man als Hauptgegner im Klassenkampf attackierte, revolutionäre Fraktionen hinzuzufügen, war nur schwer vermittelbar. Entsprechend holperig liest sich die Begründung dieser Linie: »Jawohl, wir Kommunisten kämpfen auch innerhalb der DGB-Gewerkschaften gegen den weiteren Abbau der Demokratie. Aber wir kämpfen ohne solche Illusionen, wie sie die D›K‹Pisten verbreiten: ›Druck von unten‹ und ›Bonzen abwählen‹ sind keine Mittel, um den DGB zu kurieren. Der mit Kapital und Staatsapparat verwachsene DGB ist heute genauso wenig zu demokratisieren, wie es möglich ist, durch ›demokratische Wahlen‹ aus dem Bundestag der herrschenden Kapitalistenklasse einen Bundestag der Arbeiterklasse

---

66 Es wäre allerdings falsch, die Schuld hierfür allein der KPD in die Schuhe zu schieben. Auch die reformistische Gewerkschaftsbewegung war zersplittert und durch Wirtschaftskrise und Mitgliederverlust geschwächt. 1933 konnte sich der ADGB nicht einmal dazu durchringen, zum Generalstreik gegen die Nazi-Regierung aufzurufen. Am 28. April 1933 erklärten die teilweise bereits in der Illegalität lebenden Führer des ADGB, der christlichen und der Hirsch-Dunckerschen Gewerkschaften ihre Vereinigung und betonten, sie seien bereit, als Vertretung der Arbeiterschaft »im neuen Staat« mitzuarbeiten. Bereits vier Tage später hatte sich diese Ankündigung erledigt. Am 2. Mai zerschlugen die Nazis die Gewerkschaften und setzten an ihre Stelle die Deutsche Arbeitsfront.

67 Das ist die revolutionäre Gewerkschaftslinie der KPD/ML!, in: Roter Morgen, Nr. 17, August 1972.

zu machen. Demokratie kann nur in der selbständigen Organisierung der Arbeiterklasse gegen das Kapital und seine Handlanger erkämpft werden, wie z.B. in der oppositionellen Fraktion in den DGB-Gewerkschaften, der GO.«[68]

Der Versuch, sich innerhalb der Gewerkschaften eigenständig zu organisieren, war im ML-Lager äußerst umstritten. Der KB etwa kritisierte, die RGO-Politik der KPD/ML – und übrigens auch der KPD (AO), die eine eigene RGO ins Leben gerufen hatte – erleichtere es dem DGB, klassenkämpferische Kollegen auszuschließen und »den Kommunisten« die Schuld an der Spaltung der Arbeiterbewegung in die Schuhe zu schieben. Die RGO-Politik sei sektiererisch und gehe an den begrenzten Kräften der gewerkschaftsoppositionellen Bewegung vorbei, ebenso am Bewusstsein der meisten gewerkschaftlich organisierten Arbeiter. Kommunistische Gewerkschafter sollten ihre Energie nicht beim Aufbau eines neuen Apparats vergeuden und der Entwicklung mit »sehr ›rrradikal‹ klingenden, aber der Situation nicht entsprechenden Parolen« vorauseilen, sondern solche Parolen formulieren, die den Massen klar machten, dass nicht die Kommunisten, sondern die Gewerkschaftsführer die eigentlichen Spalter sind. Der KB gab also die Devise aus: »Machen wir die Gewerkschaften zu Kampforganisationen der Arbeiterklasse!«[69] Allerdings setzte der KB dabei vor allem auf den propagandistischen Effekt. Hoffnungen auf die tatsächliche Reformierbarkeit der DGB-Gewerkschaften machte sich auch der Hamburger Bund nicht. Aus diesem Grund begrenzte der KB die Funktionen seiner Mitglieder auf betriebliche Ämter (Betriebsräte und Vertrauensleute). Posten in den Gremien der Gewerkschaften (etwa als Gewerkschaftssekretäre) lehnte er mit der Begründung ab, dort sei man von der Basis isoliert und stehe unter dem ständigen Druck des Funktionärsapparats. Das sei keine gute Ausgangsposition, um die Arbeitermassen zu organisieren.[70] Auch der Schwerpunkt der KB-Betriebsarbeit lag auf dem Aufbau von Kollegengruppen, die sich im Unternehmen einmischten. Und auch die Mitglieder des KB sprachen ihr Vorgehen in den KB-Betriebszellen mit anderen Mitgliedern des Bundes ab.[71]

---

68 Roter Morgen, Nr. 9, März 1973.
69 Arbeiterkampf, Nr. 40, Februar 1974.
70 Siehe Michael Steffen: Geschichten vom Trüffelschwein, 140.
71 Mit seiner »entristischen« Strategie hatte der KB zunächst einigen Erfolg, wie die »Betriebsräteveranstaltung« des KB in den Hamburger Messehallen zeigte. Unter dem Titel »Gegen kapitalistische Krisenpolitik – die Einheit verstärken« versammelten sich dort im Dezember 1975 an die 3.000 Personen, um Möglichkeiten für eine »konsequente Interessenvertretung« der Arbeiter in Betrieb und Gewerkschaft zu disku-

Die RGO sollte sich in den Folgejahren wenn auch nicht zu einer Großorganisation, so doch zu einem nützlichen Forum für die Koordination und Unterstützung der Arbeit der KPD/ML-Betriebsgruppen und -Betriebsräte entwickeln. In manchen Unternehmen stellte sie den Rahmen für Zusammenschlüsse oppositioneller Kollegen. Bei BMW in Berlin oder Felten & Guillaume in Köln kamen zu den meist monatlichen RGO-Treffen regelmäßig ein knappes Dutzend bis 30 Beschäftigte und besprachen die politische Arbeit im Betrieb. Sollte im Rahmen der Tarifrunde ein Warnstreik stattfinden, trat manchmal sogar die IG Metall an diese Gruppen heran, weil sich in ihnen die politisch aktiven Arbeiter des Unternehmens sammelten.[72]

Die in jahrelanger Oppositionstätigkeit in verschiedenen Unternehmen erworbenen Erfahrungen machten die RGO zu einer kompetenten Beraterin der alternativen und RGO-nahen Betriebsratslisten. Und den verbleibenden Aktiven aus der KPD/ML (und ihrem näheren Umfeld) diente sie nicht nur als Plattform zum Erfahrungsaustausch und Kontaktbörse zu anderen betrieblichen Aktivisten, sondern auch als Energiequelle. Auf den RGO-Treffen konnten sie die betriebliche Vereinzelung zumindest gelegentlich überwinden und sich gegenseitig den Rücken stärken. Die jährlichen Zusammenkünfte der Gewerkschaftsopposition fanden noch bis in die 1980er Jahre hinein statt.[73]

Die alternativen Betriebsratslisten, die sich halten konnten, entwickelten sich – in einer überschaubaren Zahl von Unternehmen – zu einer ernsthaften Konkurrenz für die gewerkschaftlichen Listen. Bei den Betriebsrätewahlen 1978 entfielen in einer ganzen Reihe Berliner Großbetriebe mehr als 30 Prozent der Stimmen auf oppositionelle Listen: bei Daimler und AEG, bei Flor-Otis, Bosch und Reinshagen. Bei Orenstein und Koppel, BMW und Bosch-Siemens-Haushaltsgeräte waren es sogar fast 50 Prozent.[74] Aus anderen Hochburgen der maoistischen Gruppen,

---

tieren. Doch die Veranstaltung war nicht nur der Höhepunkt, sondern zugleich der Anfang vom Ende der KB-Betriebsarbeit. Auch die Mitglieder des Hamburger Bundes hatten unter Gewerkschaftsausschlüssen zu leiden. Ende 1975 waren nach eigenen Angaben etwa die Hälfte der betrieblichen KB-Aktivisten aus den Gewerkschaften ausgeschlossen, ein Drittel hatte darüber hinaus auch seinen Arbeitsplatz verloren.

72 Das berichten mehrere meiner Interviewpartner – obwohl die IG Metall einen Unvereinbarkeitsbeschluss gegenüber der RGO erwirkt hatte, der zum Ausschluss nicht weniger aktiver RGOlerinnen und RGOler führte.

73 Erst Ende 1986 wurde die Organisation auf einer letzten Mitgliederversammlung »mangels Masse« aufgelöst. Peter Vollmer: 1976 bis 1978. Zwei Jahre im Kabelwerk Winckler Berlin, Berlin 2003, 16.

74 Ebd., 14.

in Hamburg, Köln, Kiel, Bremen und vor allem im Ruhrgebiet waren ähnliche Wahlergebnisse zu vermelden.[75] Die Hauptursache für diese im Kleinen doch bemerkenswerten Erfolge dürfte darin liegen, dass die Anhänger der ML-Gruppen in den Betrieben als unerschütterliche Vertreter von Arbeiterinteressen auftraten und – anders als manch etablierter Betriebsrat – der Konfrontation mit der Geschäftsleitung nicht aus dem Weg gingen. Auch boten sie im Gegensatz zur Mehrzahl der gewerkschaftlichen Listen den Anliegen der nichtdeutschen Beschäftigten ein Forum. Auf diesen Listen kandidierten überdurchschnittlich viele migrantische Kollegen – und sie erhielten aus den migrantischen Belegschaftssektoren überdurchschnittlich viele Stimmen. Von deutschen Arbeitern wurden diese Gruppen nicht selten als »Türken-Truppen« bezeichnet.[76]

Die Konkurrenz von links und die durch sie geschürte Unruhe gefielen den DGB-Gewerkschaften gar nicht. Die erste Reaktion des DGB auf die Welle wilder Streiks von 1973 waren Unvereinbarkeitsbeschlüsse mit diversen kommunistischen Gruppen und Zirkeln. Bereits im April 1973 legte der IG-Metall-Beirat einen Beschluss vor, der die verschiedenen K- und Arbeiter-Basis-Gruppen sowie jedwede »Gewerkschaftsopposition« zu »gegnerischen Organisationen« erklärte.[77] Die Unterstützung dieser Organisationen sei mit der Mitgliedschaft in der IG Metall nicht vereinbar. Wer in einer der beanstandeten Gruppen aktiv war, wurde aus der Gewerkschaft ausgeschlossen. Im Oktober zogen der DGB und die in ihm zusammengeschlossenen Einzelgewerkschaften nach.

Zur Überführung der Verdächtigen griffen die DGB-Gewerkschaften auf ein Mittel zurück, das sie schon Anfang der 1950er Jahre gegen die damals noch legale KPD eingesetzt hatten: den »Revers«, den sie den verdächtigten Gewerkschaftsmitgliedern zur Unterschrift vorlegten. Mit einer Unterschrift unter den Revers distanzierte sich die betreffende Person von den aufgelisteten Organisationen und versprach, auch in Zukunft keinerlei Aktivitäten dieser Gruppen zu unterstützen. Wer die Un-

---

75 Die KPD/ML gibt an, dass die RGO-Listen annähernd 60 Betriebsratsplätze besetzen konnten. Noch eine »weit höhere Zahl« an Betriebsratssitzen hätten Parteimitglieder, die auf Einheitslisten kandidierten, erobert (siehe ZK der KPD/ML: Zehn Jahre KPD/ML, 271).

76 Das berichten gleich mehrere meiner Interviewpartner.

77 IG Metall, Beiratsbeschluss, 1973. Abgedruckt in »Metall – Zeitung der IG Metall für die Bundesrepublik Deutschland«, Nr. 9 vom 2. Mai 1973, S. 3. Die DKP und ihre Unterorganisationen waren auf der Liste nicht vertreten. Das erklärt sich u.a. daraus, dass DKP- und SEW-Mitglieder nicht selten bei der Denunziation ihrer maoistischen Kollegen mithalfen.

terschrift verweigerte, musste mit Ausschluss rechnen. Diese Maßnahme war nicht nur ein klarer Verstoß gegen die von den Gewerkschaften hochgehaltenen Werte von Demokratie und Pluralismus. Sie war auch ein Akt der Hilflosigkeit. Denn um den Angriff ins Leere laufen zu lassen, reichte ein einfacher Trick: Das verdächtige Mitglied brauchte das Schriftstück bloß zu unterschreiben – und konnte weitermachen wie zuvor.

Doch manch eine K-Gruppe kam der gewerkschaftlichen Ausschlusspolitik durch ihren plakativen Radikalismus entgegen. Die zu halsbrecherischen Auftritten neigende KPD/ML riet ihren Anhängern, den Revers auf keinen Fall zu unterschreiben. Aus ihrer Sicht konnte es kaum einen besseren Beweis für den »Verrat der Gewerkschaftsbonzen« geben als den massenhaften Ausschluss »fortschrittlicher Kollegen«. In diesem Lichte betrachtet erschien der Gewerkschaftsausschluss beinahe wie ein Ritterschlag. Die KPD (AO) kam zum selben Schluss und empfahl ihren Mitgliedern ebenfalls, die Unterschrift zu verweigern. Das führte dazu, dass ein großer Teil der ML-Betriebskader schon sehr bald nicht mehr Mitglied in der Gewerkschaft war. Manche verloren durch den Gewerkschaftsausschluss darüber hinaus ihren Arbeitsplatz.

Allein in Berlin (West) schloss die IG Metall von 1974 bis 1976 per Unvereinbarkeitsbeschluss 79 Mitglieder aus. Das weiß man – anders als in anderen Bundesländern – deshalb so genau, weil die Berliner IG Metall die Namen der Ausgeschlossenen (samt Betriebszugehörigkeit) in ihrer Mitgliederzeitung veröffentlichte. 1976 erklärte ein unbekannter Verfasser in der Gewerkschaftszeitung zufrieden: »Mit den in METALL 17/74 und 11/75 Veröffentlichen erhöht sich die Zahl der in den letzten drei Jahren Ausgeschlossenen auf 79 Personen.«[78] Diese Veröffentlichungen machten die *Metall* zur Pflichtlektüre für die Personalleiter der großen Betriebe. Die brauchten für ihre Schwarzen Listen nur auf das von der IG Metall zur Verfügung gestellte Material zurückzugreifen. So versuchte die Gewerkschaft zu verhindern, dass die ausgeschlossenen »Chaoten« überhaupt noch eine Stelle in ihrem Einflussbereich fanden.

Gewerkschaftsausschlüsse und Funktionsverbote waren nicht nur in Berlin üblich, sondern erfreuten sich bundesweiter Beliebtheit. Zwischen 1970 und 1979 schloss die IG Metall bundesweit 268 Mitglieder aufgrund des Unvereinbarkeitsbeschlusses aus, weitere 196 wegen Kandidatur für gegnerische Betriebsratslisten oder »gewerkschaftschädigenden Verhaltens«. Die meisten Ausschlüsse waren zwischen 1974 und 1976

---

78 Faksimile der Metall 18/1976. Nachgedruckt in N.N.: Rotbuch zu den Gewerkschaftsausschlüssen, Hamburg 1978, 131.

zu verzeichnen; danach ging ihre Zahl zurück, obgleich die Summe der Ausschlussverfahren weiter hoch war. Die sinkende Zahl der Gewerkschaftsausschlüsse nach 1976 erklärt sich vor allem dadurch, dass sowohl die KPD als auch die KPD/ML ihren Mitgliedern schließlich doch dazu rieten, den Revers zu unterschreiben.

Auch die IG Chemie schloss zwischen 1972 und 1975 bundesweit 41 Mitglieder aus, die »gegnerischen Organisationen« zugerechnet wurden; weitere 284 wegen Kandidatur auf konkurrierenden Betriebsratslisten und 28 wegen des Verteilens nicht genehmer Flugblätter. Die ÖTV entzog zwischen 1971 und 1975 184 Gewerkschaftern aufgrund von Unvereinbarkeit die Mitgliedschaft, außerdem 30, denen sie gewerkschaftsschädigendes Verhalten vorwarf. Die GEW überließ die Ausschlusspolitik bis Ende 1974 ihren Landesverbänden. Ab 1975 kümmerte sich der Bundesverband um die Unvereinbarkeitsbeschlüsse. Die wurden bis 1980 ganze 277 Mal angewandt: 198 Mitglieder wurden wegen Zugehörigkeit oder Unterstützung des KBW ausgeschlossen, 49 Gewerkschaftern warf man ein Engagement für die KPD vor, 19 anderen die Unterstützung der KPD/ML und 6 Gewerkschaftern Parteinahme für den KB.[79] Den »Ausschluss-Rekord« stellte die GEW im Jahr 1976 auf, als sie sich ihres kompletten Berliner Landesverbandes mit 13.000 Mitgliedern entledigte. Weitere Ausschlüsse wegen konkurrierender Betriebsratskandidaturen sprachen die GEW-Landesverbände aus. Allein der Hamburger Landesverband 36 Mal.[80]

Insgesamt warfen die DGB-Gewerkschaften im Laufe der 1970er Jahre weit über tausend Mitglieder, die sie kommunistischer Umtriebe verdächtigten, aus ihren Organisationen – die GEW Berlin nicht mitgezählt. Mindestens ebenso viele hatten mit Ausschlussverfahren zu kämpfen; zahlreiche weitere erhielten mehrjährige Funktionsverbote. Zum Vergleich: Zwischen 1949 und 1955 hatte der DGB etwa 650 KPD-Anhängern mittels Unvereinbarkeitsbeschluss die Mitgliedschaft entzogen und wei-

79 In dieser Liste kommen auch die unterschiedlichen sektoralen Prioritäten der verschiedenen ML-Gruppen zum Ausdruck. Während KPD/ML und KB sich in erster Linie auf den Produktionssektor im engeren Sinne konzentrierten, war der KBW im Öffentlichen Dienst, insbesondere im Bildungssektor, und bei Handel und Banken besonders stark vertreten.

80 Diese Zahlen sind einer gewerkschaftsoffiziellen Veröffentlichung entnommen, nämlich der Studie von Wolfgang Sachse: Das Aufnahme- und Verbleiberecht in den Gewerkschaften der Bundesrepublik. Unter besonderer Berücksichtigung der Unvereinbarkeitsbeschlüsse des Deutschen Gewerkschaftsbundes, Köln 1985. Dabei sind die Ausschlüsse, die auf Landesebene vollzogen wurden, oft nicht einmal erfasst. Insofern müssen die Zahlen als Minimalwerte gelesen werden.

tere Hunderte, vielleicht Tausende mit Funktionsverboten belegt.[81] Diese Zahlen sollen verdeutlichen, wie massiv die DGB-Gewerkschaften in den 1970er Jahren gegen die Störenfriede von links vorgingen.

Dafür war nicht allein ideologischer Eifer im DGB-Vorstand verantwortlich, sondern die mitunter erhebliche Störung der vertrauensvollen Zusammenarbeit zwischen den Sozialpartnern, die die kommunistischen Aktivisten in manchen Betrieben verursacht hatten. Erst im Laufe der 1980er Jahre, als sich viele der unvereinbaren Organisationen auflösten, wurden viele der Ausgeschlossenen wieder in die Gewerkschaft aufgenommen. Für die Organisationen wirkte die Ausschlusspolitik der Gewerkschaften wie eine offizielle Bestätigung ihrer Wichtigkeit. »Wenn der Feind uns bekämpft, ist das gut und nicht schlecht«, hatte ja schon Mao gesagt. Dass sie die eigene Bedeutung wie auch die gesellschaftlichen Emanzipationskräfte systematisch überschätzten (so interpretierte der KBW die Wirtschaftskrise von 1973ff vor allem als Reaktion auf den »Aufschwung der Arbeiterklasse und des Volkes«), lässt sich indes weniger mit den heftigen Gegenreaktionen von Regierung und Gewerkschaften erklären, als vielmehr mit dem Organisationsfetisch, der den meisten Organisierungsansätzen des ML zugrunde lag.[82]

»Theorie der Drei Welten« und der sinkende Stern der ML-Bewegung

Es wäre trotzdem verkehrt, den Organisationen vor allem eine negative Wirkung auf das Tun ihrer Mitglieder in der Fabrik zuzusprechen. Sicherlich waren die strategischen Vorgaben und »Ausrichtungskampagnen«, die »ökonomistische« oder »rechts-opportunistische Abweichungen« bei den Aktiven korrigieren sollten, absurd-fragwürdige Manöver. Sie konnten kaum kaschieren, wie hilflos die ML-Organisationen waren, wenn es um eine kohärente Strategie am Arbeitsplatz ging. Auch politisch driftete ein großer Teil des ML-Lagers immer mehr ab.

Den Anstoß dazu gab eine neue außenpolitische Doktrin der chinesischen KP, die nicht ohne Folgen für die geostrategischen Orientie-

81 Siehe Rainer Kalbitz: Gewerkschaftsausschlüsse in den 50er Jahren, in: Otto Jacobi u.a.: Gewerkschaftspolitik in der Krise, Berlin 1978, 159-165.
82 Einzig der Hamburger KB formulierte seine Analysen und auch seine Aktionsaufrufe meist mit pessimistischem Unterton. Der war der KB-Leitthese von der drohenden Faschisierung der Gesellschaft geschuldet (siehe 2. Kapitel).

rungen der westdeutschen Maoisten blieb. 1975 hatte die KP China die »Theorie der drei Welten« formuliert, in der sie die USA und die Sowjetunion gleichermaßen als imperialistische Mächte charakterisierte, die Sowjetunion aber als die »aggressivere imperialistische Macht« bezeichnete. Nach Maos Tod 1976 entschied die »rechte« Fraktion den parteiinternen Machtkampf für sich, beendete die Kulturrevolution und rechnete im Prozess gegen die »Viererbande« mit der »linken« Politik der Vorjahre ab. Bei den maoistischen Gruppen der Bundesrepublik lösten diese Ereignisse unterschiedliche Reaktionen aus: Während der KB die »ursprünglichen« Ideen Maos gegen die »rechte Politik« der KP China in Schutz nahm, bekannten sich KPD und KBW weiterhin zur chinesischen Politik und schlossen sich der Sichtweise, dass der außenpolitische Hauptgegner nun in der Sowjetunion beheimatet sei, an. Auch die KPD/ ML propagierte – wie die KPD – die »Vaterlandsverteidigung« gegen die Sowjetunion, verwarf einige Jahre später aber die chinesische Politik und lehnte sich stattdessen noch stärker an die KP Albaniens an. Diese Wendungen trugen dazu bei, die K-Gruppen in der bundesdeutschen Linken weiter zu isolieren. Für die Arbeit der Aktiven in den Betrieben spielten die neuen Thesen indes keine Rolle. Allenfalls verstärkten sie die Zweifel an einer auf »das Proletariat« orientierten Politik – und begleiteten den schleichenden Rückzug vieler ML-Mitglieder von ihren industriellen Arbeitsplätzen.

Die meisten MLer, die an ihren Arbeitsplätzen politisch aktiv blieben, gaben die Haltung der Anfangsjahre, die nur die Partei als Maßstab für politischen Erfolg kannte, nach und nach auf und schwenkten auf einen Kurs der konsequenten Interessenartikulation ihrer Kollegen (oder zumindest eines Teils der Kollegen) um – wenn sie einen solchen nicht ohnehin längst verfolgten. Die Organisationen traten als wichtigste Instanz für die Politik im Betrieb in den Hintergrund. Trotzdem hielten viele ML-Betriebskader auch dann noch zu ihren Parteien und Bünden, als deren politische Parolen ins Kuriose abdrifteten und der Stern der Bewegung zu sinken begann. Warum?

Auch hierfür bietet die Schwierigkeit, Politik und Alltag zu verbinden, eine Erklärung. Angesichts der fehlenden Möglichkeit, »revolutionäre Politik« am Arbeitsplatz zu machen, angesichts einer insgesamt schwindenden Perspektive auf revolutionäre gesellschaftliche Umwälzungen oder zumindest Bewegungen waren Orte und Gelegenheiten gefragt, wo man sich der eigenen politischen Identität versichern und den Aktivitäten am Arbeitsplatz Sinn geben, Rückhalt durch Gleichgesinnte finden und die politischen Fragen erörtern konnte, für die man im Alltag kaum

Gesprächspartner fand. Dass sich die aktiven MLer an ihren Arbeitsplätzen im latenten oder offenen Dauerkonflikt mit den Vorgesetzten und oft auch mit dem Betriebsrat und der Gewerkschaft befanden, verstärkte dieses Bedürfnis noch. Solche Orte und Gelegenheiten boten die Organisationen.

Ein Berliner Mitglied der KPD/ML, das über die Jahre in verschiedenen Metall-Betrieben gearbeitet hat, sagt: »Man braucht schon etwas, wo man sich austauschen kann, die praktische Arbeit besprechen kann und sich auch immer mal wieder mit den Texten der Klassiker oder anderen beschäftigt. Praktisch waren das die Zellen, also die drei, vier Genossinnen und Genossen, mit denen man eine kommunistische Überzeugung teilt. Das ist total wichtig, weil's ja doch lange Durststrecken gibt, wo du keine Erfolge siehst. Und wenn man da nicht andere Leute hat, mit denen man diese Überzeugungen teilt und immer wieder daran diskutiert, dann ist es ziemlich schwierig, das durchzuhalten und nicht zu resignieren.«[83] Über diese Funktion der Betriebszellen herrscht im Rückblick der Aktiven große Übereinstimmung. Wer keinen solchen Kreis im Rücken hatte oder sich daraus entfernte, passte sich mit der Zeit in den Arbeitsalltag ein und »entpolitisierte« sich – oder unterwarf sich den in Betriebrat und Gewerkschaft herrschenden Handlungslogiken und -zwängen und stieg zum Funktionär der betrieblichen Mitbestimmung auf. Solchen Tendenzen konnte sich nur entziehen, wer Wege gefunden hatte (oder hatte finden müssen), Kolleginnen und Kollegen in die politische Arbeit einzubeziehen, und wer über eine stützende Struktur von Verbündeten verfügte, wie sie die schrumpfenden Bünde, Parteien und Zirkel boten.

Das »rote Jahrzehnt« geht zu Ende

Vielleicht kann man die oben beschriebenen Manöver mancher ML-Organisationen als (unbewusste) Reaktion auf den sich anbahnenden Stimmungswandel in der Gesellschaft interpretieren, der das eigene politische Koordinatensystem zunehmend als obsolet erscheinen ließ – eine Art Übersprungshandlung in auswegloser Lage.[84] Dass die radikale linke Bewegung innerhalb nur eines Jahres derart in die Defensive geraten

---

83 Interview mit einem ehemaligen Mitglied der KPD/ML in Berlin, das nicht namentlich genannt werden möchte.

84 So zum Beispiel Karl Schlögel in seinem Aufsatz »Was ich einem Linken über die Auflösung der KPD sagen würde« (S. 28ff.).

würde, hätte andererseits 1976 kaum jemand für möglich gehalten. Im Jahr zuvor war die Kernkraftwerk-Baustelle in Wyhl mehrere Monate lang besetzt worden. Seitdem hatte die Bewegung gegen die Atomkraft kontinuierlich an Schwung gewonnen: Ende 1976 und Anfang 1977 demonstrierten jeweils Zehntausende in Brokdorf und Grohnde und attackierten den Bauzaun und die Polizei. Parallel zur wachsenden Militanz der Anti-AKW-Bewegung forderten auch die bewaffneten Gruppen den Staat immer heftiger heraus. Dieser reagierte mit Razzien und Straßenkontrollen sowie harten Polizeieinsätzen gegen Demonstranten. Am Pfingstwochenende 1976 versammelten sich 20.000 Menschen aus dem ganzen Bundesgebiet in Frankfurt zum »Antirepressions-Kongress«, zu dem das Sozialistische Büro geladen hatte.[85] Angesichts der sich immer weiter zuspitzenden Konfrontation zwischen dem Staat und den bewaffneten Gruppen, vor allem der RAF, kritisierten die Teilnehmer des Kongresses den Umbau der Bundesrepublik zum autoritären Staat - zum »Modell Deutschland«. Als ein Jahr später, im »Deutschen Herbst«, Staat und RAF aufeinanderprallten, geriet die Linke vollends in die Defensive, als sie erleben musste, dass die große Mehrheit der Bevölkerung den Polizeimaßnahmen gegen die RAF und ihre »Sympathisanten« zustimmte, der Stürmung der entführten Lufthansa-Passagiermaschine Landshut auf dem Flughafen von Mogadischu durch eine bundesdeutsche Spezialeinheit sogar applaudierte. Mit einem derartigen Verlust an Zustimmung für die Ziele und Themen der radikalen Linken hatte niemand gerechnet.

So unterschiedlich die verschiedenen Strömungen die Situation auch analysierten – in einem ähnelten sich ihre Strategien, den Zustimmungsverlust zu kompensieren. Auf die wachsende Krise der Linken in der Bundesrepublik (und nicht nur dort) reagierten sowohl die Spontis als auch die MLer mit dem Reflex, sich einzuigeln – die einen in den Nischen der Szene und Alternativkultur, die anderen in der trügerischen Stärke ihrer Organisationen.

Das Jahr 1977 markierte zugleich den Zenit der maoistischen Gruppen als auch den Wendepunkt ihrer Entwicklung. Die verbliebenen maoistischen Fabrikarbeiter hatten sich an ihren Arbeitsplätzen einigen Rückhalt für ihre oppositionellen betrieblichen Aktivitäten erarbeitet. Davon abgesehen kamen die Gruppen ihrem Ziel, der proletarischen Revolution, nicht näher. Hatte bisher eine Vielzahl von Treffen, Veranstaltungen, Schulungen und anderen Pflichtterminen dieses Problem überdeckt und

---

85 Siehe Michael Steffen: Geschichten vom Trüffelschwein, 220.

die Mitglieder dieser Organisationen beschäftigt, bewirkten die Ereignisse von 1977, dass die Krise des ML-Modells unübersehbar wurde. Bereits ein Jahr später klafften riesige Löcher in den Mitgliederlisten. Dass sich hier eine regelrechte Implosion anbahnte, hatte auch damit zu tun, dass die Mehrzahl der ML-Organisationen die subjektiven Bedürfnisse ihrer Anhänger zu kleinbürgerlichen Hirngespinsten erklärt hatte, die hinter die »proletarische Linie« und die zur aktiven »Proletarisierung« nötigen Anstrengungen zurückzutreten hatten. Disziplin, Enthaltsamkeit und Unterordnung des Einzelnen unter die Beschlüsse der Organisation waren die Leitplanken, an denen die ML-Gruppen die Lebensführung ihrer Anhänger ausrichteten. Angesichts der verblassenden Morgenröte in der Gesellschaft sahen nun immer weniger Parteikader ein, warum sie »die Revolution in allem an die erste Stelle« setzen, ihre persönlichen Wünsche aber zurückstellen sollten. Ein ehemaliges Mitglied des Studentenverbandes der KPD (AO) fasst das im Jahr 1977 folgendermaßen zusammen: »Unfähig, die Beziehungen solidarisch zu gestalten, weil Solidarität nur als Solidarität mit politischen Ansichten, aber nicht mit Individuen verstanden wurde, wurden die Bedürfnisse der Einzelnen missachtet, sprachlos in den Untergrund bürgerlicher Privatheit abgedrängt.«[86]

Ignorant den Bedürfnissen ihrer Mitglieder gegenüber, blieben die meisten ML-Gruppen auch blind für die sich neu entwickelnden Bedürfnisse und Widersprüche in der Gesellschaft. Die Flucht der Jugend aus der Fabrik, die Suche nach neuen Arbeits- und Lebensweisen, die sich bspw. im Jobbertum und in Alternativprojekten äußerte, die eigenständigen Forderungen der Frauenbewegung, später auch der Umweltbewegung wurden zunächst als Auswüchse bürgerlicher Moral und Ideologie begriffen – der man die Figur des vermeintlich authentischen, von der bürgerlichen Kultur nicht korrumpierten Industriearbeiters entgegenstellte.[87] Dass in Folge der Bewegungen und Umwälzungen von 1968 neue Bedürfnisse, Interessen und Konfliktlinien in der Gesellschaft entstanden oder in den Vordergrund gerückt waren, entging der Mehrzahl der K-Gruppen in ihrer Fixierung auf das klassische Bild des Industriearbeiters.[88]

---

86 N.N.: Wir warn die stärkste der Partein, 83.
87 So analysierte die KPD/ML die Anti-Atom-Bewegung 1977 als »vorwiegend kleinbürgerlich« und stellte fest, dass die Mitarbeit in derselben »nicht wie die Arbeit in vorwiegend proletarischen und halbproletarischen Massenorganisationen im Mittelpunkt unserer Arbeit unter den Massen steht« (ZK der KPD/ML: Zehn Jahre KPD/ML, 233).
88 Diese Beschreibung gilt allerdings nicht gleichermaßen für alle Organisationen. Der Hamburger KB etwa verabschiedete sich ab 1976 langsam – und unausgesprochen –

So verschliefen sie die Frauenbewegung bzw. qualifizierten sie als kleinbürgerlich ab und reduzierten den von ihr thematisierten gesellschaftlichen Widerspruch auf die Frage der Gleichstellung im Betrieb. Die um das Proletariat als revolutionäre Klasse zentrierte Ersatzrealität war das Fundament, auf dem die politische Arbeit der maoistischen Gruppen basierte. Als sich trotz größter Anstrengung der ersehnte Erfolg nicht einstellte, wandten sich viele ML-Anhänger enttäuscht von ihren Organisationen ab. Die strategische Vorstellung, an der sie sich orientiert und der sie ihre persönlichen Wünsche und ihr Handeln untergeordnet hatten, hatte sich als falsch erwiesen. Das machte es manchen ehemaligen Parteimitgliedern leicht, ihre politische Vergangenheit nachträglich als Verblendung und Irreführung zu beschreiben und sie in Bausch und Bogen zu verwerfen. Auch wenn in diesen Distanzierungen eine gute Portion Selbstentlastung (als Verführte und Fehlgeleitete) mitschwingt, ist der Enthusiasmus und auch das Tempo, mit dem sich ehemalige hundertfünfzigprozentige Maoisten von ihren Überzeugungen trennten, doch bemerkenswert – und kein gutes Zeugnis für die betreffenden Organisationen. Wie befreiend der Austritt aus der Organisation – und mithin aus dem ganzen politischen Bezugssystem – bisweilen empfunden wurde, lässt sich den bestehenden Aussteigerberichten entnehmen. Als Gegenmaßnahme gegen die anti-individualistischen Tendenzen in ihren Organisationen stürzten sich nicht wenige der Aussteiger und Aussteigerinnen in die feministische Bewegung oder in Selbsterfahrungsgruppen, in denen sie hofften, einen Zugang zu den verdrängten Seiten ihrer Persönlichkeit zu finden, die unter der Identität als Parteimitglied begraben waren. Andere entdeckten ihre Homosexualität oder bekannten sich erstmals zu dieser. Angesichts der wichtigen politischen Aufgaben, die sie für die Partei zu erfüllen hatten, hatten sie solchen »individuellen Fragen« zuvor keine Beachtung geschenkt.[89]

Auch Gruppen, die vergleichsweise offen über neue gesellschaftliche Widersprüche diskutierten – wie der KB, in dessen Zeitung feministische Politik seit Mitte 1977 nicht mehr nur als »Nebenwiderspruch« thematisiert wurde und in dem sich etwas später auch Schwule und Les-

---

vom Proletariat und wandte sich vor allem der Anti-AKW-Bewegung zu, die im norddeutschen Raum durch die Proteste gegen den Bau des Kernkraftwerks Brokdorf einen regionalen Schwerpunkt hatte. Dieser Schwenk war aber kein offener Strategiewechsel des Bundes, sondern eine »Abstimmung mit den Füßen« – dahin, »wo was los ist« (Michael Steffen: Geschichten vom Trüffelschwein, 150).

89 Siehe etwa die Berichte ehemaliger ML-Anhänger in dem Sammelband *Wir warn die stärkste der Partein*.

ben eigenständig organisierten –, waren von diesen Absetzbewegungen betroffen. Die K-Gruppen waren, um zu funktionieren, sowohl auf die Vorstellung von einer Partei mit richtiger Linie als auch auf Mitglieder, die sich dieser Linie diszipliniert unterordneten, angewiesen. Die neue Bedeutung des Subjekts sprengte den Rahmen dieser Gruppen. Für die Sponti-Strömung bildeten Alternativprojekte, WGs, Jobs und Arbeitslosengeld die materielle Basis des politischen Überlebens. Die ideelle Basis bestand in der Zugehörigkeit zur linken Subkultur, zur »Scene«. Die rückte gemeinsam zu den Mobilisierungen der neuen sozialen Bewegungen aus, als deren radikaler Flügel sie sich verstand, in der zweiten Hälfte der 1970er Jahre vor allem an die Bauplätze der Atomkraftwerke. Ansonsten führten ihre Anhänger ein vom Rest der Gesellschaft isoliertes Leben in den »Szene-Dörfern« innerhalb der großen Städte. Peter Mosler beschreibt die Abkapselung der Szene 1977 mit ebendieser Dorf-Metapher: »Es gibt im Land mehrere Dörfer, nahe der Stadt, die den Ortsnamen tragen: die scene. Schon seit vielen Jahren wohnen die gleichen Leute im Dorf. Untereinander kennt jedermann jeden. Jeden Abend treffen sich die Leute des Dorfes in einer der sieben Kneipen, die es inzwischen gibt. In den Wirtschaften reden sie in ihrem eigentümlichen Dialekt. Statt reden sagen sie ›kommunizieren‹, statt Entbehrung ›Frust‹, statt Ereignis ›Kiste‹, statt Männer ›Typen‹. Den Fremden ist diese Sprache schwer verständlich. Sie nehmen auch wahr, dass sie argwöhnisch angesehen und selten aufgenommen werden. Abends in der Dorfkneipe sprechen die Dorfbewohner über das, was vor zehn Jahren in der Stadt vorgefallen ist, als sie selbst dort noch wohnten – darüber wie die Welt brodelnd war, die Gedanken kühn.«[90]

Die in der Sponti-Szene verbreitete Prämisse, »Politik in erster Person« zu machen, ließ sich auf keinen gemeinsamen Nenner bringen. »Scene«, »Zentrum«, »Nicht-Arbeit« – in den zentralen Begriffen ihrer Debatten drückt sich bereits aus, wie sehr die Protagonisten dieser Strömung bei ihrer Suche nach neuen strategischen Bezugspunkten ins Schwimmen geraten waren. Dabei rückten durchaus wichtige und bis dahin unbeachtete Aspekte in den Fokus der Kritik. In der Bewegung gegen die Atomkraft entwickelte sich eine Kritik an der Technikgläubigkeit der kapitalistischen ebenso wie der realsozialistischen Gesellschaften, die Frauenbewegung wandte sich gegen die patriarchale Vorstellung, der Mensch könne (und solle) sich die Natur unterwerfen. Doch während die (ehemalige) Sponti-Szene ihren Blick für die gesellschaftlichen Naturver-

90 Peter Mosler: Was wir wollten, was wir wurden, 218f.

hältnisse schärfte und sich herrschaftskritischen Fragen öffnete, verlor sie zugleich die Arbeitswelt als Ort gesellschaftlicher Auseinandersetzungen aus dem Auge. Ein gutes Beispiel hierfür findet sich erneut bei Thomas Schmid. In einem bereits zitierten Autonomie-Aufsatz von 1976 rückte er ganz und gar von der Arbeiterklasse als revolutionärem Subjekt ab und kehrte als gesellschaftliche Gegenkräfte solche Bewegungen hervor, die sich »ungleichzeitig« gegen die kapitalistische Moderne stellten und deren zerstörerisches Fortschrittsdenken angriffen.[91] Nicht nur implizit knüpfte er an die Romantik der Maschinenstürmer an, als er die nationalen Minderheiten, die Bauern und die widerständigen Regionen, ja den Stoffwechsel der Natur selbst zur neuen Triebkraft des antikapitalistischen Kampfes erklärte: »Den Kampf gegen die Zerstörung der Welt gibt es schon. Er kommt von woanders her, nicht aus den Zentren. Nicht aus der Finsternis der größten Zerstörung, sondern von dort, wo Leben und Autonomie gegen den Zugriff verteidigt werden. Die Bauern in und um Wyhl sind ein Beispiel, die auf dem Larzac ein anderes. Sie sitzen nicht verweigernd auf dem Müllhaufen, sie wollen verhindern, dass ihr Land ein Müllhaufen wird.«[92]

Doch wenn eine politische Perspektive nur noch an jenen Orten und in jenen Werten aufzufinden ist, die sich der Kapitalismus bislang noch nicht oder nicht vollständig einverleiben konnte, dann heißt das im Umkehrschluss, dass Widerstand innerhalb der gesellschaftlichen Widersprüche kaum noch möglich ist. Als Alternative bleibt der Exodus: die Flucht aufs Land (oder ins Ausland), in Spiritualität, Religion, Rausch oder Zynismus – oder gleich die Abkehr von der Hoffnung auf grundlegenden gesellschaftlichen Wandel.[93]

Joschka Fischer, RK-Aktivist der ersten Stunde, gehörte ebenfalls zu jenen, die die Zeichen der Zeit früh erkannten. Im Frühjahr 1977 verfasste er eine Abrechnung mit der Politik der Vorjahre, klagte über Militanzfetisch und Verstümmelung seiner Bedürfnisse und erklärte den Leserinnen und Lesern der Autonomie die Konsequenz aus seinen Einsichten: »Unser Leben darf nie wieder Anhängsel irgendeiner Form von

---

91 Siehe Thomas Schmid: Kuh und Computer.
92 Ebd., 69.
93 Diese Abkehr vollzog Thomas Schmid wenige Jahre später mit einigem Erfolg selbst. Sie beförderte ihn allerdings nicht aus der kapitalistischen Gesellschaft hinaus, sondern auf einen Posten an ihrer Spitze. Das Programm des Bewahrens angeblich naturwüchsiger Gemeinschaften verfolgt Thomas Schmid heute als Chefredakteur der Springer-Tageszeitung Die Welt. Dort schreibt er nun gegen die multikulturelle Gesellschaft und für eine Identität des europäischen Abendlandes.

Politik (P) werden, sondern muss im Mittelpunkt unserer Befreiung stehen. (...) Und genau hier will ich mir wieder aneignen, was mir in den letzten Jahren systematisch abgenommen wurde: die ENTDECKUNG UND BEFRIEDIGUNG MEINER BEDÜRFNISSE.«[94] Man merkt Fischers Zeilen die Enttäuschung über die gescheiterten Hoffnungen der jungen (Ex-)Revolutionäre an. Sie bringen eine verbreitete Stimmung in der Szene auf den Punkt, die sich noch wenige Jahre zuvor für unbesiegbar gehalten hatte. Für manche war das der Anlass, mit ihren politischen Idealen zu brechen und die revolutionäre Jugendzeit zu gestohlenen oder verlorenen Jahren zu erklären. Viele andere hielten an ihren Überzeugungen fest, suchten sich aber einen Ort zum Überwintern. Als die Hoffnung auf die große Veränderung versiegte, entstanden Subkulturen, die die individuelle Ablehnung der bürgerlichen Gesellschaft mit dem symbolischen Ausstieg aus derselben verbanden.

Am anderen Ende der Enttäuschung führte der Weg in die Realpolitik, vor allem in die Wahlbewegung, die Grünen und Alternativen Listen, die im Windschatten von neuen sozialen Bewegungen, Bürgerinitiativen und Alternativkultur entstanden waren und sich 1980 schließlich zur Grünen Partei zusammenschlossen. Die subkulturelle Szene gab zwar nicht das Fernziel der revolutionären Gesellschaftsveränderung auf, wohl aber die Hoffnung, hierfür in absehbarer Zeit eine Mehrheit der Bevölkerung gewinnen zu können. In der Wahlbewegung war es umgekehrt: Hier war die Eroberung gesellschaftlichen Einflusses das zentrale Ziel – aber dieses Ziel war nun von jeder revolutionären Hoffnung befreit.

---

94 Joschka Fischer: Vorstoß in »primitivere« Zeiten, in: Autonomie, Nr. 5, 1977, 64.; Hervorhebung im Original.

5. Kapitel

Revolution

Die Revolution kam unbemerkt. Klein und kantig stand die blaue
Box neben blitzblanken elektronischen Gerätetürmen, und niemand
nahm von ihr Notiz. Man wusste nicht einmal, wer sie da abgestellt
hatte. Eines Morgens hob ich den blauen Bastelkasten aus lauter Lan-
geweile auf meinen Schreibtisch. Die Schalterchen und Lämpchen
an der Frontplatte erinnerten mich entfernt an den Minicomputer
PDP-8, den ich wenige Jahre zuvor programmiert hatte. Doch weder
Bildschirm noch Konsolschreibmaschine noch Drucker waren in Sicht,
bloß ein Wisch Papier mit einer Funktionsbeschreibung. Das sollte ein
Computer sein?

»A micro-programmable computer on a chip!« warb eine vollkom-
men unbekannte Firma namens Intel im ersten Inserat für das Pro-
dukt, das sie am 15. November 1971 in der Zeitschrift Electronic News
ankündigte. In dem Prüflabor, in dem ich damals arbeitete, wurde
schon bald ein guter Teil der fest verdrahteten Steuerungen in den
Abfalleimer geworfen und durch soft programmierbare Mikrochips
ersetzt. Die Ultraviolettlampe, mit der wir die wiederbeschreibbaren
EPROMs löschten, strahlte von früh bis spät. Bald steckten die Chips
überall, selbst in der Waschmaschine und in der Stereoanlage.

Emil Zopfi: Intel 4004, der erste Mikroprozessor[1]

Im Jahr 1973 lief der Zweiteiler *Welt am Draht* im deutschen Fernsehen.
Fred Stiller ist der Direktor an einem Institut für Zukunftsforschung,
das mit Hilfe eines Großcomputers eine simulierte Welt erschaffen hat.
Durch die Beobachtung der Bevölkerung dieser Simulationswelt sollen
gesellschaftliche Trends und Entwicklungen erkannt und vorausgesehen
werden. Die Wirtschaft hat großes Interesse an den wertvollen Daten.
Doch das Experiment läuft aus dem Ruder. Einige der »Simulationsein-
heiten« durchschauen ihre Lage, begehren auf und müssen abgeschaltet
werden. Auch am Institut verschwinden Mitarbeiter; kurze Zeit später
erinnert sich niemand mehr, dass sie jemals existiert haben. Als Stiller

---

1   Gekürztes Zitat aus diesem Artikel auf http://www.zopfi.ch/oe/Intel4004.html; der
    Text erschien im Sommer 1997 in der ZEIT (Ausgabe 22/1997).

sich auf die Suche nach den Verschwundenen macht, häufen sich die Ungereimtheiten. Schließlich entdeckt er, dass die wirkliche Welt ebenfalls eine Simulation ist. Verzweifelt versucht er, seiner eigenen Abschaltung zu entgehen. Vergeblich.

Der Film, der klassische Fragen des Seins und der Realitätswahrnehmung aufwirft, kann auch als Auseinandersetzung mit der Einführung von Computern in den Fabriken und Büros gesehen werden. In den Nachforschungen und zunehmend panischen Manövern Stillers drückt sich die Angst davor aus, dass die Rechner und ihre (anonymen) Betreiber die Kontrolle über die Gesellschaft übernehmen, dem Menschen die Macht über seine Lebensgestaltung entreißen und ihn zum Teil einer Versuchsanordnung machen, ja ihn verschwinden lassen, ohne dass er etwas davon mitbekommt.

Was 1973 als angstvolle Zukunftsvision interpretiert werden konnte, schien zu Beginn der 1980er Jahre Realität zu sein. Willi Hoss, in jener Zeit Mitglied der gewerkschaftsoppositionellen »Plakat«-Gruppe und Betriebsrat bei Daimler in Stuttgart, beschreibt die technologischen Modernisierungsmaßnahmen als Angriff auf die Spielräume der Arbeiter im Werk: »Die Computerisierung der Maschinen im Akkordbereich war für die Leute schon übel. Bis dahin hatte ein Akkordarbeiter am Tag seine bestimmte Stückzahl zu machen gehabt. Er teilte sich die Sache in der Regel so ein, dass bis Mittag schneller gearbeitet wurde und er ein ›Vorderwasser‹ erreichte, wie man im Schwäbischen sagt. Die Einteilung seiner Kräfte war seine persönliche Sache und ging niemand etwas an. Hauptsache, er lieferte bis Feierabend seine Stückzahl. Mit der Computerisierung konnte der Meister oder Akkordfachmann im Büro nun ohne Wissen des Arbeiters zu jeder Zeit die Daten abrufen: Wie viel Stück hat er in der ersten Stunde gemacht, wie viel in den anderen Stunden? Wann stand die Maschine still, wie ist die Tageskurve? Daraus konnte man Schlüsse ziehen, um die Arbeitskräfte intensiver zu nutzen. Gegen solche technischen Neuerungen waren wir im Prinzip machtlos.«[2]

Indem sie neue Technologien einführten, versuchten die Unternehmen, den Arbeiterinnen und Arbeitern die Kontrolle über die Produktionsabläufe streitig zu machen, die sie sich in den Kämpfen der Vorjahre erobert hatten, ihre Eingriffsmöglichkeiten und Schlupflöcher zu stopfen und die Arbeit zu intensivieren. Der Computer war das Symbol einer Umwälzung in der Produktionsweise, die bisweilen als »digitale« oder

---

2   Willi Hoss: »Komm ins Offene, Freund«. Autobiographie; Münster 2006, 110f.

»dritte industrielle Revolution« bezeichnet wird.[3] Doch anders als das Fließband festigte die Einführung von Computern nicht die Fabrikordnung, sondern löste sie teilweise auf. Das hatte mit den Möglichkeiten zu tun, die der Einsatz von Mikrochips (im Gegensatz zum Fließband) auch außerhalb der Fabriken eröffnete. Und mit den Milieus, die sich diese Gelegenheit zunutze machten.

Der Unterhöhlung der alten Netze und politischen Strukturen der Arbeiterbewegung stand die Aneignung der neuen Technologien durch eine zunächst kleine Szene Technikbegeisterter gegenüber, die – beeinflusst durch die Ideale der Gegenkultur – mit Möglichkeiten der Computernutzung für den Hausgebrauch experimentierten. Aus dieser Szene gingen Firmen wie die Apple Computer Inc. hervor, die 1976 und 1977 die ersten Heimcomputer auf den Markt brachten und damit den Grundstein für die massenhafte Verbreitung der Personal Computer legten. Die Macht der eng mit dem fordistischen Produktionsmodell verbundenen Großcomputer der 1960er Jahre, vor denen der Film *Welt am Draht* warnte, wurde durch diese Entwicklung ausgehebelt.

Das ganze fordistische Modell war in der Krise der Jahre 1973ff. an seine Schranken gestoßen, die Großfabrik, die auf der Idee ungebremster Expansion basierte, mit den Grenzen des Wachstums konfrontiert. Zum Beispiel bei der Automobilproduktion: Hatte sich die Zahl der weltweit zirkulierenden Autos nach dem Zweiten Weltkrieg bis in die 1970er Jahre hinein alle zehn Jahre verdoppelt (mit jährlichen Wachstumsraten zwischen sechs und zehn Prozent), so schwächte sich dieser Anstieg bis Ende der 1980er auf jährlich zwei bis drei Prozent ab.[4] Ähnliches gilt für andere Bereiche.[5] Beim Kampf um Anteile auf den tendenziell »gesättigten« Märkten rückten neue Anforderungen ins Zentrum der Produktion: Die

---

3   Zum Beispiel von Marco Revelli: Die gesellschaftliche Linke. Jenseits der Zivilisation der Arbeit, Münster 1999, 62. Die Auswirkungen standen der Erschließung der Dampfkraft, die die (erste) industrielle Revolution einleitete, und der Elekrifizierung, die die Abhängigkeit von der rein mechanischen Kraftübertragung beendete und so die technische Grundlage für die fordistische Massenproduktion schuf, nicht nach.

4   Im Jahr 1949 existierten weltweit 47 Millionen Autos, 1959 waren es 92 Millionen, 1969 181 Millionen. Im Jahr 1979 waren indes nicht die erwarteten 350 Millionen, sondern 307 Millionen Autos weltweit registriert, 1989 »nur« 424 Millionen. Siehe Marco Revelli: Die gesellschaftliche Linke, 45.

5   Im Jahr 1973 nannten 93 Prozent der bundesdeutschen Haushalte einen Kühlschrank ihr Eigen (gegenüber 52 Prozent im Jahr 1962), 87 Prozent einen Fernseher (1962 nur 34 Prozent) und 55 Prozent besaßen ein Auto (1962 waren es gerade mal halb so viele). Siehe Michael Schneider: Kleine Geschichte der Gewerkschaften. Ihre Entwicklung in Deutschland von den Anfängen bis heute, Bonn 2000, 354f.

Produkte sollten nun möglichst individuell nach Kundenwunsch gefertigt, die Produktionskosten gleichzeitig reduziert werden, zum Beispiel durch Auslagerung. Da der Absatz großer Warenmengen nicht mehr selbstverständlich war, orientierten viele Unternehmen auf Herstellung nach Bedarf und »just in time« (und reduzierten so die Lagerkosten gleich mit). Und wenn anderswo günstiger produziert werden konnte, verlagerten sie den Produktionsstandort – dorthin, wo die Arbeitskosten niedrig und der gewerkschaftliche Organisationsgrad schwach waren. Die Folge waren Schließungen ganzer Unternehmen oder einzelner Teile davon; die Arbeitslosigkeit stieg auch in den (kürzer werdenden) wirtschaftlichen Aufschwungphasen.

Kleinere Produktionseinheiten und der Zukauf der Einzelteile bei Subunternehmen ersetzten die flächenmäßig riesige fordistische Fabrik, die einen vergleichsweise großen Anteil der Einzelteile selbst hergestellt hatte. Es entstand die »diffuse Fabrik«[6], das Hauptunternehmen, um das herum sich zahlreiche Zulieferer gruppierten, die Transport-, Reparatur- und andere Arbeiten erledigten. In diesen Betrieben fanden sich nicht selten diejenigen wieder, die die Entlassungswellen aus »der Fabrik« gespült hatten. Für einen geringeren Lohn verrichteten sie nun ähnliche, wenn nicht dieselben Tätigkeiten wie zuvor.

Auch für die verbleibenden Kernbelegschaften änderte sich einiges. Nach und nach traten flexible Produktionsstraßen an die Stelle des alten Fließbandes, das die Arbeit in chronologischer Abfolge organisiert hatte – und dadurch eine große Angriffsfläche für Störungen, etwa durch Arbeitskämpfe, bot. All diese Prozesse zu koordinieren war nur durch die neuen Informations- und Kommunikationstechnologien möglich. Die neuen Maschinen erforderten zudem ein qualifiziertes, möglichst vielseitig einsetzbares Personal. In vielen Bereichen schuf das Management Möglichkeiten zur Weiterbildung und Arbeitsplatzrotation und führte Gruppenarbeit ein. Damit reagierte es auch auf Kritikpunkte, die in den Arbeitskonflikten der Vorjahre laut geworden waren, etwa die Ablehnung stumpfsinniger und monotoner Tätigkeiten und starrer Unternehmenshierarchien. Im Zuge der Umstrukturierungen wurde die Produktverantwortung häufig auf die Beschäftigten verlagert. So sollten Teile der Arbeiterschaft motiviert werden, sich in die Optimierung

---

6   Dieser Begriff – »fabbrica diffusa« – wurde von den italienischen Operaisten geprägt, um die Zerstreuung der Fabrik über die Gesellschaft in den norditalienischen Industriezentren (später: die gesellschaftliche Neuanordnung produktiver Tätigkeit überhaupt) zu beschreiben.

des Produktionsprozesses einzubringen und die eigene Arbeitsleistung selbst zu kontrollieren. »Kundenzufriedenheit« war das Schlagwort, das die Ausbreitung dieser Kontrollweise begleitete.

Auf diese Weise wurde im Laufe der 1980er Jahre der Produktionsprozess umgekrempelt und die Arbeiterschaft neu zusammengesetzt. Neue Trennungen entstanden: zwischen (häufig übertariflich bezahlten) Kernbelegschaften im Hauptwerk und Arbeitern aus »Fremdfirmen«, zwischen dauerhaft und nur befristet Beschäftigten, zwischen Beschäftigten in deutschen Produktionsstandorten und solchen im Ausland und in der Gesellschaft zwischen Lohnabhängigen mit und ohne Arbeitsplatz etc. Alte Trennlinien, wie die zwischen hoch und niedrig qualifizierter Arbeit (die zudem häufig geschlechtlich oder rassistisch bestimmt war), erhielten ein neues Gewand: So blieben die hoch qualifizierten, wissensbasierten Automationsarbeiten in der Industrie zunächst weißen männlichen Arbeitern vorbehalten, während Frauen und ausländische Beschäftigte weiterhin für die monotonen Tätigkeiten vorgesehen waren, die allenfalls die automatisierten Randbereiche der Produktion betrafen (z.B. Frauenarbeitsplätze in der Daten- und Texterfassung).[7] Zugleich untergrub die technologische Revolution die Bedeutung der klassischen Industrieunternehmen bei der Wertschöpfung, jedenfalls in den alten industriellen Zentren der Welt, und verhalf Unternehmen aus der Computerbranche, aber auch Banken, Medienunternehmen, der Werbeindustrie und überhaupt dem Dienstleistungssektor zum Aufstieg.

Bei dieser Entwicklung verschwanden die Arbeiterinnen und Arbeiter nicht einfach, wie es der Film *Welt am Draht* nahelegte. Sie wechselten den Ort. Die Fabriken leerten sich; viele der Arbeitsplätze, die im Laufe der 1970er und 1980er Jahre entstanden, lagen außerhalb der Werkshallen, und sie waren durch andere Formen der Kooperation miteinander verbunden als die Abteilungen in einer Fabrik. Die technische Revolution erzeugte aber auch Angst und Verunsicherung, stellte sie doch die Arbeitswelt, in der man sich eingerichtet hatte und in der man sich auskannte, auf den Kopf.

Das Unbehagen über die »Postmodernen Zeiten« beschlich auch weite Teile der Linken: »Früher haben immer die anderen Angst gehabt, vor den Russen, den Terroristen, den Linken überhaupt. Jetzt aber haben auf einmal die Linken Angst, und ganz offensichtlich sind sie auch noch

---

7 Siehe Projektgruppe Automation und Qualifikation: Widersprüche der Automationsarbeit. Ein Handbuch, West-Berlin 1987, 31 und 60f.

stolz darauf.«[8] In seinem Buch *Lenin kam nur bis Lüdenscheid* schildert Richard David Precht den gesellschaftlichen Wertewandel Anfang der 1980er Jahre aus der Perspektive eines Jugendlichen aus linkem Elternhaus. Er beschreibt, wie die Eltern und deren Freunde ihr Selbstbewusstsein verlieren, als sie erkennen, dass sie nicht mehr auf der Siegerseite der Geschichte stehen. Plötzlich geben die Eigenheimbesitzer, Filialleiter und Rechtsanwälte den Ton an. Die Welt der Angestellten steht Modell für die Gesellschaft. Modern sind nicht mehr selbstgestrickte Pullis, sondern Lacoste-Hemden und Röhrenjeans; in der Freizeit diktiert die Fernsehserie *Dallas* die Gesprächsthemen. Wenige Jahre später begeisterte die Sängerin Madonna Millionen Fans mit dem fröhlichen Bekenntnis, ein *Material Girl* zu sein. Die Beschreibung, wie der Wind sich dreht, gipfelt in der Frage des Heranwachsenden:»Warum stehen auf der richtigen Seite nur noch die Bekloppten?«[9]

Die Linke, die als Jugendbewegung und mit dem Selbstverständnis einer kulturellen und politischen Avantgarde gestartet war, hatte ihre Vorreiterrolle verloren. Das galt ebenso für das gesellschaftliche Projekt der Sozialdemokratie:»Die Faszination eines bürokratisch verwalteten, auf ungebremsten technischen Fortschritt gestützten und korporativ regulierten Marschs in eine bessere Zukunft ist verschwunden«, resümierten Joachim Hirsch und Roland Roth 1986.[10] In der Politik gewann Anfang der 1980er Jahre die Rechte Oberwasser. Unternehmer, die Oppositionspartei CDU und die an der Regierung beteiligte FDP verlangten von der Bundesregierung die Begrenzung der Staatsverschuldung, ein»Ende des Anspruchsdenkens« und überhaupt»mehr Markt«, was gleichbedeutend war mit dem Abbau staatlicher Sicherungen und Sicherheiten. 1982 stürzte die FDP in der Haushaltsdebatte im Bündnis mit der CDU die Regierung Schmidt und machte Helmut Kohl zum Kanzler. Dieser Regierungswechsel kam höchstens der Form nach überraschend. In anderen Ländern hatten längst rechte Regierungen das Ruder übernommen: 1979 Maggie Thatcher in Großbritannien, und in den USA 1981 der ehemalige Hollywood-Schauspieler und leidenschaftliche Antikommunist Ronald Reagan. Sie privatisierten öffentliche Güter und leiteten eine Wirtschaftspolitik ein, deren Kerngedanke darin bestand, die Unternehmen

---

8   Richard David Precht: Lenin kam nur bis Lüdenscheid. Meine kleine deutsche Revolution, Berlin 2008, 316.
9   Ebd., 314.
10 Joachim Hirsch/Roland Roth: Das neue Gesicht des Kapitalismus. Vom Fordismus zum Post-Fordismus, Hamburg 1986, 11.

von lästigen Kosten (vor allem von Steuern) und Rechtsbestimmungen zu befreien und sie auf diese Weise zu Investitionen zu ermuntern, die in ein gesamtwirtschaftliches Wachstum münden sollten. Das wiederum käme letztlich allen zugute, besonders natürlich den Unternehmen.[11] Doch nicht nur die Rechte hatte sich neu formiert. Die sozialen Bewegungen der 1970er Jahren hatten ökologische und technikkritische Fragen und Werte wie Selbstverwirklichung und Lebensqualität auf die Tagesordnung gesetzt, ein Gemisch, das später unter dem Schlagwort »postmaterielle Werte« zusammengefasst wurde. Diese Werte wurden durch keine der bestehenden gesellschaftlichen Organisationen repräsentiert. Ermutigt durch eine Reihe von Wahlerfolgen alternativer und grüner Listen gründete sich im Januar 1980 die Grüne Partei auf Bundesebene – ein Ereignis, das das parlamentarische System Westdeutschlands nachhaltig veränderte. Ehemalige Anhänger maoistischer Gruppen wie auch der Sponti-Szene strömten in Scharen zu den Grünen, wo sie sich eine neue politische Perspektive erhofften. Der Hamburger KB verlor Ende 1979 einen maßgeblichen Teil seiner Aktiven an die grüne Wahlbewegung. Dem KBW erging es einige Monate später nicht anders. Die KPD löste sich 1980 ganz auf. Auch viele Mitglieder dieser Organisation wandten sich den Grünen zu. Viele der heutigen Führungsfiguren der Grünen Partei haben eine Geschichte in den K-Gruppen der 1970er Jahre. Von der neuen parlamentarischen Kraft unbeeindruckt zeigte sich einzig die KPD/ML. Als das Kürzel »KPD« 1980 frei wurde, griff die ebenfalls dezimierte Aust-Partei sofort zu und nannte sich fortan Kommunistische Partei Deutschlands.

Das Scheitern linker gesellschaftlicher Utopien war gewissermaßen der Motor für die Gründung der Grünen Partei, die grüne Vision, »ein positives Ungefähr aus sauberen Flüssen, abgesägten Strommasten und weniger Technik«[12], Ausdruck der Suche nach neuen Orientierungen. Gedeihen konnten die Grünen in den neuen sozialen Bewegungen, vor allem in der Anti-Atom- und der Friedensbewegung, deren Mobilisierungen – zahlenmäßig – alle bisherigen Proteste in den Schatten stellten. Auf ihren großen Demonstrationen 1981 und 1982 versammelten sich mehrere Hunderttausend Menschen. Sie trieb die Angst vor einer globalen Konfrontation zwischen Ost und West auf die Straße, die Ro-

---

11 In den USA kamen zu diesem Rezept allerdings noch exorbitante staatliche Rüstungsausgaben hinzu, mit denen Ronald Reagan die US-Wirtschaft ankurbeln und die sowjetische »totrüsten« wollte.

12 Richard David Precht: Lenin kam nur bis Lüdenscheid, 285.

nald Reagan mit seiner Politik des Wettrüstens schürte. Die Angst, die sie einte – Angst vor atomarer Vernichtung, Angst vor Krieg, vor dem ökologischen Kollaps des Planeten oder vor Kernschmelze – speiste sich aus dem Gefühl, den Mächten dieser Welt schutzlos ausgeliefert zu sein. In ihr spiegelte sich eine Ohnmachtserfahrung, die Niederlage der »Neuen Linken«. Einerseits.

Andererseits beschrieben diese Mobilisierungen einen neuen Aufschwung der Proteste in der Bundesrepublik. Mit Punk entstand eine neue rebellische Jugendkultur, die Anti-AKW-Bewegung meldete sich in Gorleben und Brokdorf unübersehbar zurück, und eine Welle von Hausbesetzungen schwappte durch westdeutsche Städte. Die Ereignisse ließen die Erinnerung an die Niederlage von 1977 verblassen, es schien an allen Ecken zu brodeln. Doch so zahlreich und vielfältig die Proteste waren, so verstreut waren sie auch. Ihre größte Gemeinsamkeit bestand vielleicht darin, dass sie mit den Problemen der Arbeitswelt nichts oder nur sehr wenig zu tun hatten. Anfang der 1980er Jahre kam kaum noch jemand auf die Idee, dass gesellschaftliche Emanzipation vor allem eine Sache der Arbeiterklasse sei. So wie die fordistische Fabrik als Ort, der das gesellschaftliche Leben prägte, an Bedeutung verlor, spielte sich auch der Kampf um Autonomie vor allem außerhalb der Fabrikmauern ab.

Doch nicht alle hatten die Fabrik verlassen. Wolfgang Schaumberg, der in einer betrieblichen Oppositionsgruppe bei Opel Bochum aktiv war, sagt über die Situation in der Gruppe Ende der 1970er, Anfang der 1980er Jahre: »Hier endeten die gemeinsamen Wochenenden mit Kindern, die gemeinsamen Theaterbesuche, bei denen anschließend mit den Schauspielern diskutiert wurde. Es gab keine Einladungen zu Diskussionsveranstaltungen in andere Städte mehr. Die Unterstützung und das Interesse von revolutionären Organisationen, die fast tägliche kommunistische Agitprop an den Werkstoren waren vorbei. Das bis dahin breite Interesse der Linken an Betriebsgruppenarbeit hatte sich erschöpft.«[13]

Dass das Interesse des einstigen politischen Umfelds verblasste, bedeutete aber nicht, dass es keine Konflikte mehr gab. Noch immer kam es zu Streiks und Arbeitskonflikten in den Fabriken. Doch diese hatten nur noch wenig mit denen Anfang der 1970er Jahre gemeinsam. Von einigen Organisierungsversuchen, die in diesen ambivalenten Konflikten ansetzten, handeln die folgenden Abschnitte.

---

13 N.N.: »Vorstellungen von einem anderen Leben und einer ›anderen Welt‹ sind sehr geprägt von Nischen-Träumen.« Fragen an Wolfgang Schaumberg, in: Jochen Gester/ Willi Hajek: Sechs Tage der Selbstermächtigung, 162.

Die verstreute Opposition: Betriebslinke zwischen Gewerkschaftsapparat und »anderer Arbeiterbewegung«

1982 besetzten mehr als 200 Beschäftigte die traditionsreiche, von Stilllegung bedrohte Drahtfabrik Heckel im Saarland. 13 Wochen lang lebten die Heckel-Arbeiter und -Angestellten im Unternehmen und hielten die Produktion am Laufen. Jeden Abend berieten sie über die Entwicklung der Besetzung und weitere Aktionen. Unterstützung erhielten sie von ihren Familien, die ebenfalls gegen die Schließung der Firma aktiv wurden, und von immer mehr Betriebs- und Gewerkschaftsgruppen, Arbeitslosen und Künstlern aus dem ganzen Bundesgebiet, die Geld und Solidaritätsbriefe schickten und die Besetzer besuchten. Die Schließung ihres Werks konnten die Heckel-Beschäftigten nicht verhindern, nur hinauszögern. Aber die Aktion trug dazu bei, dass das Mittel der Betriebsbesetzung Anfang der 1980er Jahre zu überregionaler Popularität gelangte.

Einige Monate später, im September 1983, sprang der Funke auf ein Großunternehmen über. Aus Protest gegen die geplante Halbierung der gut 4.000-köpfigen Belegschaft besetzten Arbeiter tagelang die HDW-Werft in Hamburg und wurden damit zum Hauptgesprächsthema der Stadt. Wenige Tage später besetzten an die 2.000 Beschäftigte die Bremer Werft AG Weser, um die Stilllegung des Betriebs zu verhindern. Von der Gewerkschaft fühlten sich die Beschäftigten in beiden Fällen im Stich gelassen. In Bremen war die Enttäuschung so groß, dass wütende Arbeiter ihre IG-Metall-Mitgliedsbücher verbrannten.

Für Werner Imhof und seine Freunde aus Freiburger Zeiten waren diese Nachrichten der Startschuss dafür, ihre Aktivitäten neu aufzunehmen. Nach den desillusionierenden Erfahrungen mit der leninistischen Losung vom Parteiaufbau und dem mythischen Bild vom Klassenkampf hatte sich die Gruppe zurückgezogen, um sich theoretisch neu zu orientieren. Dabei war sie auch auf »die andere Arbeiterbewegung« von Karl Heinz Roth gestoßen, die die unbekannte Geschichte oppositioneller Arbeiterkämpfe jenseits von Partei und Gewerkschaften vom Kaiserreich bis in die Bundesrepublik nachzeichnete. Sich an den Kämpfen zu orientieren, die sich im Widerspruch zu den autoritären Strukturen der offiziellen Arbeiterbewegung entwickelten, schien der Ex-Freiburger Gruppe eine vielversprechende Perspektive zu sein. Die neuen Kämpfe, die nun in einigen Betrieben aufflammten, boten die Gelegenheit, die Rekonstruktion einer neuen »anderen« Arbeiterbewegung zu versuchen.

»Unser gemeinsamer Ausgangspunkt war nach wie vor die absolute Dominanz der Sozialdemokraten und Gewerkschaften in der Arbeiterbewegung, für die wir den Ausdruck ›Arbeiterbürokratie‹ verwendeten«, sagt Werner Imhof. »Wenn sich überhaupt in der Arbeiterbewegung ein Flügel gegen diese Bürokratie entwickeln sollte, so meinten wir nun, dann würde der nicht von den linken Gruppen, sondern könnte nur aus den nicht-offiziellen Kämpfen der Arbeiter kommen. Das war für uns die ›andere Arbeiterbewegung‹ – sicherlich etwas anders als von Karl Heinz Roth beschrieben – und die wollten wir bekannt machen und nach Kräften unterstützen. Mit der Hoffnung, dass daraus irgendwann ein Erfahrungszusammenhang, vielleicht mal eine Struktur, keine Parteistruktur, aber irgendeine Art von Organisierung entsteht.«[14]

Um in diese Kämpfe zu wirken, gründete die Gruppe eine neue Zeitung. Die *Signale* sollten »selbstständige Aktionen und Aktivitäten in der Arbeiterklasse« dokumentieren (so der Untertitel), die Kämpfe über den Ort hinaus bekannt machen und, wenn möglich, miteinander vernetzen. Die Zeitung war eine Dokumentation, auch dem Anspruch nach. Sie richtete sich an Interessierte aus den von Arbeitslosigkeit bedrohten Belegschaften meist kleinerer (Metall-)Betriebe, die – enttäuscht von der mangelnden Unterstützung ihrer Gewerkschaft – zu Aktionsformen griffen, die jenseits des traditionellen gewerkschaftlichen Protestrepertoires lagen und von den professionellen Interessenvertretern der DGB-Organisationen meist auch nicht gebilligt wurden.

Auslöser der Aktionen waren die Umstrukturierungen, die in den kriselnden Industriesektoren (nicht nur) der Bundesrepublik vorgenommen wurden. Besonders die Weltmarktproduzenten der Eisen- und Stahlindustrie, des Schiff- und Bergbaus waren an einer drastischen Senkung der Lohnkosten und der Rationalisierung der Produktionsverfahren interessiert.[15] Auf die sinkenden Profitraten reagierten sie mit einer außerordentlichen Kapitalkonzentration. »Gesundschrumpfen« bzw. Schließung und Verlagerung wenig profitabler Standorte, Modernisieren und Fusionieren waren ihre Antworten auf die »Stahlkrise«. In diesen Branchen standen auf einmal Hunderttausende Arbeitsplätze zur Disposition. Der drohende Verlust ihres Arbeitsplatzes war für die Betroffenen ein Schock.

---

14 Interview mit Werner Imhof, 2008.
15 Bereits Mitte der 1980er Jahre war die Bundesrepublik die zweitgrößte Exportnation der Erde – und als solche interessiert an niedrigen Lohnkosten. Lediglich die USA exportieren mehr. Gemessen am Anteil des Bruttosozialprodukts stach die Bundesrepublik 1984 alle Konkurrenten locker aus: Ihr Exportanteil lag bei 34 Prozent, während der der USA nur zehn, der Japans 14 Prozent betrug. Vgl. Hans Limmer: Die deutsche Gewerkschaftsbewegung, München 1988, 133.

In der WDR-Dokumentation *Rheinhausen muss leben* berichteten ehemalige Stahlarbeiter aus dem Ende der 1980er Jahre stillgelegten Krupp-Werk, wie sie die Nachricht von der Werksschließung aufgenommen hatten:»Man glaubt das ja gar nicht«, sagte Jürgen Köhnen, einer von ihnen.»Über Jahrzehnte war das hier der Name, der stand für Sicherheit, für Betreuung, für alles. Und dann ist das so ein Moment, wo man das Gefühl hat, man kriegt den Boden unter den Füßen weggerissen.«[16] Viele, die sich auf einem bis zum Renteneintritt sicheren Arbeitsplatz wähnten, waren fassungslos und erschüttert, dass dieses Versprechen plötzlich nicht mehr gelten sollte. Uwe Bonten, dessen Familie seit drei Generationen bei Krupp in Rheinhausen arbeitete, ergänzt:»Es konnte sich keiner überhaupt vorstellen, dass die Hütte irgendwann nicht mehr da sein wird. Die Ungewissheit«, sagt er,»war das größte Problem: Wie geht's weiter? Was wird aus den Kindern? Wo kriegen wir Arbeitsplätze her?« Unsicherheit und Unwägbarkeit waren in das Leben der Lohnarbeiter zurückgekehrt.

Anders gesagt: Jene Sicherheiten, die Werner Imhof einige Jahre zuvor als entscheidende Hindernisse für eine oppositionelle Organisierung der Arbeiter identifiziert hatte, waren brüchig geworden: nicht nur das Versprechen eines Arbeitsplatzes (und -einkommens) auf Lebenszeit, sondern ebenso das der allumfassenden Interessenvertretung bzw. -verwaltung durch SPD und Gewerkschaften.»Die Gewerkschaft hat uns im Stich gelassen«, war denn auch eine häufig gehörte Klage bei den verzweifelten Besetzungen.

Doch woher kam überhaupt die Auffassung, dass»die Gewerkschaft« »nichts tat« (oder doch nicht das, was sie hätte tun sollen), dass da jemand zuständig war – nicht man selbst –, der seine Aufgabe schlecht erfüllte? Wie hatte sich ein Verständnis von der Gewerkschaft entwickelt, in dem das einzelne Mitglied sich selbst nicht, den Vorstand, die Tarifkommission etc. pp. aber sehr wohl als»Gewerkschaft« begriff? Um dies zu erklären, ist ein kleiner Blick auf Geschichte und Mechanismen der institutionalisierten Interessenvertretung in der Bundesrepublik erhellend.

Schon die Entstehung des DGB (bzw. seiner Vorgängerorganisationen) nach dem Krieg war durch Vorsicht und Kompromiss gegenüber Politik und Wirtschaft geprägt. Bei ihren Hoffnungen auf Entnazifizierung und Verstaatlichung der Schlüsselindustrien verließen sie sich auf die Alliierten, und auch bei der Verhandlung des Betriebsverfassungs-

---

16 Nasini, Rheinhausen muss leben! Auch die anderen Zitate stammen aus diesem Film.

gesetzes 1952 akzeptierte der DGB schließlich einen Beschluss, der weit hinter seinen Mitbestimmungsforderungen zurückblieb. In der Folgezeit beschränkten sich die Gewerkschaften auf die Bereiche der Tarif- und Sozialpolitik und unternahmen auch nichts gegen das Verbot politischer Streiks durch das Bundesarbeitsgericht im Jahr 1955.[17]

Wie sich auch im Betrieb ein kooperativer Politikstil durchsetzte, zeichneten bereits 1975 Joachim Bergmann, Otto Jacobi und Walther Müller-Jentsch nach. Die Autoren nennen drei Bedingungen, die diese Entwicklung begünstigten: die Organisation der Arbeiter in wenigen großen, zentralistisch aufgebauten Industriegewerkschaften, die hochgradige Institutionalisierung des Klassenwiderspruchs und die wirtschaftliche Regulierungstätigkeit des Staates.[18] Die Entscheidung für die Einheitsgewerkschaft war eine bewusste Wahl der Gewerkschafter unterschiedlicher politischer Richtungen, die sich darin einig waren, dass die Zersplitterung der deutschen Arbeiterbewegung in den 1930er Jahren die nationalsozialistische Herrschaft erst ermöglicht hatte. Der gewerkschaftliche Zentralismus war aber auch eine Reaktion auf die Konzentration und Expansion des Kapitals und seiner Großfabriken im Fordismus. Um der geballten Macht der Industriegiganten entgegentreten und Verbesserungen für ihre Mitglieder durchsetzen zu können, mussten die Gewerkschaften eine möglichst umfassende Kontrolle über die diesen Unternehmen zugängigen Arbeitsmärkte erlangen. Diese Entwicklung zu zentralen Verhandlungen mehr oder weniger bundesweit einheitlicher Tarifverträge (die auch dem Interesse der Unternehmen an einheitlichen Einkaufspreisen für die begehrte Ware entsprach) zog eine Zentralisierung des Gewerkschaftsapparats nach sich.

Auch die Institutionalisierung der Klassenkonflikte war eine Reaktion auf das gewachsene gewerkschaftliche (und unternehmerische) Machtpotenzial. Um eine eskalierte Dauerkonfrontation zu vermeiden, war die rechtliche Anerkennung, Regelung und Eingrenzung dieser Auseinandersetzung die quasi logische Folge. In der Bundesrepublik drückt sich dies in der Tarifautonomie (dem grundgesetzlich verbrieften Recht von Gewerkschaften und Arbeitgeberverbänden, Tarifverträge abzuschließen; sie legt die »Tarifparteien« zugleich auf arbeitsbezogene Fragen fest),

---

17 Das alles kann man u.a. ausführlich nachlesen bei Eberhard Schmidt: Ordnungsfaktor oder Gegenmacht. Die politische Rolle der Gewerkschaften, Frankfurt am Main 1971, 47ff.

18 Siehe Joachim Bergmann u.a.: Gewerkschaften in der Bundesrepublik. Gewerkschaftliche Lohnpolitik zwischen Mitgliederinteressen und ökonomischen Systemzwängen, Frankfurt/Köln 1975, 20ff.

der Friedenspflicht (die den Einsatz von Arbeitskampfmaßnahmen stark begrenzt und für Betriebsräte ganz verbietet) und in einem durchchoreographierten Verfahren zum Abschluss von Tarifverträgen aus, in der auf drei Verhandlungsrunden die Schlichtung und – erst wenn alles nichts hilft – der Streik folgt, der wiederum »verhältnismäßig« sein muss. Im Laufe der 1960er Jahre ließen sich die bundesdeutschen Gewerkschaften – durch Maßnahmen wie die Konzertierte Aktion und die lohnpolitischen Empfehlungen des Sachverständigenrats – auf die Prämisse einer »maßvollen«, sprich: an der Produktivitätsentwicklung orientierten Lohnpolitik verpflichten.

Doch Gewerkschaften sind auch den Interessen der in ihr organisierten Lohnabhängigen verpflichtet. Besonders kooperative Gewerkschaften befinden sich in einem Dilemma: Einerseits müssen sie ihre Mitglieder gelegentlich mobilisieren, um Verhandlungsmacht zu demonstrieren und Verbesserungen durchzusetzen. Andererseits müssen sie die Eigendynamik, die in Streiksituationen entstehen kann, dämpfen und die Mitglieder dazu bringen, den Tarifabschlüssen zuzustimmen. In der Tat zeigt sich in den häufig niedrigen Zustimmungsraten zu den Verhandlungsergebnissen – sie liegen nicht selten unter 50 Prozent – das Problem, dass im Falle eines Arbeitskampfs Erwartungen geweckt werden, die dann im Verhandlungsprozess nicht eingelöst werden (können).[19]

Aufgrund hoher wirtschaftlicher Wachstumsraten, eines unternehmerischen Leitbilds, das auf Massenproduktion und -konsum basierte, einer stabilen Vollbeschäftigung und gestützt durch das Interesse an geordneten Verhältnissen im »Schaufenster der westlichen Welt« konnten die Gewerkschaften mit dieser kooperativen Strategie lange Zeit die Erwartungen ihrer Mitglieder – an einen sicheren Arbeitsplatz und stetige Lohnzuwächse, die Voraussetzung zur Teilnahme am fordistischen Massenkonsum – befriedigen, ohne ihnen dafür allzu häufig kämpferische Anstrengungen abzuverlangen. Diese Erwartungen entsprachen dem gesellschaftlichen Versprechen von Stabilität, sozialem Frieden und Verwirklichung der Wünsche durch Konsum, das prägend für die fordistische Epoche war. Sie brachten eine passive Haltung, eine »Versicherungsmentalität« vieler Gewerkschaftsmitglieder mit sich, die in einem Streik- und Verhandlungsmodus, der kaum auf eigenständige Aktivitäten der Mitglieder setzte, ihre Entsprechung fand.

---

19 Diesem Problem begegnen die DGB-Gewerkschaften, indem sie die Fortführung eines Streiks an die Bedingung knüpfen, dass mindestens 75 Prozent der Mitglieder in der Urabstimmung das Ergebnis ablehnen.

Natürlich birgt das beschriebene Verhältnis zwischen Organisation und Mitgliedern Zündstoff – etwa wenn die Mitglieder Ansprüche entwickeln, die das, was der wirtschaftspolitische *Common Sense* als angemessen betrachtet, übersteigen. In der kleinen Krise von 1967 wurde das Modell fortwährender Wohlstandssteigerung erstmals angekratzt. Als sich die Gewinnlage der Unternehmen wieder besserte, die Löhne aber trotzdem stagnierten, schlug die Stunde des spontanen Protests. In den Septemberstreiks im Boomjahr 1969 konnten die Streikenden ihre Forderungen durchsetzen und die Gewerkschaft zu einem offensiveren Eintreten für Lohnerhöhungen bewegen.

Ab Mitte der 1970er Jahre änderte sich das wirtschaftliche Umfeld. Die im 4. Kapitel beschriebenen Niederlagen vieler wilder Streiks von 1973 waren ein früher Ausdruck dieser Entwicklung. Wenn die Arbeitskampfaktionen der frühen 1970er Jahre, wie Peter Birke gezeigt hat, auf einer Vorgeschichte »diskreter«, sprich: unsichtbarer, aber erfolgreicher lokaler Lohnkämpfe beruhten[20], dann mussten auch die sehr sichtbaren Niederlagen von 1973 und das verschärfte Klima in den Betrieben Spuren im Arbeiter-(Selbst-)Bewusstsein hinterlassen. Ende der 1970er, Anfang der 1980er Jahre hatten sich die Verteilungsspielräume vieler Unternehmen und ihre Konzessionsbereitschaft völlig verändert. Die Lohnzuwächse wurden geringer; schon die Garantie der »Basisinteressen« der Lohnabhängigen – sicherer Arbeitsplatz und Verbesserung des Lebensstandards – war nicht mehr selbstverständlich. Die Versprechen der Gewerkschaften, »Schutzmacht« der Lohnabhängigen und Garant für deren materiellen Fortschritt zu sein, waren nicht mehr viel wert. In den neuen Konflikten spiegelte sich die Enttäuschung über dieses ungewohnte Unvermögen und die verlorenen Sicherheiten. Doch eine rebellische Tradition, auf die diese Enttäuschung hätte zurückgreifen können, war nur schwach entwickelt. Die Betriebsbesetzungen drückten insofern weniger den Wunsch aus, die Vertretung der eigenen Interessen in die eigenen Hände zu nehmen, als vielmehr Wut und Enttäuschung darüber, dass die Gewerkschaften, die jahrelang alles geregelt hatten, plötzlich nicht mehr in der Lage waren, die »bestmögliche Lösung« auszuhandeln.

Werner Imhof betont rückblickend vor allem die Grenzen dieser Kämpfe. »Wir haben«, sagt er, »große Hoffnungen darein gesetzt, dass sich aus den Besetzungen und anderen Aktionen eine kontinuierliche oppositionelle Strömung in der Arbeiterbewegung entwickeln könnte.

---

20 Siehe Peter Birke: Wilde Streiks im Wirtschaftswunder.

Aber wir mussten feststellen, dass dem nicht so war.«[21] Zwar stieß die *Signale*-Gruppe bei den aktiven Belegschaften auf großes Interesse, ihren jeweiligen Kampf zu dokumentieren. »Unser Beispiel könnte Schule machen – das war so die Hoffnung.« Aber die Versuche, eine langfristige Beziehung zu knüpfen, fanden keine Resonanz. Eher schon weckten sie Misstrauen: »Das haben sie nicht gewollt. Und sie haben – nicht ganz zu Unrecht – gemeint, sie würden da für etwas eingespannt, was gar nicht in ihrem Interesse war. Es waren ja keine Vorstellungen von einer sozialistischen Gesellschaft, die sie antrieben, sondern sie wollten einfach ihren Arbeitsplatz erhalten, ihre Unterordnung unters Kapital aufrechterhalten.« Selbst dieses Ziel erreichten sie nur in seltenen Ausnahmen. Das wichtigste Ergebnis der in *Signale* dokumentierten Kämpfe bestand meist darin, dass die Belegschaften nicht mit gesenktem Kopf, sondern erhobenen Hauptes in die Arbeitslosigkeit gingen. Auch das ist, wie Werner Imhof einräumt, eine wertvolle Erfahrung für die Beteiligten. Aber eine Motivation, sich dauerhaft zu vernetzen und ein Gegengewicht gegen die bestehende »Arbeiterbürokratie« aufzubauen, entstand daraus nicht. Der Antrieb der Kämpfe war mit dem Ende der Auseinandersetzung dahin. Danach waren die Beteiligten wieder auf sich selbst zurückgeworfen und stellten ihre Aktivitäten ein. Der Leserbrief einer Frau aus Erwitte, die 1975 als »Arbeiterfrau« eine der ersten Betriebsbesetzungen gegen die Schließung der Zementfabrik Seibel und Söhne unterstützte hatte, illustriert diese Erschöpfung. In dem Brief bedankt sich Karin Grabowski bei einer der Herausgeberinnen für die Zusendung der *Signale*. Sie fährt fort: »Unseren Männern ist es ja auch mal so ergangen. Dazu möchte ich sagen, ich habe damals, wie das bei uns so war, mitgekämpft. (...) Wir haben damals viele Leute besucht in Betrieben, die in einer ähnlichen Lage waren. Heute sage ich mir, so etwas kann man nicht immer machen, es ist sehr anstrengend. Immerhin habe ich acht Kinder geboren und großgezogen. Hinzu kommt noch, dass wir auch noch zwei Pflegekinder haben seit zwei Jahren. (...) Ja, warum schreibe ich Dir das alles? Damit Du einen kleinen Einblick in mein Leben hast. Ich könnte, wenn ich wollte, ein Buch über mein Leben schreiben, wenn ich die Kraft dazu hätte. (...) Ich könnte Dir noch einige Seiten schreiben, aber das würde zu viel. Bitte habe Verständnis, ich möchte wirklich ein bisschen abschalten.«[22]

---

21 Interview mit Werner Imhof, 2008. Auch die weiteren Zitate von Werner Imhof sind aus diesem Interview.
22 Signale. Dokumentation selbständiger Aktionen und Aktivitäten in der Arbeiterklasse, Nr. 3, 1984, 29f.

Dieses Zitat bringt, wie Werner Imhof betont, die Begrenzung des ganzen Versuchs, auf den sich die Arbeit der *Signale*-Gruppe gründete, auf den Punkt. Drei Jahre lang hatte er viel Zeit in die Arbeit an der Zeitschrift gesteckt. Dann war Schluss. »Ich meinte erkannt zu haben, dass die Klassenkampf-Vorstellungen, denen ich anhing, eine Illusion waren. Die Vorstellung, dass Arbeiter allein aus der Auseinandersetzung mit dem Kapital dazu gebracht werden, die Kapitalherrschaft insgesamt überwinden zu wollen, ist eine Illusion.« Ende 1986 erschienen die *Signale* zum letzten Mal. Wenig später beschloss Werner Imhof, den Schwerpunkt seiner Aktivitäten auf den eigenen Betrieb zu legen, wo er seit mehr als zehn Jahren jeden Tag arbeitete. 1987 begann er damit, eine Oppositionsgruppe bei den Mannesmannröhren-Werken aufzubauen mit dem Ziel einer »kämpferischen«, »ehrlichen«, »demokratischen« Interessenvertretung. Im selben Jahr wurde er in den Betriebsrat gewählt.

»Wenn mehr nicht möglich ist, so meinte ich damals, dann wollen wir wenigstens unsere Interessen so vertreten, dass wir das mit geradem Rücken tun. Ohne uns zu verbiegen, ohne uns kaufen zu lassen und ohne auf unseren eigenen Vorteil zu gucken als Vertreter. Das hat auch ganz gut funktioniert, im einfachen Rahmen, wir hatten bald kleine Erfolge vorzuweisen. Was einem zeigt, dass trotz aller Enttäuschungen die selbstständigen und kritischen Elemente in der Arbeiterbewegung vorhanden sind. Die sind nicht auszurotten, und sie sind auch relativ leicht mobilisierbar.«

Am oben beschriebenen Widerspruch – einem Konflikt im Unternehmen oder einem Unternehmensteil (Entlassungen, Umstrukturierungen, Arbeitsintensivierung etc.) und dem Unvermögen oder Unwillen der bestehenden Interessenvertretung, diesen zur Zufriedenheit der Beschäftigten zu lösen – setzten im Grunde alle betrieblichen Oppositionsgruppen an. Solche Gruppen gab es auch in den 1980er Jahren noch, ein über die alte Bundesrepublik verstreutes Archipel von Initiativen, deren Kern die (linken) Fabrik-Kader der 1970er Jahre und oppositionelle, häufig nichtdeutsche Kollegen aus den jeweiligen Unternehmen bildeten. Oft wurden diese Oppositionsgrüppchen von einem externen Unterstützerkreis gestärkt. In vielen Fällen hatten sie über die Jahre einen stabilen Zustrom neuer Mitglieder und konnten sich gute Minderheitenpositionen in ihren Betrieben erkämpfen, manchmal sogar die Mehrheit im Betriebsrat. Einige dieser Initiativen erreichten überregionale Bekanntheit, zum Beispiel die Gruppe oppositioneller Gewerkschafter (GoG; heute: Gegenwehr ohne Grenzen) bei Opel Bochum oder die Plakat-Gruppe bei Daimler in Stuttgart. Auch viele ehemalige KPD/MLer waren noch in den Betrieben tätig, unterstützt von den Resten der RGO-Gruppen oder Betriebszellen ihrer Partei.

Diese verstreute Opposition kam sich über die politischen Gräben der 1970er Jahre hinweg näher und vernetzte sich in branchenbezogenen oder regionalen Koordinationskreisen (in der Ruhrkoordination zum Beispiel, in der Auto-, Stahl- oder Chemie-Koordination), manchmal sogar international, etwa im TIE-Netzwerk (*Transnational Information Exchange*), das betriebliche Aktivisten und Basisgewerkschafter aus verschiedenen Ländern, auch aus Deutschland, Ende der 1970er Jahre gegründet hatten. Auch selbstorganisierte Bildungsreisen, bei denen befreundete Belegschaften und Betriebsgruppen in anderen Ländern besucht wurden, spielten für den Austausch der kleinen Oppositionsszene in den Betrieben eine wichtige Rolle.

Doch trotz der recht guten Vernetzung und gelegentlicher Erfolge in einzelnen Unternehmen blieb diese Opposition bezogen auf die bundesdeutsche Arbeiterbewegung und ihre offizielle, sprich: gewerkschaftliche Politik randständig. Von den Gewerkschaften wurde sie ausgegrenzt, ihre Mitglieder waren häufig ausgeschlossen. Linke, die Posten innerhalb der Gewerkschaft besetzt hatten, taten dies um den Preis, ihre oppositionelle Haltung aufzugeben oder doch Stillschweigen darüber zu wahren. Peter Birke spricht davon, dass sich dieser Teil der betrieblichen Linken in eine »stille Opposition« innerhalb des Gewerkschaftsapparats verwandelte.[23] Vergleichbar dem nach 1968 propagierten Motto vom »Marsch durch die Institutionen« verfolgte sie die Strategie, Positionen im Gewerkschaftsapparat zu erobern und dessen Politik zu beeinflussen, damit die Gewerkschaft ihre Rolle als »Ordnungsfaktor« nach und nach zugunsten der »Gegenmacht« aufgäbe. Peter Birkes Resümee: »Es zeigte sich, dass auch eine ›linke‹ Gewerkschaftspolitik, die sich auf die Eroberung des Apparats konzentriert, sich in das Aushandeln von Verschlechterungen einbinden ließ und in der Krise der Ökonomie wie der Bewegung nicht in der Lage war, eine andere, kämpferische Gewerkschaftspolitik durchzusetzen.«[24]

Gewerkschafterinnen und Gewerkschafter sahen sich mit einer zwiespältigen Situation konfrontiert. Auf der einen Seite stand die massive Rationalisierungs- und Verlagerungsdrohung der Unternehmen; breite

23 Peter Birke: Die große Wut und die kleinen Schritte. Gewerkschaftliches Organizing zwischen Protest und Projekt, Berlin/Hamburg 2010, 52.
24 Ebd.

Proteste dagegen blieben weitgehend aus.[25] Auf der anderen Seite beobachteten sie, dass manche Elemente der Kritik der 1970er Jahre Eingang in die Unternehmensphilosophie und auch in die betriebliche Praxis fanden: Abbau starrer Hierarchien, Einführung von Gruppenarbeit, mehr Eigenverantwortung der Beschäftigten. Viele der in den Gewerkschaften verbliebenen Linken erhofften sich neue Mitbestimmungschancen auf betrieblicher Ebene und schwenkten auf eine Politik der Mitgestaltung ein. In der Umgestaltung der Produktion sahen sie nun die Gelegenheit, die Arbeitsbeziehungen im Interesse der Beschäftigten zu reformieren. Peter Birke schreibt:»Gerade auch innerhalb der Apparat-Linken galt der Versuch, ›Gestaltungsräume‹ zu entwickeln und ›Flexibilität‹ im Sinne und an Stelle der Arbeitenden einzufordern, als Fahrkarte in die Zukunft.«[26] Der»flexible« Standortkorporatismus gab den Rahmen für eine Entwicklung ab, die ehemals linke Gewerkschaftsaktivisten zu den führenden Co-Managern der Republik in den 2000er Jahren machte. DGB-Chef Michael Sommer (ehemals SEW – Sozialistische Einheitspartei Westberlins), der IG-Metall-Vorsitzende Berthold Huber (ehemals KABD – Kommunistischer Arbeiterbund Deutschland) oder Opel-Gesamtbetriebsrat und *Manager-Magazin*-Titelheld von Dezember 2009, Klaus Franz (ehemals KPD/AO), sind nur drei Beispiele für viele, die ihre Gewerkschaftskarrieren als Anhänger der linksradikalen Szene Westdeutschlands begonnen haben.

Mit dieser Ausrichtung wurde nicht nur das Bündnis zwischen Gewerkschaften und Unternehmen auf Standortebene erneuert. Die DGB-Gewerkschaften ließen sich unter den Vorzeichen zunehmender globaler Konkurrenz auch in eine Politik einspannen, die sich für die »Wettbewerbsfähigkeit« und »Innovationskraft« »ihres« Unternehmens stark machte. Das ging zu Lasten der alten Gewerkschaftsidee von Internationalismus und Ländergrenzen überwindender Solidarität – und auf Kosten derjenigen, die den Modernisierungsmaßnahmen zum Opfer fielen: Entlassene, Arbeitslose, Leiharbeiter, Befristete und andere prekär Beschäftigte. Die DGB-Organisationen zementierten so ihre Rolle als Interessenvertretung der verbliebenen Kernbelegschaften. Zu den »neuen« Arbeitern verloren sie den Kontakt. Zudem barg die Übernahme der unternehmerischen Forderung nach »flexiblen Lösungen« auch diskursiv

---

25 Eine beeindruckende Ausnahme stellt der Kampf der Stahlarbeiter gegen die Schließung des Krupp-Werks in Duisburg-Rheinhausen dar, der zum Jahreswechsel 1987/88 nicht nur das Ruhrgebiet in einer seltenen Breite mobilisierte.
26 Peter Birke: Die große Wut und die kleinen Schritte, 54.

Gefahren für die Gewerkschaften. Denn Arbeitsplatzsicherheit und Arbeitnehmerschutz waren beliebte Zielscheiben der Flexibilisierungsforderung. Verteidigten Gewerkschafter nun eben jene Sicherheiten, setzten sie sich dem Vorwurf aus, »Betonköpfe« zu sein, die es mit der von ihnen selbst im Mund geführten Flexibilität nicht ernst meinten, sondern in Wahrheit »starre und verkrustete Strukturen« bewahren wollten. Die Rechnung für ihre Politik erhielten die DGB-Organisationen in den 1990er Jahren, als die Mitglieder ihnen in großer Zahl den Rücken kehrten und ihr Einfluss auf die Gestaltung der Arbeitswelt schwand.

Ein Paradebeispiel für die Politik der flexiblen Mitgestaltung ist die Kampagne der IG Metall für die Einführung der 35-Stunden-Woche von 1984. Die Kampagne sollte den Rahmen stellen, in den immer fragmentierteren Arbeitsverhältnissen der Metallindustrie eine Arbeitszeitverkürzung und -souveränität im Sinne der Beschäftigten zu verankern. Das Ergebnis war äußerst zwiespältig. Zwar wurde die durchschnittliche wöchentliche Arbeitszeit in der Metallindustrie auf 38,5 Stunden verkürzt. Diese Verkürzung wurde aber bezahlt mit Lohnzurückhaltung und Flexibilisierung der Arbeitszeiten bei insgesamt längeren Betriebszeiten in den Metallbetrieben. Das kam den Unternehmen, die an einer Rund-um-die-Uhr-Auslastung ihrer neuen, teuren Maschinen interessiert waren, sehr entgegen. Eine höhere Zeitsouveränität der Beschäftigten konnte kaum irgendwo verwirklicht werden.

Die verstreute Opposition in den Betrieben war in einer misslichen Lage. Bei gewerkschaftlichen Kampagnen dieser Art war sie vor die Wahl gestellt, sich entweder als Mobilisierungsressource gebrauchen zu lassen oder außen vor zu bleiben. In der – durchaus berechtigten – Hoffnung, dass jeder Arbeitskampf nicht nur eine wichtige persönliche Erfahrung für die Beteiligten darstellt, sondern auch überschüssige Erwartungen weckt und Veränderungswünsche freisetzen kann, die potenziell die oppositionellen Kräfte stärken, beteiligten sie sich in aller Regel an den Kampagnen. Und die DGB-Offiziellen spannten sie gern als verlässliche, mobilisierungsstarke Struktur ein. Die Ergebnisse waren oft an der Grenze zur Enttäuschung, nicht selten jenseits davon. So bei der 35-Stunden-Kampagne, von der sich viele betriebliche Oppositionelle bundesweite Diskussionen über Arbeitszeitgestaltung und damit über eine Alternative zur unternehmerischen Rationalisierungspolitik erhofft hatten. Das am Ende vor allem die Unternehmen einen flexiblen Einsatz ihrer Belegschaften je nach Auftragslage erreichten, neue Freiräume in der Arbeit aber ausblieben, führte zu Enttäuschung – und in den Koordinierungen der Betriebs-Opposition zu heftigen Kontroversen über die Frage, wie scharf man die Gewerkschaften für diese Politik kritisieren könne. Hierbei schwang immer die Befürchtung mit, von den Gewerkschaften noch weiter marginalisiert und ausgegrenzt zu werden.

Schon die bloße Debatte über eine solche Frage zeigt an, wie klein die politischen Handlungsräume der Oppositions-Szene jenseits ihres eigenen Unternehmens waren. Mit den Produktionsverlagerungen, Umstrukturierungen und Schließungen – der tendenziellen De-Industrialisierung Westeuropas – brach der Boden weg, auf den sich die politischen Hoffnungen dieser Szene in den 1970er Jahren gegründet hatten. Die radikale Linke außerhalb der Fabriken nahm von diesen Auseinandersetzungen kaum Notiz. Auch bei den Erben der operaistischen Sponti-Gruppen der 1970er Jahre dominierten andere Themen. Nicht die Arbeit, sondern eher schon die Arbeitslosigkeit bildete die materielle Grundlage ihrer politischen Dissidenz.

»Oh Baby, mein Sozi-Antrag ist abgelehnt. Soll ich jetzt ne Umschulung machen oder doch lieber ABM?«[27] – Jobben gegen die Arbeit

Am 1. Mai 1984 mischten sich unbekannte Töne in die Demonstration der Hamburger Gewerkschaften. Junge Leute, die sich selbst Jobber und Erwerbslose nannten, forderten ein garantiertes Einkommen von 1.500 DM »mit Inflationsausgleich und keine faulen Tricks« – unabhängig von der Arbeit und für alle. Ihr Symbol: die Schwarze Katze, das Emblem der *Industrial Workers of the World*, einer Gewerkschaft der Un- und Angelernten und der Wanderarbeiter, die im frühen 20. Jahrhundert vor allem in den USA den militanten und internationalistischen Arm der Arbeiterbewegung darstellte. Die Schwarze Katze stand aber auch für den *wildcat*, den englischen Ausdruck für wilden Streik.

Diese Gruppierung verfolgte mit Interesse die Aufsätze in der Zeitschrift *Autonomie Neue Folge*, einem Nachfolgeprojekt der alten *Autonomie* der 1970er Jahre, an dem u.a. Karl Heinz Roth mitwirkte. Sie diskutierte über die Erfahrungen der westdeutschen Operaisten und über die Folgen der Arbeitslosigkeit und kam zu dem Ergebnis, dass sich hier ein neues Aktionsfeld eröffnete. Denn auch wenn sich Regierung, Opposition und Gewerkschaft einig waren, dass »Arbeit für alle« geschaffen

---

27 Das fragt in einer Collage der Zeitschrift *Schwarze Katze* Ilsa Lund (Ingrid Bergman) ihren Gefährten Rick (Humphrey Bogart). Der blickt gedankenverloren in die Ferne.

werden sollte, war eines klar: Es wollten überhaupt nicht alle zurück in den Arbeitsmarkt.

»Ich bin nicht auf der Welt, um meine Befriedigung in der Arbeit zu finden«, gibt im Jahre 1983 ein Justizangestellter zu Protokoll. Er habe ja nichts gegen Arbeit an sich, aber es wäre doch schön, wenn sie nicht so viel Zeit in Anspruch nähme, er habe schließlich auch noch ein Privatleben. Und ein Mitarbeiter einer Bücherei meint, es sei eine Illusion, dass es gut täte, mehr zu arbeiten und zu produzieren. Das mindere im Gegenteil nur die Lebensqualität.[28]

Im Sommer 1983 enthüllte eine Studie, was mancher schon befürchtet (und manch anderer heimlich gehofft) hatte: Die Arbeitsmoral der Deutschen war im Keller. In einem internationalen Vergleich hatten Wissenschaftler herausgefunden, dass immer weniger Deutsche nach Erfüllung in der Arbeit suchten. Jeder Zweite fühlte sich in den Freizeitstunden besser. Zehn Jahre zuvor hatte nur jeder Dritte die Freizeit der Arbeit vorgezogen. Ein Viertel der Arbeitnehmer erklärte sich sogar bereit, für mehr freie Zeit auf Einkommen zu verzichten. Die meisten Deutschen fanden ihre Arbeit zwar interessant, aber sie sollte nicht ihr Leben stören. Die deutsche »Arbeitswut« gehörte der Vergangenheit an; mit ihrem Mangel an Arbeitslust unterboten die Bundesbürger ihre Zeitgenossen in den USA, Großbritannien, Japan und Schweden sogar noch.

Besonders das konservative Lager beklagte den »unfassbaren« Verfall der Arbeitsmoral und verlangte eine Werte-Offensive: Disziplin, Opferbereitschaft und Fleiß müssten den Deutschen neu eingeimpft werden, meinte etwa Elisabeth Noelle-Neumann, prominente Meinungsforscherin und zeitweise Beraterin der Kohl-Regierung.[29] Das war ein hilfloser Versuch, auf die Befunde der Wissenschaftler zu reagieren. Denn die oben zitierten Bekenntnisse drückten die Macht der »postmateriellen Werte« aus, die im Zuge der Kritik der 1970er Jahre in die Gesellschaft eingesickert waren und zur neuen Freizeitorientierung beitrugen. Aber nicht nur der Wertewandel war für diese Entwicklung verantwortlich. Eine Untersuchung der Projektgruppe Automation und Qualifikation aus dem selben Jahr dokumentiert auf beeindruckende Weise, wie die neuen Technologien am Arbeitsplatz einerseits eine große Faszination auf ihr Bedienungspersonal ausübten, andererseits gemischte Gefühle auslösten. Sie entwerteten die alten Qualifikationen und Bestätigungen und untergruben so auch den Stolz auf die »eigene« Arbeit. Eine der Re-

---

28 Spiegel, Nr. 26 vom 27. Juni 1983.
29 Ebd.

aktionen, die die Betroffenen zeigten, bestand darin, jeden Wunsch nach Anerkennung in der Arbeit zu negieren und stattdessen auf das Privatleben zu verweisen, das sie »vor Übergriffen aus der Arbeitswelt schützen wollen«, wie es in der Studien heißt.[30] Andere machten sich auf die Suche nach neuen Formen der Anerkennung und äußerten bspw. den Wunsch nach mehr Lob durch die Vorgesetzten – oder suchten sich Ventile im Privaten: »Der Mangel, der in dieser widersprüchlichen Situation als fehlendes Vorgesetztenlob artikuliert wurde, wird von einer Programmiererin zu Hause durch ein häufiges Loben ihres Sohnes zu kompensieren versucht.«[31]

Allerdings »litten« auch nicht alle Berufsgruppen gleichermaßen unter der neuen Arbeitsunlust. Selbstständige, Freiberufler und leitende Angestellte konnten ihrer Arbeit nach wie vor positive Seiten abgewinnen. Zudem korrespondierte die sinkende Arbeitsfreude mit der Tatsache, dass es einen Teil der alten Arbeit in der Bundesrepublik schlicht nicht mehr gab. Als der *Spiegel* im Frühjahr 1984 warnte »Maschinen statt Menschen – eine Automatisierungswelle rollt durch die deutschen Unternehmen«[32], lag die Zahl der offiziell Erwerbslosen längst bei über zwei Millionen.

Die Schwarze Katze war nicht die einzige Initiative, die die Existenz am Rande der Erwerbslosigkeit und ein neues Verhältnis zur Arbeit zum Ausgangspunkt machte. Im Laufe der 1980er Jahre entstanden an vielen Orten Erwerbslosengruppen. Im Dezember 1982 waren in Frankfurt am Main über 1.500 Menschen aus mehreren Hundert gewerkschaftlichen, kirchlichen und unabhängigen Initiativen zum »1. Bundeskongress der Arbeitslosen« zusammengekommen, um über ihre Lage und politische Strategien zu diskutieren.[33] Am Ende des Jahrzehnts soll es über tausend Arbeitsloseninitiativen gegeben haben; die Mehrheit von ihnen waren von Gewerkschaften, Parteien und Kirchen unabhängige »Selbsthilfe«-Organisationen.[34]

Den linken Flügel dieser Szene bildeten Gruppen wie die Schwarze Katze oder auch die bis heute aktive Arbeitslosenselbsthilfe Oldenburg

---

30 Projektgruppe Automation und Qualifikation: Widersprüche der Automationsarbeit, 160. Die Projektgruppe war eine Kooperation kritischer Wissenschaftlerinnen und Wissenschaftler vom Psychologischen Institut der FU Berlin und der Hochschule für Wirtschaft und Politik in Hamburg.

31 Projektgruppe Automation und Qualifikation: Widersprüche der Automationsarbeit, 160.

32 Spiegel, Nr. 21 vom 21.Mai 1984.

33 Siehe Arbeitsloseninitiativen der Bundesrepublik und Westberlin: 1. Bundeskongreß der Arbeitslosen. Protokolle, Presse, Fotos, Initiativen, Frankfurt am Main 1983.

34 Siehe Schwarze Katze, Nr. 5, 1988, 24.

(ALSO), die sich in die Tradition der operaistischen Gruppen der 1970er Jahre stellten.

Weniger an der Identität als Erwerbslose, sondern eher an der »Jobberexistenz« setzte eine Gruppe an, die sich um die *Karlsruher Stadtzeitung* sammelte, die 1985 in *Wildcat* umbenannt wurde. Was sie darunter verstanden, fasst ein Beitrag aus dem Jahr 1987 zusammen. »Der Begriff Jobber«, heißt es da, »meint ein offensives Umgehen mit dem Zwang zur Arbeit, ein bestimmtes Verhalten gegenüber dem Kapital, ein neues Verhältnis zu Arbeit/Beruf/Leben, das sich in den letzten beiden Jahrzehnten als gesellschaftliches Verhalten herausgebildet hat. Mensch geht nur malochen, wenn's kohlemäßig dringend nötig ist. Kohle für Urlaub auf die Seite zu schaffen, ist wichtiger als ›berufliche Karriere‹. Das Sich-Wehren gegen die Arbeit und die Zumutungen, die sie mit sich bringt, verläuft außerhalb gewerkschaftlicher Bahnen.«[35]

Anders als die Hamburger Gruppe hielten die Karlsruher Jobber wenig von der Forderung nach einem garantierten Grundeinkommen. Sie stellten die Aufgabe in den Mittelpunkt, sich durch gründliche Untersuchung eine neue Einschätzung der »Klassenrealität« in der Bundesrepublik zu verschaffen, um zu begreifen, wie sich Klassenkämpfe entwickeln könnten. Der Typus des Jobbers, des Gelegenheitsarbeiters, war ihr Ausgangspunkt dafür. Im Folgenden geht es um die Herangehensweisen und praktischen Erfahrungen der beiden Versuche, sich unter den neuen Bedingungen der Arbeit zu organisieren.

Schwarze Katze

Die Aktivitäten der Hamburger Aktivisten und Aktivistinnen starteten 1982 im Stadtteil St. Pauli, wo die Initiative als ersten Treffpunkt einen Jobber- und Erwerbslosenladen ins Leben rief, und dehnten sich im Laufe der Zeit auf andere Stadtteile der Hansestadt aus. »Wir wollen«, schrieben sie in einem Beitrag für den Bundeskongress der Arbeitslosen Ende 1982, »die Trennung zwischen Arbeitenden und Arbeitslosen aufheben. Jeder Arbeitende ist ein potentieller Arbeitsloser, jeder Arbeitslose muss zwischendurch mal wieder arbeiten.«[36] Damit niemand isoliert bleibe, organisiere man sich gemeinsam. Die Grundlage hierfür war die in der linken Szene verbreitete Verweigerung der Lohnarbeit. »Arbeit«, so erklärten die Hamburger Jobber, »ist Ausbeutung, Arbeit ist Entfrem-

---

35 Wildcat, Nr. 42, 1987, 5.
36 Thesenpapier »Arbeit für alle oder Abschaffung der Lohnarbeit?!« der Hamburger Jobber, in: Arbeitsloseninitiativen: 1. Bundeskongreß der Arbeitslosen, 135.

dung, und Arbeit macht krank.«[37] Zudem seien viele Tätigkeiten – etwa im Kernkraftwerk, der Automobil- oder Rüstungsindustrie – ohnehin abzulehnen. Arbeit für alle könne daher keine Forderung der Erwerbslosen sein. Vielmehr müsse man das Existenzrecht jedes Menschen jenseits der Arbeit verankern. Dafür brauche man ein garantiertes Einkommen für alle. Die Gruppe schrieb:»Als Schritte in diese Richtung schlagen wir vor: 1. Vollständiges Ausnutzen der sozialen Hängematte: Arbeitslosengeld, Arbeitslosenhilfe, Sozialhilfe, Wohngeld, Kuren, Krankengeld; 2. Den Reichtum dort holen, wo er angesammelt ist, statt sich ausbeuten zu lassen: Selbstbedienung in großen Läden, Nulltarif bei Verkehrsbetrieben, Wohnungen, Selbstbedienung in Fabriken und Büros – so gut es eben geht.«[38]

Derlei forsche Töne waren ein Hinweis auf die enge Verbindung zur autonomen Szene, in der die meisten linken Jobber die ersten Erfahrungen mit solchen Aktionen gesammelt hatten und in der viele von ihnen auch ihre politischen Überzeugungen und nicht zuletzt ihre Lebensweisen und Gewohnheiten entwickelt hatten. In der autonomen Subkultur, die seit Ende der 1970er Jahre aus den Resten der Sponti-Szene entstand, war die Lohnarbeit eine Randnotiz. Größere Bedeutung kam den politischen Aktivitäten in der Szene und in den neuen sozialen Bewegungen zu; deren Protestanlässe gipfelten regelmäßig in Straßenschlachten zwischen Autonomen und der Polizei. Das Leben in Wohngemeinschaften oder besetzten Häusern, manchmal ergänzt durch gemeinsame Klautouren, und ein weitgehender Verzicht auf Luxus hielten die Lebenshaltungskosten niedrig. Karriereplanung war verpönt. Wer nicht studierte oder so tat als ob, bezog Arbeitslosenunterstützung und jobbte von Zeit zu Zeit. Oder arbeitete in der ausgedehnten Alternativökonomie der westdeutschen Städte.

Ein Westberliner Autonomer sagt rückblickend über den Alltag in der Besetzerszene:»Was es kaum gab: Probleme mit Geld. (...) Geld für Gasag/ Bewag war nicht nötig, denn Strom und Gas wurden abgezweigt. Geld für Heizung war nicht nötig. Ganze Hausgruppen und Blöcke besorgten sich im Herbst LKWs und holten in gemeinsamen Nacht-Aktionen Holz und Kohle. (...) In fast jedem Haus gab es mehrere bis viele Klauexperten, die sich um Nahrungsmittel in ihren Lieblings-Supermärkten kümmerten. Gemüse und Obst gab es kurz vor Geschäftsschluss beim Türken geschenkt. Klar, es wurde auch gekauft, aber das war dann wirklich wenig.

---

37 Schwarze Katze, Nr. 2, 1985, 5.
38 Thesenpapier der Hamburger Jobber, 134.

Viele Bewohner mussten nicht mal zum Sozialamt gehen, weil einfach nicht so viel Geld nötig war. Außerdem gab es in den meisten Häusern auch immer Leute, die arbeiten gingen, Geld von den Eltern kriegten, systematisch klauten oder mit Hasch dealten.«[39] Natürlich blieben Straßenmilitanz und Aneignungsaktionen nicht ohne Folgen. Nachdem die frühe Hochphase der Bewegung abgeflaut war, hatten zahlreiche autonome Aktivisten mit Ermittlungsverfahren zu tun, nicht wenigen drohten Gefängnisstrafen. Die Gründung der Job- ber- und Erwerbslosenläden (in Hamburg aus einer Diskussion unter autonomen »Knast-Gruppen«) war ein Versuch, der drohenden (Selbst-) Isolierung zu entkommen und eine neue politische Perspektive zu entwi- ckeln. Wenn Arbeitslosengeld und Gelegenheitsjobs einerseits die mate- rielle Grundlage weiter Teile der radikalen linken Bewegung darstellten, andererseits für immer mehr Menschen zur Normalität wurden, so die Überlegung, könnte in dieser Gemeinsamkeit die Möglichkeit für Or- ganisierung liegen. Durch den Austausch über den Alltag im Job und auf dem Amt wollte man sich an eine neue radikale »Klassenbewegung« herantasten.

Den theoretischen Rahmen, in dem dieser Versuch sich bewegte, for- mulierte die Zeitschrift *Autonomie Neue Folge.* Das Thesenpapier der *Au- tonomie*-Redaktion, »Sozialrevolte und Antiimperialismus«, vom Herbst 1982 wurde zu einer wichtigen Orientierung für die Erwerbslosen-Akti- visten. In diesem Papier propagierte die *Autonomie*-Redaktion das Bünd- nis zwischen den Akteuren der »Sozialrevolte« (Anti-AKW-Bewegung, Anti-Kriegs-Bewegung, Hausbesetzerbewegung, Proteste gegen den Bau der Startbahn West des Frankfurter Flughafens) und der neuen »nachin- dustriellen Massenarmut«, die sich aus der entgarantierten und prekären Existenz der Niedriglohnarbeiter in den Zulieferfirmen, der Leiharbeiter, der Frauen, Jugendlichen und Ausländer zusammensetze.[40] Auch geopo- litisch sei ein solches Bündnis von großer Bedeutung. Das Szenario, das die *Autonomie*-Strategen entwarfen, war von globaler Dimension: »Mit der Sozialrevolte der BRD, der Situation im Mittleren / Nahen Osten bzw.

---

39 A.G. Grauwacke: Autonome in Bewegung. Aus den ersten 23 Jahren, Berlin/Hamburg/ Göttingen ohne Jahresangabe, 69f. Möglicherweise liefert der nostalgische Rückblick ein verklärtes Bild, in dem die Entbehrungen zu kurz kommen. Doch auch wenn das tatsächliche Bild für viele weniger gemütlich war, bringt das Zitat eine verbreitete Ein- stellung auf den Punkt, mit der die Beteiligten Fragen der materiellen Reproduktion angingen.

40 Autonomie Redaktion: Sozialrevolte und Antiimperialismus. Thesenpapier, in: Auto- nomie – Materialien gegen die Fabrikgesellschaft. Neue Folge, Nr. 10, 1982.

in Zentralamerika und mit Polen haben wir aktuelle Konstellationen des internationalen Klassenkampfs genannt, die drei unterschiedlichen historischen Epochen angehören und doch alle zugleich die Front gegen den Weltimperialismus ausdrücken. Viel zu wenig war uns bisher bewusst, dass der antiimperialistische Kampf immer ungleichzeitig ist, dass er im Iran von der vorindustriellen Massenarmut ausgeht, in Osteuropa von den an die Fließbänder gezwungenen, noch in erster Generation auf dem Lande großgewordenen Massenarbeitern und hierzulande von den metropolitanen Unterklassen, den Nachkommen der Massenarbeiter, die aus der Maschinerie wieder ausgestoßen und an den Rand der Gesellschaft gedrängt worden sind.«[41]

Ohne eine »sozialrevolutionäre Bewegung in den Metropolen«, ein Bündnis im oben skizzierten Sinne, seien die antiimperialistischen Kämpfe in den Ländern des Südens und die sozialen Unruhen in den Ostblockstaaten auf sich gestellt und der Gewalt der imperialistischen Mächte schutzlos ausgeliefert. Doch wie ein solches Projekt angehen? Die Hamburger Jobber-Aktivisten beschäftigten sich zunächst vor allem mit der staatlichen Arbeitsmarktpolitik und ihren Auswirkungen auf den Alltag der Erwerbslosen. Dabei stand die Einschätzung im Mittelpunkt, dass der Arbeitszwang zunehmen und die Kontrolle über Arbeitslose und Beschäftigte ausgeweitet werden würde. Die Regierung beabsichtige, »die in den letzten Jahren von verschiedenen Bevölkerungsgruppen auf die eine oder andere Art praktizierte Weigerung, in der kapitalistischen Produktion verschlissen zu werden, zu brechen«.[42] Im undurchsichtigen Paragrafendschungel, den sich ständig ändernden Dienstanweisungen am Arbeitsamt und der entwürdigenden Behandlung durch manche Sachbearbeiter und Behördenleiter sahen die Jobber-Aktivisten den Versuch, Erwerbslosen das Beantragen von Sozialhilfe zu erschweren und sie dazu zu bringen, auch schlecht bezahlte Arbeiten anzunehmen.[43]

Dem wachsenden Druck auf Erwerbslose hielten die Aktivisten nicht die gewerkschaftliche Forderung nach »guter Arbeit für alle« entgegen, sondern das Existenzrecht für jeden Menschen unabhängig davon, ob er arbeitete oder nicht. Für diesen Anspruch stand die Forderung nach einem garantierten Grundeinkommen. Unausgesprochen knüpften sie damit an die Forderung nach dem »politischen Lohn« an, die die ope-

41 Ebd., 64.
42 Aus einem in der Zeitschrift *Große Freiheit* (Nr. 51, Seite 8) abgedruckten Vortrag auf einer Veranstaltung in Hamburg, April 1982.
43 Schwarze Katze, Nr. 2, 1985, 6ff.

raistischen Gruppen in Italien in den frühen 1970er Jahren vorgebracht hatten.[44] Mit ihren Forderungen traten die Erwerbslosen-Aktivisten z.B. auf der eingangs erwähnten 1.-Mai-Demonstration auf oder sie besuchten gewerkschaftliche Veranstaltungen, wie Streiks und Protestkundgebung für die 35-Stunden-Woche, und erklärten dort, »dass wir gegen die Abschaffung der bisher erkämpften Rechte über den Weg einer Flexibilisierung der Arbeitszeit sind. Dass wir ein garantiertes Einkommen für alle Erwerbslosen wollen, das so hoch ist, dass wir nicht zu Streikbruch und Tarifedrücken erpressbar sind.«[45] Auf der Basis dieser einander ergänzenden Interessen, so resümierten die Jobber ihre Erfahrung, sei »die Forderung nach einem ausreichenden Existenzgeld für Erwerbslose durchaus an die Kollegen und Gewerkschaftsgruppen zu vermitteln«.

Die Aktivitäten der Schwarzen Katze hatten zwei zentrale Orte: die Arbeits- und Sozialämter (manchmal auch die Ausländerämter) und die eigenen Treffpunkte, die Jobber- und Erwerbslosenläden. In den Ämtern erschienen die Aktivistinnen und Aktivisten regelmäßig, bauten Infostände auf und verteilten Flugblätter, in denen sie Erwerbslose und Sozialhilfeempfänger über ihre Rechte informierten und zum Beantragen von allerlei Zusatzleistungen ermunterten. Dafür fertigte die Gruppe Vordrucke an und setzte durch, dass diese vom Amt anerkannt wurden. Schikanöse Sachbearbeiter mussten mit unerwarteten Besuchen rechnen und damit, dass sie ihre Gesichter auf Flugblättern, die die Schwarze Katze vor den Ämtern verteilte, entdeckten. Zusammengenommen waren diese Maßnahmen durchaus wirkungsvoll. In einem internen Papier beklagte die Hamburger Sozialbehörde bereits 1985 die steigenden Sozialhilfekosten. Sie führte die Kostenexplosion darauf zurück, dass die Sozialhilfeempfänger in Hamburg außergewöhnlich gut informiert seien.[46]

Interessierte lud die Gruppe in ihre Läden ein, den zweiten wichtigen Ort der Schwarzen Katze. Außer in St. Pauli entstanden solche Läden mit der Zeit in den Stadtteilen Barmbek, Lurup und Bergedorf. Hier fanden

---

44 Siehe 4. Kapitel. Das taten sie auch bei ihrem Verständnis von Internationalismus. In der Praxis stand weniger die abstrakte Solidarität mit »Befreiungsbewegungen« in anderen Ländern im Vordergrund, sondern – ähnlich wie bei den operaistischen Sponti-Gruppen – die Unterstützung von Flüchtlingskämpfen oder gemeinsame Aktionen gegen rassistische Bestimmungen und Sachbearbeiter in Sozial- und Arbeitsämtern oder bei der Ausländerbehörde.

45 Schwarze Katze, Nr. 3, 1986, 49.

46 Dirk Hauer: Schwarze Katzen in der Hängematte. Aneignungsbewegung in den 1980er Jahren – ein Rückblick aus aktuellem Anlass, in: ak – analyse & kritik, Nr. 487, 2004.

regelmäßige »Erwerbslosenfrühstücke« statt, offene Treffen, auf denen zum Beispiel der beste Umgang mit Problemen auf dem Amt diskutiert wurde. Von den Läden gingen gelegentlich weitere Aktivitäten aus, wie zum Beispiel die »Nulltarif-Aktionstage«. Dabei besuchten Mitglieder und Sympathisanten kostenlos den Hamburger Tierpark, das Schauspielhaus und die Kantinen von Arbeits- und Bezirksämtern. Ihre Forderung nach Nulltarif in öffentlichen Einrichtungen verstanden sie als kollektiven, unbürokratischen Vorgriff auf das Existenzgeld. Über ihre Aktivitäten berichtete die Gruppe in der Zeitschrift *Schwarze Katze*, die ab 1984 einmal pro Jahr erschien.

Der direkte Kontakt mit den Erwerbslosen war zentral für die Aktivitäten der Schwarzen Katze. Ohne die kontinuierliche Präsenz auf den Ämtern (und regelmäßige Öffnungszeiten der Jobber-Läden) war die Erwerbslosenorganisierung nicht denkbar. Dies erforderte einen hohen zeitlichen Einsatz, den in erster Linie Aktivisten erbringen konnten, die selbst erwerbslos waren. Zudem stellte sich die Organisierung als Jobber schwierig dar. Hier war ein übergreifender Ansatzpunkt kaum zu finden. Also gab die Gruppe Informationen über die Rechte im Job weiter, warnte vor besonders schlimmen Unternehmen und unternahm gelegentlich aktionistische Vorstöße gegen »Sklavenhalter«-Firmen, um gegen die Ausbreitung der Zeitarbeit zu protestieren. Eine Organisierung als Jobber, jenseits des Unternehmens, in dem jemand arbeitete, war aber nicht zu erreichen.

Nach sechsjähriger Aktivität rückte die Unklarheit über die weiteren Perspektiven ins Zentrum der Diskussion. Im Juni 1988 erschien in der *Schwarzen Katze* ein Artikel über die »Entwicklung der ›Arbeitsloseninitiativen‹ in Hamburg«, der Probleme der politischen Erwerbslosenorganisierung benannte. Der anonyme Autor konstatiert darin zunächst, dass sich die Arbeitslosigkeit und auch der Sozialhilfebezug bei bestimmten Personengruppen (»›Leistungsverweigerer‹, Behinderte und Kranke«[47]) verfestigt habe. Die Arbeitsmarktpolitik sei dazu übergegangen, die »Nutzlosen« auszusortieren. Wer als arbeitsfähig gelte, werde per ABM und Umschulung bearbeitet und in den Dienstleistungsbereich gelenkt. Der Hamburger »Jobbermarkt« stagniere, wie sich an der gleich bleibenden Zahl der Leiharbeiter und bei Jobvermittlungen ablesen lasse; man komme nur noch schwer an Schwarzarbeit und flexible Jobs. Zugleich wachse der gesellschaftliche Zuspruch zu ausländerfeindlichen Parolen

---

47 Schwarze Katze, Nr. 5, Juni 1988, S. 21.

und rechtsradikalen Gruppen und Parteien.[48] »Die Situation«, heißt es in dem Text, »ist insgesamt als relative Stärke des Systems zu werten. Der Klassenfeind scheint für viele unangreifbar, also wird nach unten getreten!«[49]

Der Artikel stellt weiter fest, dass sich viele Arbeitsloseninitiativen zunehmend professionalisierten und sich in staatliche Beschäftigungsprogramme einbinden ließen. Mit der Annahme von staatlichen Geldern (etwa im Rahmen von ABM) gehe aber ein schleichender Wandel einher. Viele Initiativen übernähmen nun Aufgaben staatlicher Sozialpolitik, vor allem bei der Beratung Erwerbsloser. Die Arbeits- und Sozialämter profitierten hiervon, da sich ihr Betreuungsaufwand reduziere und sie sich aufsässige Erwerbslose auf Distanz hielten. Zudem sei der Einfluss von »Sozialtechnokraten«, häufig Akademiker, in den Erwerbslosen-Inis gewachsen. Je stärker sie sich auf (professionelle) Beratung und Betreuung verlegten, umso mehr verlören diese Initiativen ihren Charakter als Orte des gemeinsamen Widerstands gegen die staatliche Arbeitsmarktpolitik. Das Angebot der Arbeitslosenselbsthilfe Wandsbek aus Hamburg zum Beispiel entspreche inzwischen dem einer »korrekt arbeitenden Sachbearbeiterin«[50]. Der Spezialisierung und Individualisierung, die mit dieser Entwicklung einhergehe, schlussfolgert der Artikel, müssten die sozialrevolutionären Jobber-Gruppen durch inhaltliche Ausweitung der Arbeit, Vernetzung und verstärkte Schulung entgegenwirken.[51]

Aber die Feststellung vom Anfang des Artikels, »dass wir unbedingt an den von uns besetzten Arbeitsfeldern dranbleiben müssen, auch wenn sich weite Teile der ›Linken‹ weiterhin ignorant zu den von uns aufgeworfenen Fragestellungen verhalten«[52], der Aufruf zu einer Verstärkung und Vertiefung des Engagements konnte nicht eingelöst werden. Nicht nur hatten sich viele Arbeitsloseninitiativen – das politische Umfeld

---

48 Bei den Bürgerschaftswahlen vom September 1987 in Bremen und Bremerhaven hatten die rechtsradikale Deutsche Volksunion (DVU) durch einen massiven Wahlkampf unter dem Namen »Liste D« 3,4 (Bremen) und 5,4 Prozent (Bremerhaven), die Republikaner 1,2 und 1,65 Prozent erreicht. Mit der DVU gelang zum ersten Mal seit zwanzig Jahren wieder einer rechtsradikalen Partei der Einzug in ein Landesparlament. In den folgenden Jahren konnten sowohl DVU als auch Republikaner ihre Wahlerfolge in anderen Bundesländern wiederholen und teilweise deutlich übertreffen. So erreichten die Republikaner bei den Wahlen für den Westberliner Senat im Januar 1989 satte 7,5 Prozent – und den Einzug in mehrere Bezirksparlamente.
49 Schwarze Katze, Nr. 5, 1988, 21.
50 Ebd., 27.
51 Ebd., 26.
52 Ebd., 21.

der Schwarzen Katze – in Beratungsstellen oder Beschäftigungseinrichtungen verwandelt. Es schwand auch die Bereitschaft, in die Läden der Schwarzen Katze zu kommen. Die Agitation auf den Ämtern lief ins Leere. Zudem dünnte die Gruppe selbst aus. Dies war unter anderem der Beschränkung auf die Situation als Erwerbslose (und Jobber) geschuldet, die für die allermeisten kein Leben lang anhält. »Keinem Menschen ist es zuzumuten«, schrieb ein ehemaliges Schwarze-Katze-Mitglied Mitte der 1990er Jahre, »immer nur vom Sozi oder von Scheißjobs zu leben. Für viele der alten tragenden Kerne gab es aufgrund ihrer individuellen Entwicklung keine Möglichkeit, sich weiter einzubringen, und nach mehreren Jahren Sozi oder Scheißjobs war eben die Luft raus.«[53] Wer einen »richtigen« Job gefunden oder sein Studium abgeschlossen hatte, konnte in den Initiativen kaum noch mitarbeiten. Viele Jobber wandten sich schließlich anderen Themenfeldern zu, besonders dem Kampf gegen rechte Aktivitäten, oder stiegen individuell aus der Jobber-Organisierung aus.

Wildcat

Auch die Karlsruher Gruppe hatte seit Ende der 1970er Jahre die Aufsätze in der Zeitschrift *Autonomie* verfolgt und sich in die Thesen des italienischen Operaismus vertieft. Dieser Kreis gab die *Karlsruher Stadtzeitung* (später *Wildcat*) heraus, in der die Analysen des Operaismus in leicht verständlicher Sprache diskutiert wurden.[54] Wie die Hamburger Jobber, so grenzte sich auch die Gruppe der *Wildcat* von der subkulturellen autonomen Nischen-Politik ab: »Die Abschottung, die durch die Möglichkeit, Häuser zu besetzten und Sozialknete zu beziehen, ermöglicht wird, wird von der Bewegung selbst weiterentwickelt, da sie sich in ihren Lebensweisen und Anschauungen im Gegensatz zur ›normalen Gesellschaft‹ erfährt. Die Szene/Bewegung fängt daher an, auf ihrer Besonderheit gegenüber dem Rest der Welt zu beharren, die eigenen Freiräume als Modell der Befreiung zu entwickeln. (...) Das Ghetto wird selbst zur Kampfform, die Absonderung zur Strategie.«[55] Die Gruppe überlegte, wie sie die rebellische und arbeitsfeindliche Grundhaltung vieler Jobber zu

---

53 T.V.B.: Kämpfen ist wichtig. Feiern aber auch, in: Arranca! Nr. 10, 1996, 29.
54 Die *Karlsruher Stadtzeitung* entwickelte sich zum beständigsten Hausblatt der operaistisch orientierten Jobber-Szene, in der diese ihre Thesen bundesweit diskutierte. 1985 benannte sie sich in *Wildcat* um. Unter diesem Namen existiert die Zeitung (mit einer Unterbrechung in den 1990er Jahren) bis heute. Sie prägt seither eine spezielle Lesart des operaistischen Ansatzes in der Bundesrepublik.
55 Wildcat, Nr. 42, 1987, 18f.

einem gemeinsamen »Kampf gegen die Arbeit«[56] weitertreiben könnte. Im Karlsruher »Jobber-Zentrum« sollten die verschiedenen »Verhaltensweisen gegen die Arbeit« zueinander finden, doch anders als in Hamburg sollte dabei weniger die Erwerbslosigkeit als die Jobber-Existenz der gemeinsame Ausgangspunkt sein. Zusätzlich begannen zwischen 1980 und 1982 mehrere Aktive der Gruppe gezielt, in verschiedenen Karlsruher Betrieben zu arbeiten und dort Konflikte loszutreten. Das gelang – ähnlich wie bei den Spontis zehn Jahre zuvor – recht gut, hatte nur – wie bei den Vorläufern aus den *Wir-Wollen-Alles*-Gruppen – zur Folge, dass die Betreffenden nicht lange im Unternehmen blieben. Als Haupt-Protagonisten der Konflikte wurden sie schnell gefeuert. Später erklärten sie: »Dass unsere Aktionen ihren Boden fanden, dass Sachen, die wir aufgegriffen hatten, mit unserem Verschwinden aus dem jeweiligen Betrieb nicht ›vergessen‹ waren, sondern unsere KollegInnen daran weiterdiskutierten, haben wir manchmal zufällig und viel später erfahren. Manchmal waren die ›Konfliktpunkte‹ ausgeräumt worden, etwa die Bandgeschwindigkeiten verringert, oder Leute, die sich beschwerten, wurden seither mit Samthandschuhen angefasst und auf ihre Beschwerden eingegangen; über unsere Aktionen wurde in anderen Betrieben gesprochen – die TrägerInnen dieser Kommunikationsstruktur waren junge ProletarierInnen, die von Job zu Job zirkulierten.«[57]

Dennoch erwiesen sich die Jobberinnen und Jobber als nicht gerade organisierungsfreudig. Die meisten wechselten lieber den Betrieb oder bezogen Arbeitslosenhilfe, wenn ihnen ihr Job nicht mehr passte. Ein Beteiligter schrieb über die Fallstricke des Projekts: »Alle Jobber-Gruppen entstehen mit der Euphorie, Politik in erster Person Plural machen zu können und gleichzeitig am zentralen Knackpunkt des Kapitalismus anzusetzen. (...) In Karlsruhe haben wir seit 1979 versucht, die JobberInnen als besonders mobile Schicht innerhalb der Klasse zu organisieren. Durch gemeinsame Intervention in typische Prekären-Jobs war es uns möglich, Ausbeutung und Klassenkampf, die eigene soziale Existenz gegen die Mythen in der politischen Szene von alternativem Unternehmertum und Selbstverwaltung zu thematisieren. Wir hatten aber darüber hinaus die (naive) Vorstellung, aus solchen Interventionen (...) würden sich kurzfristig massenhafte Organisationsansätze ergeben. (...) Aus allen bisherigen Erfahrungen können wir sagen, dass Jobber nicht langfristig

---

56 So der Titel des Vorworts einer Sammlung verschiedener Artikel aus der *Karlsruher Stadtzeitung* von Juli 1985. Im Folgenden KSZ Reprint.
57 Siehe THEKLA 8: Militante Untersuchung 1983–86, Berlin 1987, 5.

als ›Teil der Klasse‹ organisierbar sind, dass aus der Eigendynamik einer Jobber-Ini keine revolutionäre Organisation entsteht.«[58] Ein Teil der Gruppe machte trotz dieses Rückschlags weiter, wandte sich nun aber einer genaueren Analyse der unternehmerischen und staatlichen Krisenpolitik und ihrer Auswirkungen auf die Arbeiter zu.

Die Beobachtung, dass es nach dem Ende der Fabrikkämpfe der 1970er Jahre zu einer weit verbreiteten »Flucht aus der Arbeit« gekommen wäre, sei zwar richtig. Aber die Gruppe räumte selbstkritisch ein: »Diese ›gesellschaftliche Krise der Arbeit‹ wurde von der autonomen Linken – auch von uns – zunächst optimistisch als Verlängerung und gesellschaftliche Ausweitung der Arbeiterkämpfe gegen die Arbeit und für mehr Einkommen gesehen. Was wir dabei unterschätzt haben, war das politische Verhängnis, dass sich dadurch auch die Abkehr vom kollektiven Kampf gegen die Arbeit hin zur Suche nach individuellen oder auf einzelne Gruppen bezogenen Auswegen und Schlupflöchern vollzog.«[59]

Regierung und Unternehmen benutzten nun die Arbeitslosigkeit, um schlechtere Arbeitsverhältnisse für viele durchzusetzen. Allerdings sei die erwartete »Proletarisierung der Linken« nicht eingetreten; die meisten hätten noch einen akademischen Job ergattert oder seien zu alternativen Kleinunternehmern aufgestiegen. Ein neues Subjekt der Revolte sei vorerst nicht zu erkennen. Andererseits lehnte es die Wildcat ab, die Situation als Ausbreitung eines massenhaften Elends zu beschreiben, wie das die Zeitschrift Autonomie tat. Eine solche Beschreibung übergehe das offensive Ausweichverhalten der Jobber und verstelle den Blick für die nach wie vor vorhandenen renitenten Potenziale dieser Klassenschichten. Die Gruppe kritisierte auch die Forderung nach einem »garantierten Mindesteinkommen« oder Existenzgeld. Ein solches passe ins Kalkül der Unternehmen, die Lohnkosten zu senken, verwische tendenziell den Zusammenhang von Arbeit und Ausbeutung und trage letztlich dazu bei, die Arbeiter politisch einzubinden. Stattdessen solle man sich eine fundierte Einschätzung der Verhältnisse verschaffen, deren Ausdruck die verbreitete Jobberei sei. Statt des »Politischen Lohns« griff die Gruppe daher einen anderen Gedanken des Operaismus auf: die Untersuchung der Klassenzusammensetzung. Gegen die Vorstellung von linker Selbstorganisation als Jobber (oder Erwerbslose) setzte sie den Vorschlag, sich mit einer »militanten Untersuchung« eine Einschätzung über die Veränderungen in der Arbeit und über eine mögliche neue »politische Klassen-

---

58 Wildcat, Nr. 42, 1987, 5.
59 KSZ Reprint, 3.

zusammensetzung« zu erarbeiten. Das bedeutete, aktuelle Fragen wie die Automatisierung oder die Entwicklung des Arbeitsmarktes und der Investitionsstrategien zu analysieren und nicht zuletzt: selbst in den Untersuchungsbereichen arbeiten zu gehen, sich über die Erfahrungen mit der Arbeitsorganisation und dem Verhalten anderer Arbeiter auszutauschen und mit Arbeitern zu diskutieren, um neue Ansatzpunkte für Aktivitäten zu finden. Für diesen Vorschlag – 1983 in der *Karlsruher Stadtzeitung* formuliert[60] – konnten sich zwar nur wenige Leute aus anderen Städten begeistern. Doch ein kleiner Kreis nahm die Untersuchung auf.

Einige Jahre später schrieb einer der Beteiligten über diese Zeit: »Militante Untersuchung in dieser Phase definierten wir als ›Voruntersuchung‹, die uns einen breiten Überblick über die gesamte gesellschaftliche Produktionsstruktur verschaffen sollte. Wir haben es in der folgenden Zeit einigermaßen hingekriegt, an den wichtigsten Punkten von Klassenrealität präsent zu sein und das mit der gemeinsamen Ausarbeitung zentraler Fragen zu verknüpfen. Die Sektoren, die wir uns vorgenommen hatten, haben wir in dieser Zeit alle von innen, aus der Sicht der ungelernten ArbeiterInnen kennengelernt, u.a.: Elektroniksektor von der großen Montagefabrik bis zur Klitsche, Autofabriken und Zulieferer (Reifenfabrik, Vergaserfabrik), Warenverteilzentren, Sklavenhändler (AKW-Baustelle), Mittelständische Maschinen- und Gerätefabriken, Lebensmittelfabriken, Transportsektor, Sozi-Zwangsarbeit.«[61] Dadurch war die Gruppe in der Lage, sich von diesen Arbeitsbereichen ein recht genaues Bild zu machen, gängige Mythen über sie zu widerlegen oder zumindest mit eigenen Einschätzungen zu konfrontieren. Etwa mit der Beobachtung, dass Automatisierung die Arbeit in den Fabriken keineswegs monotonisierte, wie vielfach behauptet wurde, sondern dass sie dazu führte, angelernte Arbeiterinnen und Arbeitern durch Facharbeiter (Maschineneinrichter und Kontrollarbeiten) zu ersetzen und diesen immer mehr Verantwortung aufzuhalsen.[62] Die *Karlsruher Stadtzeitung/Wildcat* gehörte auch zu den Ersten, die die Fragmentierung der Arbeiterklasse ausführlich analysierte und sich in diesem Zusammenhang intensiv mit prekären Arbeitsverhältnissen befasste oder die erkannte, dass die gewerkschaftlich erkämpfte Verkürzung der Arbeitszeit auf 38,5 Stunden pro Woche mit einer massiven Arbeitsverdichtung einherging, für viele ArbeiterIn-

---

60 Nachgedruckt im Reader zur Militanten Untersuchung/THEKLA, Nr. 8.
61 Wildcat, Nr. 42, 1987, 8-9.
62 Siehe etwa die detaillierte Beschreibung des Industrieroboter-Einsatzes bei VW im Reader zur Militanten Untersuchung/THEKLA, Nr. 8, 107-126.

nen also keineswegs weniger, sondern mehr Arbeit bedeutete. Dass die praktische Arbeit in der Fabrik solche Schlussfolgerungen ermöglichte, war die eine Sache. Im Innern des Arbeitskreises Militante Untersuchung (AKMU) zeigten sich aber längst andere Widersprüche. Die Aktivistinnen und Aktivisten der Wildcat machten eine Erfahrung, die schon die Spontis 15 Jahre zuvor sehr ähnlich gemacht hatten: Sie erlebten mehr oder weniger ohnmächtig mit, wie die politische Diskussion des Arbeitskreises und der Alltag derjenigen, die in der Fabrik arbeiteten, immer weiter auseinanderdrifteten. Am Arbeitsplatz verhielten sich die meisten passiv oder übervorsichtig (aus Angst, sich von den Kollegen zu isolieren). Gegen das »Versacken im Betrieb«[63] schien kein Kraut gewachsen.

Auch die Konsequenzen lesen sich fast wie eine Neuauflage der Erfahrungen der *Wir-Wollen-Alles*-Gruppen. So heißt es im selben Artikel über den Arbeitskreis: »Ganz bezeichnend ist, dass wir es an keinem Punkt hingekriegt haben, als Arbeitskreis geschlossen und offensiv eine bestimmte Intervention vorzubereiten und durchzuziehen. Wir konnten unsere eigenen Bedürfnisse und Verhaltensweisen immer weniger mit dem Untersuchungsansatz vermitteln. (...) Die GenossInnen in den Betrieben sahen sich immer deutlicher alleingelassen mit ihren alltäglichen Schwierigkeiten, die ›theoretische Diskussion‹ auf den Treffen hob immer mehr ab, viele haben das nicht mehr gepackt, haben sich dadurch entpolitisiert, die Hoffnung verloren, dass ihr ganz individuelles Engagement diesen Widerspruch überwinden könnte. Andere haben sich als Reaktion darauf in den Betrieben verbunkert und wollten keine über ihre Existenz als ›ganz normale Proletarier‹ rausgehenden politischen Diskussionen und Ansprüche mehr gelten lassen.«[64]

Am Ende der Untersuchung 1986 stand eher Verunsicherung, auch über die eigene Rolle der untersuchenden Militanten, als neue Klarheit. Der Autor des oben zitierten Beitrags schließt mit der Frage nach der eigenen Rolle im Klassenkampf, die es zu klären gelte: »Chronisten«? »Revolutionäre«? »Avantgarde«? »Handelnde Klassenminderheit«?

Jenseits der Verweigerung

Auch wenn sich die Vorgehensweise der beiden vorgestellten Gruppen unterscheiden, sind sie sich in einem Punkt sehr ähnlich: Die Beschrei-

---

63 Reader zur Militanten Untersuchung/THEKLA, Nr. 8, 131.
64 Wildcat, Nr. 42, 1987, 12.

bungen, mit denen sie die Veränderungen in der Arbeitswelt zu fassen versuchen, stellen den Maßnahmen der Unternehmer (für die Vokabeln wie »Spaltung«, »intensivierte Ausbeutung«, »Arbeitsverdichtung« herhalten) einen Typus des Jobbers entgegen, der mit Formulierungen wie »Hass auf die Arbeit«, »Flucht aus der Arbeit«, »Verweigerung«, »Verhalten gegen die Arbeit« (Jobwechsel, Krankfeiern etc.) charakterisiert wird. Auch wenn die Beschreibungen deutlich machen, dass es sich hierbei um individuelle Strategien handelt, wird stets das Bild eines der Arbeit gegenüber prinzipiell feindlich eingestellten Wesens gezeichnet. Mit dieser Beschreibung entgeht beiden Gruppen ein wichtiger Punkt, denn im Laufe der 1980er Jahre breiteten sich auch neue Möglichkeiten zur Identifikation mit der beruflichen Tätigkeit aus.

Die französischen Sozialwissenschaftler Luc Boltanski und Ève Chiapello haben in ihrer Untersuchung über den »neuen Geist des Kapitalismus«[65] nachgezeichnet, wie verschiedene Aspekte der Kapitalismuskritik der 1960er und 1970er Jahre Eingang in die unternehmerische Ideologie fanden und sich zu einer neuen Vision des Unternehmens, einem neuen Leitbild der Arbeit verdichtet haben. Im Zentrum dieses Leitbildes stehen Werte wie Eigenverantwortung und Eigeninitiative, Flexibilität, Kreativität und Individualität, kurz: eine ganze Reihe vormals »linker« Werte, mit denen die starren kapitalistischen Formen des Fordismus kritisiert worden waren. Die Autoren halten die von ihnen beobachteten Veränderungen für so gravierend, dass sie von der Entstehung eines »neuen kapitalistischen Geistes«[66] sprechen, der den Geist der fordistischen Epoche mit seiner Begeisterung für Größe und Masse, Standardisierung, Rationalität und Organisation beerbt. An die Stelle klarer Karriereverläufe treten wechselnde Projekte, an die Stelle des Industriegiganten das »Netzwerk-Unternehmen«, an die Stelle des von Staat, Unternehmensverbänden und Gewerkschaften verantwortlich geregelten Alltagslebens die Eigenverantwortung und Selbstentfaltung der »Markt-Teilnehmer«.[67] Die neuen »Bewährungsproben«, die die Arbei-

---

65 Siehe Luc Boltanski/Ève Chiapello: Der neue Geist des Kapitalismus, Konstanz 2006.

66 Als »kapitalistischen Geist« bezeichnen sie das Ensemble an Glaubenssätzen, ethischen und moralischen Vorstellungen einer Epoche, die eng mit der kapitalistischen Ordnung verbunden, aber nicht vollständig aus ihr ableitbar sind. Gerade deshalb verleihen sie ihr Stabilität und Legitimität.

67 Wie sich die gegen den Kapitalismus gerichteten Forderungen nach Autonomie und Selbstverwirklichung mit den liberalen Prämissen von Leistungsfähigkeit, Konkurrenz und Wettbewerb verbanden, haben die Autoren anhand der französischen Managementliteratur untersucht. Arndt Neumann hat diesen Prozess für die deutsche

tenden bewältigen müssen, bedeuten aber auch mehr Stress, mehr Ausbeutung und wachsende Ungewissheiten über den eigenen Lebensverlauf. Und sie produzieren Ausschlüsse, indem sie »jene Personen und Personengruppen [aussortieren], die nicht über die notwendigen Ressourcen verfügen, um diese Chancen zu nutzen.«[68] Der Typ des Jobbers spiegelt die Ambivalenz dieser Entwicklung wider. Auch die »Flüchtlinge« aus der Fabrik, die der monotonen und hierarchischen Arbeitsorganisation des Fordismus den Rücken gekehrt hatten, bezogen nicht allesamt und auf Dauer Quartier in den »sozialen Hängematten«, wie es die Beschreibungen der *Schwarzen Katze*, teilweise auch der *Wildcat* nahelegten. Viele suchten und fanden Stellen in kleineren Betrieben, arbeiteten in wechselnden Projekten, als Selbstständige, Kleinunternehmer oder Freiberufler, im kreativen Bereich oder in Klitschen. Damit waren sie Teil jener Dynamik, die die Arbeit über den Raum verstreute und die ehemals strikten Grenzen zwischen Arbeit und Freizeit, »entfremdeter« Tätigkeit für den Chef und selbstgewählter (und selbstbestimmter) Tätigkeit, in der auch Platz für inhaltliche Zufriedenheit ist, verwischte.

Obwohl sie damit konfrontiert waren, dass ihre Mitglieder nicht »ewig von Sozialknete leben« oder stumpfsinnige Arbeiten verrichten wollten, schenkten weder Wildcat in ihrer Konzentration auf die Fabrik noch die Schwarze Katze in ihrer Konzentration auf die Erwerbslosen dem Wunsch nach Autonomie und Kreativität in der Arbeit besondere Aufmerksamkeit. Am Ende der 1980er Jahre hatte die Kritik, die ihren Ausgangspunkt im Hass gegen die Fabrikarbeit hatte, angesichts des veränderten kapitalistischen Versprechens viel von ihrer Überzeugungskraft verloren.

Dem Kapitalismus mit Parolen und Bildern entgegenzutreten, die eng mit der fordistischen Großfabrik verknüpft waren, machte an der Schwelle zum 21. Jahrhundert nicht mehr viel Sinn. Neue Widersprü-

---

Alternativbewegung nachgezeichnet und die Figur des alternativen Unternehmensberaters als wichtige Schnittstelle bei dieser Transformation beschrieben. Eine Untersuchung darüber, welche Rolle die K-Gruppen bei der Transformation linker Werte in ein neoliberales Projekt spielten, steht noch aus. Eine solche Untersuchung hätte dank der zahlreichen Karrieren, die ehemalige K-Gruppen-Mitglieder bei den Grünen, in der Gewerkschaft und in den Führungsetagen von Unternehmen eingeschlagen haben, reiches Material. Sie müsste sich aber sicher auch den Berichten von Burnout und Überforderung zuwenden, in denen »Aussteiger« die permanente Mobilisierung für die Organisation mit ganz ähnlichen Worten beschreiben wie heutige Freiberufler (und manche Angestellte) ihre Überforderung in der Arbeit (siehe 3. und 4. Kapitel).
68 Luc Boltanski/Ève Chiapello: Der neue Geist des Kapitalismus, 373.

che, die sich etwa aus der Ökonomisierung der Persönlichkeit, dem Verschwimmen von Arbeit und Freizeit, aus Standortkonkurrenz und grassierendem Nationalismus ergaben, ließen sich mit diesem politischen Vokabular nicht fassen.

Revolution oder Rente?

Und was wurde aus denen, die, begeistert von der Idee der proletarischen Revolution und der Partei, in die Fabrik gegangen und dort geblieben waren? Die sich Anfang der 1980er Jahre mit einer an Fabrik und Arbeiterklasse weitgehend desinteressierten außerparlamentarischen Linken konfrontiert sahen? Die zudem das 30. Lebensjahr lange überschritten hatten und denen langsam klar wurde, dass sie an ihrem Arbeitsplatz eher die Rente als die Revolution erleben würden? Zum Beispiel aus Peter B., den wir im dritten Kapitel verlassen haben, nachdem er bei Ford Köln gefeuert worden war? Peter B. hatte nach seinem Rausschmiss zunächst einige Monate auf dem Bau gearbeitet, bevor er im Herbst 1974 eine Stelle im Kölner Metallwerk Felten & Guillaume annahm. Dort war er als angelernter Arbeiter beschäftigt; außerdem war er in der RGO-Gruppe im Metallwerk aktiv und trat bei Betriebsversammlungen regelmäßig als Redner in Erscheinung. Als er 1979 in eine Mini-Abteilung versetzt wurde, die kurz vor der Abwicklung stand, entschloss er sich, die Firma bei der nächsten Gelegenheit zu verlassen. Das hatte nicht nur mit der deprimierenden Situation in der Abteilung zu tun, sondern auch damit, dass er sich nach einer interessanteren, erfüllenderen Aufgabe sehnte: »Ich verspürte auch den Wunsch, noch eine Ausbildung zu machen. Es waren ja nun zwei Kinder da, und ich war immer noch Hilfsarbeiter mit Abitur. Das heißt, ich fing immer wieder in der untersten Lohngruppe an. Und da ich bei F&G die Ausbildung nicht berufsbegleitend machen konnte, in der Chemie aber schon, habe ich mich dann dort beworben. 1980 habe ich bei Hoechst angefangen.«[69]

So wie Peter B. verschafften sich viele durch fachliche Weiterbildung Zugang zu interessanteren Arbeitsplätzen, die eine anspruchsvollere Tätigkeit und bessere Bezahlung versprachen. Die Möglichkeiten hierzu waren, dank der Modernisierung der Produktion, vielfältig.

Bei Hoechst konnte Peter B. sich die Jahre bei Felten & Guillaume als berufliche Praxis anrechnen lassen und nach der Fachprüfung zum

---

69 Interview mit Peter B., 2008. Daraus stammen auch die folgenden Zitate.

Chemikanten gleich den Meisterkurs beginnen, parallel zur Schichtarbeit im Chemiewerk, die er, verglichen mit der anstrengenden Arbeit bei Ford und F&G, als ruhig und angenehm empfand – und vor allem als abwechslungsreich. Das abgebrochene Jura-Studium wieder aufzunehmen kam ihm nicht in den Sinn. Peter B. gefiel die Arbeit, vor allem die Kooperation mit den Kollegen auf der Schicht, wenn die Vorgesetzten nicht da waren.»Du entwickelst da ein sehr intensives Verhältnis zueinander«, sagt er.»So eine Solidarität hast du in anderen Berufen selten, und schon gar nicht als Jurist, was ja vielleicht die Alternative gewesen wäre. Finanziell war es auch nicht das Schlechteste. Du hattest zwar nie zu viel Geld, aber als Facharbeiter doch ein ganz gutes Einkommen. Wir hatten zwei Kinder und konnten eigentlich immer in Urlaub fahren.«

Auch Annette Schnoor war noch in der KPD/ML aktiv. Wie Peter B. hatte sie 1975 ihr erstes Kind bekommen, einige Jahre später das zweite. Doch im Unterschied zu Peter B. war Annette Schnoor eine Qualifikation zur Facharbeiterin oder Meisterin versperrt. Die Arbeitsplätze im Siemens-Werk in Witten sahen keine Aufstiegsmöglichkeiten für die Frauen vor, die dort arbeiteten. Die anspruchsvolleren Positionen waren Männern vorbehalten, die, ebenso wie die meisten Betriebsratsmitglieder, auf die Frauen mit den »einfachen« Tätigkeiten herabblickten. Annette Schnoor blieb daher in der Produktion, wo Akkord gearbeitet wurde.»Aber im Akkord war ich nicht gerade sehr gut«, sagt sie.»Da bist du sozusagen verdonnert, an nichts zu denken, dann bist du am schnellsten. Das hab ich nicht hingekriegt. Ich habe immer über irgendetwas nachgedacht.«[70]

Die einzige Tätigkeit, die interessante Auseinandersetzung und Abwechslung versprach, war die Arbeit als Betriebsrätin. Für Annette Schnoor war es die Möglichkeit, der langweiligen Arbeit am Band zu entkommen:»Die Atmosphäre im Betriebsrat war total feindlich; die haben ja versucht, mich aus der Firma zu klagen wegen meines angeblichen Streikaufrufs, und aus der Gewerkschaft war ich sowieso ausgeschlossen. Trotzdem hat mir diese Arbeit Spaß gemacht. Du musst dir ständig etwas ausdenken: Was sind die Strategien der Firma? Was haben sie als nächstes vor? Was kann man dagegen machen? Das fand ich total spannend. Wegen der schlechten Behandlung der Kolleginnen war ich sowieso sehr in Fahrt damals. Nur dem Akkord hat das viele Nachdenken natürlich geschadet, denn ich war ja nicht freigestellt.« Aufgefangen

---

70 Interview mit Annette Schnoor, 2008. Auch die folgenden Zitate sind aus diesem Interview.

wurde Annette Schnoor durch die Kolleginnen in ihrer Abteilung. Damit sie trotz der Unterbrechungen durch die Aufgaben als Betriebsrätin überhaupt genug Geld verdiente, schenkten ihr die Kolleginnen Minuten aus ihrem Akkord.

Auch im Betriebsrat konnte sie nur dann etwas durchsetzen, wenn sie die betroffenen Arbeiterinnen dazu bewegte, selbst aktiv zu werden (siehe 3. Kapitel). Als Mitte der 1980er Jahre statt der Liste der IG Metall die »Belegschaftsliste« die Mehrheit im Betriebsrat erreichte und Annette Schnoor Betriebsratsvorsitzende und erstmals freigestellt wurde, behielt sie dieses Verfahren bei. Bevor sie Betriebsvereinbarungen unterschrieb, organisierte die Liste Abstimmungen im Unternehmen. In Befragungen ermittelte sie die Interessen der Belegschaft in Bezug auf Gesundheitsschutz, Qualifizierung usw. Es trug dazu bei, dass die bei Siemens beschäftigten Frauen sich nicht nur als ohnmächtige Objekte von Unternehmensentscheidungen erlebten, sondern die Erfahrung machten, dass sie Einfluss auf die Verhältnisse am Arbeitsplatz nehmen konnten. »Weil wir das gemacht haben und für unsere Positionen Anhang im Betrieb gebildet haben, haben wir es hingekriegt, dass in der Belegschaft die ganze Zeit eine relativ kämpferische Stimmung war, auch noch, als der Neoliberalismus sich langsam in den Köpfen breit machte«, sagt Annette Schnoor. Sie blieb bei Siemens, bis sie die Firma Anfang der 1990er Jahre aus gesundheitlichen Gründen verlassen musste.

Neben der Unterstützung durch die Kolleginnen war die Betriebszelle der KPD/ML ein wichtiger Faktor, um den permanenten Gegendruck im Betriebsrat auszuhalten. Hier besprach Annette Schnoor ihr politisches Vorgehen. Das sei, sagt sie, eine wichtige Rückendeckung gewesen, um nicht allein dem ganzen Druck ausgesetzt zu sein.

Der Partei war ihr Auftreten im Betrieb dagegen zu lasch und zu unpolitisch. »Diese Kritik hat mich anfangs sehr eingeschüchtert. Auf der anderen Seite fand ich es völlig unsinnig, im Betrieb die Revolution zu proklamieren. Ich habe mich immer gefragt, wie könnte es überhaupt passieren, dass irgendwer aus dem Betrieb in diese Partei eintritt. Das würde doch niemals gehen. Da würde die Frau zwei Sitzungen mitkriegen, da würde sie aber sehen, dass sie wegkommt. Weil das nichts mit ihrem Leben zu tun hat. Also habe ich die ›politische Agitation‹ oft weggelassen.«

Als die KPD/ML Ende der 1970er Jahre ihren bisherigen Kurs als »ultra-links« verwarf und sich stärker um Kontakt zu den »Massen« bemühen wollte, war Annette Schnoor plötzlich nicht mehr »Rechtsabweichlerin«, sondern ganz auf der (neuen) Linie der Partei. Kurz darauf

wurde sie Mitglied im Zentralkomitee. Je mehr sie durch ihre Betriebs-
ratsarbeit an Sicherheit und Selbstbewusstsein gewann, desto eher traute
sie sich, ihre Meinung in der Organisation zu vertreten. Ein Schlüsseler-
lebnis war ein Konflikt, bei dem es um den Umgang mit einem weibli-
chen KPD/ML-Mitglied ging, einer Frau, die eine Affäre hatte, obwohl
sie verheiratet war:»Die KPD/ML propagierte ja immer die Anpassung
an die Normalität der Arbeiter – oder was man dafür hielt. Nun wurde
die Frau kritisiert, weil sie angeblich ihren Mann im Stich gelassen hatte.
In dem Moment habe ich erst gemerkt, wie sehr ich meine Kritik an der
kleinbürgerlichen Familie, die ich 1968 ja hatte, aufgegeben hatte in der
Partei. Weil ich auch akzeptiert habe, dass man als Student seine kleinbürgerlichen Ideen der proletarischen Linie unterzuordnen hat. In dem
Konflikt ist mir meine Haltung zum Glück wieder eingefallen, und ich
habe gesagt: ›Ich finde es okay, was die Frau gemacht hat.‹ Mir konnte ja
durch die Arbeit bei Siemens niemand mehr erzählen, die Arbeiter sind
so und so.«

Sie begann, sich in der KPD/ML für Veränderungen einzusetzen, vor
allem für die Verankerung feministischer Themen in Partei und RGO.
Das war gewissermaßen die Konsequenz aus ihren beruflichen Perspektiven. Da die politische Arbeit im Betriebsrat die einzige Chance für
Zufriedenheit und Bestätigung im Arbeitsleben war und sie dafür auf
die Unterstützung durch ihre Parteigenossen (mindestens durch die Betriebszelle) angewiesen war, kämpfte sie für die Umgestaltung der Partei nach ihren Bedürfnissen. Diese Haltung brachte ihr nun erstmals
auch ein Ausschlussverfahren in ihrer eigenen Organisation ein. Doch
zu einem Abschluss des Verfahrens kam es nicht mehr. Die Macht- und
Mehrheitsverhältnisse in der KPD/ML hatten sich geändert. Ende 1983
legte Ernst Aust den Parteivorsitz nieder, den er seit 1971 innegehabt hatte. Wenig später verließ er das Zentralkomitee.

Zu dieser Zeit war der Mitgliederstamm auf etwa fünfhundert geschrumpft – Tendenz fallend. Die KPD/ML versuchte, dieser Entwicklung mit einer Initiative zur Vereinigung der verbliebenen Gruppen des
»kommunistischen Spektrums« – wie es im *Roten Morgen* hieß – zu begegnen. Am Ende fusionierte sie lediglich mit der trotzkistischen GIM,
der Gruppe Internationaler Marxisten, die Mitte der 1970er Jahre noch
ein Erzfeind der Maoisten gewesen war. Im Oktober 1986 lösten sich
beide Gruppen in die »Vereinigte Sozialistische Partei«, kurz: VSP auf.
Die Zentralorgane *Roter Morgen* und *Was Tun* stellten zugunsten der
gemeinsamen *Sozialistischen Zeitung* (SoZ), die es heute noch gibt, ihr
Erscheinen ein.

Obwohl das Signal bemerkenswert war, konnte es nicht einmal innerhalb der Organisationen eine Aufbruchstimmung entfachen. Weder Annette Schnoor noch Peter B. konnten sich für die neue Partei erwärmen.

Annette Schnoor berichtet von großen Konflikten um die politische Kultur in der neuen Organisation:»Wir hatten uns in der KPD/ML den Weg zur Demokratie ja mühsam erobert, unter harten Auseinandersetzungen, und fanden das auch nicht mehr richtig, was wir da früher gemacht hatten. Bei der GIM gab es den kritischen Blick auf die eigene Vergangenheit nicht. Die fanden, als Trotzkisten sind sie sowieso schon demokratisch.« Als die Errungenschaften, für die Annette Schnoor gekämpft hatte, wieder wegzubrechen drohten (und als sie außerdem aus der Arbeit bei Siemens ausscheiden musste), zog sie sich Anfang der 1990er Jahre aus der Organisation zurück.

Auch Peter B. berichtet, mit der Gründung der VSP habe bei ihm einen Ablösungsprozess von der Organisationsform der Partei eingesetzt:»Ich bin nach und nach zu der Überzeugung gekommen, dass eine Partei, also die Partei als Struktur, eher die negativen Seiten der Menschen fördert, weil sie die Leute in Konkurrenzbeziehungen setzt und auf Machterwerb angelegtes Verhalten fördert: Seilschaften bilden, sich einem Stärkeren andienen ... Es gab damals sogar in der Industrie eine Diskussion darüber, dass starre Hierarchien die Kreativität der Menschen hemmen. Durch den Abbau der Hierarchien sollte die Kreativität freigesetzt werden. Das ist natürlich schnell eingedämmt worden, als die Leute wirklich kreativ wurden. Aber die Beschäftigung damit hat bei mir letztlich dazu geführt, dass ich Parallelen gesehen habe zwischen der Betriebsorganisation und der Parteiorganisation.«

Irgendwann hörte Peter B. auf, die Treffen der Partei zu besuchen.»Es brachte mir nichts mehr«, sagt er.» Zum Jahreswechsel 1994 bin ich dann offiziell ausgetreten, zum 25. Jahrestag der Parteigründung. Ich hab da noch einen großen Brief geschrieben, der niemanden mehr interessiert hat. Aber mich. Und da habe ich gesagt, warum ich eine Parteistruktur nicht mehr für zukunftsfähig halte.«

6. Kapitel

Ihre Verbindung wird gehalten

Wo warst du beschäftigt im Unternehmen?
»In der Qualitätskontrolle. Entweder im Ultraschallbereich oder im Röntgenbereich oder in der Auswertung von Röntgenfilmen und solchen Geschichten.«
Hat dir die Arbeit in irgendeiner Weise Spaß gemacht?
»Ja. Ja, das hat mit der Beherrschung der Anlagen zu tun, mit der Souveränität, die du darin gewinnst. Man lernt wirklich jede Kleinigkeit schätzen. Und auch das Verhältnis der Kollegen untereinander war gut. Wir haben viel privat zusammen gemacht. Zugleich ist durch die Arbeit der größte Teil deiner Zeit einfach gefüllt mit Kleinscheiß. Im Betrieb – auch im Betriebsrat – bist du völlig in Beschlag genommen und kommst nicht mehr dazu, dir grundsätzlichere Fragen zu stellen. 1997 hab ich das Unternehmen verlassen. Das war eine richtige Befreiung, muss ich sagen. Aber von der Arbeit träume ich heute noch. Das sind Abläufe, die dir in Fleisch und Blut übergehen.«
Aus einem Interview mit einem ehemaligen Fabrik-Aktivisten

»Vor kurzem habe ich an einer Diskussion teilgenommen. Zwischen zwei Leuten mit einer ML-Geschichte, also ich und ein anderer, zwei Leuten, die aus einer linken theologischen Richtung kamen, und zwei Leuten von der *Wildcat*.«

Wir befinden uns in einer Altbauwohnung in Köln; Peter B. sitzt mir gut gelaunt gegenüber.

»Wir alle waren aus politischer Überzeugung in den Betrieb gegangen und hatten dort gearbeitet. Die, die von der Befreiungstheologie kamen, wollten mit dem Proletariat leben, das Leben teilen, und zwar die härtesten und unangenehmsten Arbeiten. Um aus dem gemeinsamen Leiden heraus Widerstand zu entwickeln. Die Wildcat machte Untersuchung. Die gingen praktisch in die Betriebe, um ihren Leuten außerhalb Informationen über das Bewusstsein der Arbeiter, Kampfbereitschaft usw. zu geben. Sie blieben immer nur befristet, weil sie sagten, nach einem Jahr besteht die Gefahr, dass du betriebsblind wirst. Und sie hatten auch das Bestreben, ganz unten zu bleiben. Es gab eine etwas skurrile Diskussion darüber, ob man als Stapelfahrer schon Teil vom Establishment ist, weil der Stapelfahrerführerschein schon ein Schritt zum Aufstieg ist. Gut, und wir von der KPD/ML waren praktisch als Propagandisten der Partei im Betrieb und versuchten, Leute für die Partei zu gewinnen. Gleichzeitig hatten wir dieses Bild im Kopf, dass ein guter Kommunist auch ein guter Facharbeiter ist. Wir machten wenn möglich eine Ausbildung. Wir stellten also fest, dass unsere Motivation, in den Betrieb hineinzugehen, sehr unterschiedlich war. Das, was wir dann aber machten, war sich sehr ähnlich. Wir alle machten das, was die traditionellen Interessenvertretungen nicht taten, nämlich wirklich die Interessen dort einzubringen, wo es wehtut, unangenehme Sachen an die Öffentlichkeit zu bringen, den Betriebsfrieden zu gefährden. Wir hatten keine Achtung vor dem Management, sondern stellten das bloß. Es war erstaunlich, wie sehr sich unsere Aktivitäten ähnelten. Nur wie wir von der KPD/ML es machten, hat jetzt im Nachhinein den Vorteil, dass wir in der Regel viel höhere Rentenansprüche haben als unsere Kollegen aus den operaistischen und christlichen Gruppen.«

Peter B. fängt an zu lachen.

»Es ist fast wie ein Witz, dass letztlich die KPD/ML mit dafür verantwortlich ist, dass ich bei erträglicher Rente in den Vorruhestand gehen konnte. Wir haben immer in Betrieben gearbeitet, wo es tariflich gesicherte Löhne gab usw.; wenn du lange genug arbeitetest, gab es oft sogar noch eine Betriebsrente. Und jetzt im Alter macht es doch einen Unterschied, ob du in so einer Firma warst oder ob du immer nur in Klitschen oder ganz unten in der Hierarchie gearbeitet hast.«

Ich habe Peter B. und die meisten anderen Leute, mit denen ich für dieses Buch gesprochen habe, im Sommer 2008 getroffen. Sie haben ihr Arbeitsleben im Stahlwerk, in der Automobilfabrik, im Chemie-Unternehmen, in der Elektroindustrie und im Maschinenbau verbracht, einer auch im Bergbau.

Bis auf eine Ausnahme hatten alle zuvor studiert, und während vier (von fünf)»Spontis« nach ein oder zwei Jahren in der Fabrik ihr Studium wieder aufnahmen und später als Psychologin, Lehrer oder Verlagsmitarbeiterin arbeiteten, blieben viele ehemalige Maoisten aus diesem Kreis den Großteil ihres Berufslebens in der Produktion. Mehr als die Hälfte meiner Gesprächspartner wurde in den Betriebsrat gewählt; nicht wenige waren über einen langen Zeitraum Betriebsräte in ihren Unternehmen. Die meisten von ihnen waren lange auch aus der Gewerkschaft ausgeschlossen, viele vorübergehend aus ihren Betrieben entlassen. Die Kämpfe mit den Kontrahenten in den traditionellen Interessenvertretungen haben an ihnen gezehrt. Fast alle, die länger im Betriebsrat waren, schieden aus gesundheitlichen Gründen vorzeitig aus ihrem Beruf aus. Die große Mehrheit meiner Gesprächspartner hat inzwischen das Rentenalter erreicht – während die Revolution auf sich warten lässt. Ihre Geschichte klingt heute ein wenig aus der Zeit gefallen. Die Gesellschaft hat sich seit – und durch – 1968 verändert. Die Fabrik ist nicht mehr die prägende Institution, sie ist eine unter vielen. Die Statistik sagt: Gut 12 Millionen Arbeiterinnen und Arbeiter gab es 1968 im produzierenden Gewerbe Westdeutschlands, das waren 45 Prozent der Erwerbstätigen. Weniger als 10 Millionen (ca. 23,5 Prozent) sind es in der gesamtdeutschen Wirtschaft des Jahres 2009. Stattdessen arbeiten 26 Millionen Menschen (oder 65 Prozent der Erwerbsbevölkerung) in Bereichen, die man dem Dienstleistungssektor zuordnet.

Noch immer gibt es »Männerdomänen« in der Arbeit, vor allem auf den gut bezahlten Positionen, aber die Hälfte der Erwerbstätigen sind heute Frauen. Vergleicht man die Arbeitswelt von 1968 mit der von heute, dann scheinen sich die Dinge auf den Kopf gestellt zu haben: Aus den weniger als 400.000 Studentinnen und Studenten von damals sind weit über zwei Millionen geworden. Viele Akademiker arbeiten inzwischen prekärer als die verbliebenen Facharbeiter; sie sammeln sich nicht in Großbetrieben, sondern finden sich zu Hause vor ihren Computern ein oder in wechselnden Büros und Projekten. Hier wie in der Fabrik besteht das Problem nur noch selten in Monotonie und Fremdbestimmung, sondern in zu viel Eigenverantwortung und dem Druck zur permanenten Kreativität.

Wer in der Geschichte des linken Fabrik-Experiments gute Beispiele für heutige politische Initiativen zu finden hofft, wird daher enttäuscht werden. Mit einem ähnlichen Gedanken scheiterten die ML-Gruppen, als sie die Organisationsmodelle der 1920er Jahre kopierten, um damit die Arbeitsgesellschaft der frühen 1970er Jahre zu attackieren. Das konnte nur schwer gut gehen. Die Ereignisse von 1968ff. zerstörten schließlich das leninistische Organisationsmodell, die Vorstellung von einem zentralen Ort politischer Veränderung, den Glauben an die Kraft universeller Ideen und an die Macht zentralistischer Organisationen. Heute besteht die Frage revolutionärer Politik nicht mehr darin, wie man »das Proletariat« zu einem einheitlichen antagonistischen Subjekt zusammenschweißen könnte, sondern ob und wo die heterogenen, dezentralen Kämpfe Verbindungen eingehen. Es stellt sich also die Frage, was von den Erfahrungen, die unter völlig anderen gesellschaftlichen Bedingungen gemacht wurden, bleibt.

Zunächst einmal bleibt es eine Aufgabe für Linke, sich mit dieser Geschichte auseinanderzusetzen, um nicht unbewusst in eine Wiederholung ihrer Formen und Fehler zu verfallen. Ich möchte also ein paar Punkte herausstellen, die mir für eine solche Auseinandersetzung wichtig erscheinen, und dabei auch auf Überlegungen meiner Interviewpartner eingehen, die sich diese oder ähnliche Fragen gestellt haben.

Die Episode, die Peter B. zu Beginn dieses Kapitels erzählt hat, berichtet von einem Problem, auf das die revolutionären Aktivisten in der Fabrik immer wieder stießen: Egal, mit welchen Vorstellungen sie ihre Arbeit und Agitation in der Fabrik begannen – sofern sie blieben, machten alle nach kurzer Zeit »Interessenvertretung«, meist »konsequenter«, als es die traditionellen Interessenvertreter taten, oft auch demokratischer, aber eben doch auf betriebliche oder (überbetriebliche) gewerkschaftliche Fragen beschränkt. Ihre Initiativen blieben innerhalb der Grenzen dessen, was Lenin zu Anfang des Jahrhunderts als »Trade-Unionismus« oder »Nur-Gewerkschafterei« bezeichnet hatte. Von revolutionären Perspektiven und sozialistischen Utopien war dabei nicht viel zu spüren. Dass dies eine allgemeine Erfahrung war, zeigt, dass der Arbeitsalltag, nur weil er – zweifellos – ein zentraler Ort gesellschaftlicher Widersprüche ist, nicht auch ein bevorzugter Ort für radikale Utopien und Schauplatz der Revolte sein muss. Im Gegenteil könnte man sogar sagen, dass solche Vorstellungen es dort besonders schwer haben, weil die eingespielten Routinen und Abläufe, der Druck, sich auf eine bestimmte Art zu verhalten, am Arbeitsplatz besonders stark sind – und die Sanktionen für abweichendes Verhalten besonders heftig: Arbeitsplatzverlust, Einkommensverlust, Verlust der erreichten gesellschaftlichen Position. Dies wirft die Frage auf, wie Alltag und Radikalität miteinander zu verbinden sind? Ist es so, dass die Vorstellung, die Menschen könnten ihre gesellschaftlichen Beziehungen anders gestalten, nicht in alltäglichen Situationen entsteht, sondern in Momenten, in denen die Alltagsroutinen aufgebrochen werden?

Die Situation, mit der dieser Text begann, die Rebellion um 1968, in der die meisten der späteren Fabrik-Aktivisten »politisiert« wurden, war in diesem Sinne eine außergewöhnliche Situation. Ihre Attraktivität bezog die Bewegung daraus, dass sie die alltäglichen Umgangsweisen in der Bundesrepublik der 1960er Jahre aufsprengte, Selbstverständliches in Frage stellte, dass sie mit neuen persönlichen Beziehungen und Formen des Zusammenlebens in WGs und Kommunen experimentierte, dass sie neue Werte, ja ein ganzes Lebensgefühl formulierte und so die Chance eröffnete, das Leben anders zu gestalten. Dieser Aufbruch begeisterte vor allem Jugendliche und junge Erwachsene: Schüler, Lehrlinge, Studenten.

Die Studenten setzten ihn an den Universitäten auf die Tagesordnung. Sie wollten die universitären Abläufe, die Art und Weise, wie gelehrt und gelernt wurde, umwälzen. Aber sie eigneten sich auch Möglichkeiten zur theoretischen Auseinandersetzung und Kritik der Gesellschaft an, holten gesellschaftliche Fragen an die Hochschulen – und konfrontierten umgekehrt die Bevölkerung außerhalb der Universitäten mit ihren Anliegen.

In der Arbeitswelt sah es etwas anders aus, zumindest in der Bundesrepublik, auch wenn dort ebenfalls eine Unruhe spürbar war, wie die vielen nicht-offiziellen Kämpfe und Konflikte jener Zeit belegen. Trotzdem war die Kluft zwischen den Teilnehmern des antiautoritären Aufbruchs (mit den durch ihre eigenen Erfahrungen und die Bilder der Arbeiterkämpfe in Frankreich und Italien beflügelten Erwartungen an den »Kampfzyklus«) und der Mehrheit der Gesellschaft unübersehbar – und, nachdem die Aufschwungphase der Bewegung zu Ende war, für viele der jungen »Antiautoritären« deutlich zu spüren. Aus dieser Kluft erklärt sich, wie das autoritäre Instrument der Avantgarde-Partei für die Antiautoritären so attraktiv werden konnte. Es war ein Mittel, die Distanz zum Rest der Bevölkerung (vorzugsweise zur »Arbeiterklasse«) abstrakt zu überbrücken und scheinbar eine Verbindung herzustellen, um die neuen Ideen in die Gesellschaft zu transplantieren, das »Bewusstsein« zum Proletariat zu bringen, wie es die Gruppen, die sich auf Lenin beriefen, wollten. Auch die spontaneistische Strömung war von dem Bild des Prinzen, der die schlafende Arbeiterklasse wachküsst, nicht frei (siehe 3. Kapitel). Allerdings wollten die *Wir-Wollen-Alles*-Gruppen mit ihrem Einsatz in der Fabrik nicht selbst zur Avantgarde des Proletariats werden, sondern in die existierenden betrieblichen Auseinandersetzungen intervenieren, die Dynamiken des Kampfzyklus aufspüren und die Entstehung einer »proletarischen Avantgarde« befeuern.

Keines der beiden Modelle zur Gesellschaftsveränderung ging auf – zumindest nicht so, wie sich ihre Anhänger das vorstellten. Zwar verbanden sich hier und da die Interessen der Aktivisten mit denen unzufriedener Arbeiterinnen und Arbeiter, und diese Allianzen erwiesen sich in einigen spontanen Arbeitskämpfen der 1970er Jahre (und später) als durchaus nützlich, um betriebliche Forderungen durchzusetzen. Doch die »betrieblichen« Konflikte entwickelten sich nicht zu breiten sozialen Kämpfen weiter – die entstanden an anderen Orten. Die Aktiven beider Lager waren mit dem Problem konfrontiert, dass ihre aus der Welt des Protests importierten Konzepte in der Fabrik nicht wirkten. Um sich dieser Situation nicht selbst anzupassen und zumindest die betriebliche

Oppositionsrolle durchzuhalten, griffen die, die geblieben waren, nun ihrerseits auf Gesprächskreise, Unterstützergruppen oder die Betriebszellen ihrer Organisationen zurück, die außerhalb der Arbeit angesiedelt waren.

Diese Feststellung diskreditiert nicht den Versuch. Sie macht aber deutlich, mit welcher Macht die täglichen Abläufe die Wirklichkeit (der Arbeitswelt) strukturieren. Sie lassen sich nicht einfach durch den Willen und nach dem Plan einer kleinen, entschlossenen Avantgarde aus den Angeln heben.

Der Umgang mit diesem Problem fiel sehr unterschiedlich aus. Die Wir-Wollen-Alles-Gruppen reagierten schnell, verließen die Fabriken und wandten sich den neuen sozialen Bewegungen zu. Dafür war einerseits ihre »suchende« Methode verantwortlich, andererseits die Bedeutung, die sie der emanzipativen Selbstveränderung gaben. Beides zog sie zu den Momenten des Aufbegehrens, zu all den Orten, wo etwas los war. Die ernüchternden Erfahrungen im Betrieb führten zum weitgehenden Rückzug der Spontis aus der »offiziellen« Arbeitsgesellschaft; fortan suchten sie Autonomie in der Arbeitsverweigerung oder in den Kollektiven der Alternativökonomie.

Die Mehrzahl der ML-Organisationen hielt unbeirrbar an ihrem Kurs fest. Die, die sich ebenfalls zu den neuen sozialen Bewegungen hin orientierten, wichen damit (unausgesprochen) von den Prämissen ihres Organisationsmodells ab. Eine solche »revolutionäre Prinzipienlosigkeit«, wie sie etwa der norddeutsche Kommunistische Bund an den Tag legte, wurde begünstigt durch die Repression am Arbeitsplatz, Entlassungen und Gewerkschaftsausschlüsse, die bewirkten, dass eine »politische Arbeit im Proletariat« in der gewünschten Form gar nicht mehr möglich war. Der Großteil der maoistischen Parteien und Bünde reagierte auf die Probleme bei der »Gewinnung der Arbeiterklasse« mit »Kurs halten!« und einer extremen Mobilisierung ihrer Mitglieder, die nach einigen Jahren zu massiven Verschleißerscheinungen, Burn-out und Desillusionierung führte und ihren Anteil an der Implosion dieser Organisationen nach 1977 hatte.

Es ist ein Allgemeinplatz, dass jede besiegte Rebellion Impulse für die Modernisierung der Gesellschaft liefert – ohne dass sie im Nachhinein darauf zu reduzieren wäre, wie manche ihrer einstigen Teilnehmer das heute gerne hätten. Auch die Forderungen nach Selbstverwirklichung und Originalität, Kreativität und Eigeninitiative, die im Zuge der Kritik von 1968 entstanden waren, und die mit ihnen verbundenen sozialen und kulturellen Praktiken lieferten solche Impulse. Indem sie von ihren revolutionären Kontexten getrennt und als Anforderungen in die Arbeitsprozesse integriert wurde, hat diese Kritik den Alltag sehr wohl umgewälzt, allerdings im Sinne einer umfassenden Mobilisierung des Subjekts für die Arbeit. Peter B. hat mir im Gespräch von diesem Wandel berichtet, der auch vor den Großbetrieben nicht Halt machte. Über die Arbeit bei Hoechst sagt er: »Man meint ja immer, dass die Arbeitsorganisation im Fordismus einer strengen Hierarchie folgte und den Arbeitern wenig Spielräume ließ. In meiner Erfahrung war es genau umgekehrt: In der fordistischen Fabrik gab es ein großes chaotisches Element, und erst mit den flachen Hierarchien sind die Spielräume, die man hatte, nach und nach verschwunden. Ein Beispiel: In der Nachtschicht bei Hoechst waren in unserem Bereich ein paar Dutzend Leute, und es gab keine Vorgesetzten. Damit war die Schicht immer auch zu einem gewissen Grad ein rechtsfreier Raum, in dem du dir die Arbeit anders einteilen konntest als sonst und wo du dich relativ frei bewegen konntest. Praktisch sah das so aus, dass in der Schicht oft gekocht wurde, Würstchen gegrillt und so etwas. Was nicht vorgesehen war. Der Kollege, der kochte, wurde durch die Schicht freigestellt, die anderen machten seine Arbeit, so dass er kochen konnte. Auch damals in der Produktionshalle bei Ford, in der ich Anfang der 70er arbeitete, gab es immer Kollegen, die hauptsächlich ihren Geschäften nachgingen. Ihre Arbeit erledigten andere mit. Die Kollegen konnten das ermöglichen, und dafür sprang bei den Geschäften, die der andere tätigte, etwas für sie heraus. Das heißt, in der fordistischen Fabrik gab es, obwohl sie sehr streng durchorganisiert war, immer Freiräume. Mit den flachen Hierarchien und der Eigenverantwortung des Teams verschwanden die Freiräume. Da du nun selber viel größeren Einfluss auf deinen Arbeitsbereich und dein Produkt hattest und dich auch mehr dafür verantwortlich fühltest, bemühtest du dich, das besser zu machen und zu optimieren. Dadurch wurden die chaotischen Elemente getilgt.«[1]

Auf Umwegen hatte die Kritik am Kapitalismus der 1960er Jahre also erhebliche Auswirkungen auf die Arbeitswelt, wenn auch sehr andere als jene, die ihre Propagandisten im Sinn hatten. Trotz dieser Erfahrungen haben sich viele Vorstellungen aus der Zeit des Avantgardismus bis heute gehalten und prägen als Gespenster die politischen Handlungen fast

---

1   Nicht dass diese Freiräume in erster Linie Orte des Widerstandes oder der Organisierung gewesen wären. Meist waren sie Gelegenheiten für gesellige Aktivitäten, um Karten zu spielen, zu essen oder auch um sich hemmungslos zu besaufen: Gelegenheiten, die Arbeitszeit mit Aktivitäten jenseits der produktiven Einbindung auszufüllen.

aller linken Strömungen. Zu diesen blinden Passagieren aus den 1970er Jahren gehören: die Vorstellung, Wahrheiten zu kennen, die die meisten Menschen und Bewegungen nicht kennen und die man ihnen deshalb beibringen muss; folglich die Vorstellung, dass politisches Handeln vor allem darin bestehe, andere (und zwar möglichst viele) von diesen Wahrheiten zu überzeugen und sie hinter den eigenen Losungen zu versammeln. In diesem Modell stehen auf der einen Seite die »Aktivisten« oder »Kader«, auf der anderen Seite die passive Menge oder die defizitäre Bewegung, auf die es einzuwirken gilt; auf der einen Seite die Aufklärer und Agitatoren, auf der anderen die Adressaten der Agitation. Und weiter gedacht – auch wenn das nicht in der Absicht der meisten Linken liegt – auf der einen Seite die potenzielle neue politische Führung und auf der anderen Seite die zukünftige Gefolgschaft. Dieses bis weit in die »undogmatische« linke Szene hinein nach wie vor praktizierte Modell weist weniger Unterschiede zu den missionarischen Organisationsvorstellungen des Leninismus auf, als es nach den Erfahrungen aus der »Fabrikintervention« und den maoistischen Gruppen der 1970er Jahre zu erwarten – und auch zu wünschen – wäre.

Fassen wir also die bisherigen Überlegungen zusammen: Wenn man davon ausgeht, dass die Arbeit ein zentrales Feld gesellschaftlicher Auseinandersetzungen ist, über das eine linke politische Strategie nicht hinweggehen kann; wenn man berücksichtigt, dass diese Auseinandersetzungen häufig in einer ökonomischen oder betrieblichen Logik gefangen bleiben; wenn »die Partei«, die das politische Programm und damit das »Gemeinsame« formuliert und ihren Anhängern die Richtung vorgibt, als Organisationsmodell ausgedient hat und die »autonomen Bedürfnisse«, von denen die spontaneistischen Gruppen ausgingen (siehe 2. Kapitel), sich meist auf Orte jenseits der Arbeit richteten – wie kann dann eine Verbindung von politischer Utopie und Arbeitsalltag aussehen? Wie könnten sich die Konflikte des Arbeitsalltags mit einer Perspektive verbinden, die darüber hinausweist? Geht das überhaupt?

Mit Werner Imhof habe ich über einige dieser Punkte gesprochen. Er lässt an der marxistisch geprägten Sichtweise, die die Arbeiter in erster Linie als Lohnabhängige begreift und als solche gegen das Kapital in Stellung bringen will, kein gutes Haar. »Die Linken aller Couleur«, sagt er, »verband eine selbstverständliche Annahme, von der ich heute meine, dass sie falsch ist. Nämlich die, dass schon die Opposition der Lohnarbeit gegen das Kapital etwas gesellschaftlich Neues begründen kann. Ich denke, solange man sich gedanklich in diesem Gegensatz Kapital und Lohnarbeit bewegt, kann etwas Neues nicht entstehen. Denn dieser Gegensatz trennt nicht nur, er verbindet auch. Der Arbeiter ist nicht nur Opponent des Kapitals, er ist selbst Teil des Kapitals, und das ist den Arbeitern in den meisten Fällen auch bewusst. Ich hatte ein Aha-Erlebnis bei einem Bildungsurlaub. Ich habe da in IG-Metall-Manier nach den eigenen Interessen der Teilnehmer gefragt habe. Jeder für sich sollte eine Rangfolge der Interessen von ›oberster Priorität‹ bis ›nachrangig‹ beschreiben. Nummer eins aller Interessen war: die Wettbewerbsfähigkeit des Unternehmens. Ja, da war ich ein bisschen geschockt. Das heißt, die eigenen Interessen gegenüber dem Kapital, die brechen sich sehr bewusst an den gemeinsamen Interessen auf dem Markt. Eigentlich eine sehr simple Sache, und ich frage mich heute, wieso man das, wieso ich auch selber das so lange nicht gesehen habe.«

Aber gibt es nicht zugleich all diese Handlungen, in denen sich eine Ablehnung der Arbeit ausdrückt? Man will früh Feierabend machen, man will am Montag nicht zur Arbeit, man zieht die Pausen in die Länge ...

»Ja, das sind zwei verschiedene Reaktionen auf das Gleiche. Diese Aversion gegen die Arbeit ist das eine. Aber dieselben Leute wären dabei, wenn es darum geht, den Betrieb am Leben zu erhalten. Ich habe von keiner Betriebsbesetzung gehört, wo die Belegschaft nicht zu 99 Prozent dabei war. Da geht es um den Erhalt genau dieser ungeliebten Arbeit, die so ungeliebt dann wieder auch nicht ist. Nicht nur weil sie Geld bringt, sondern es rettet sich jeder, soweit er kann, indem er doch ein gewisses positives Verhältnis zu seiner Arbeit entwickelt. Und sei es nur – das habe ich in einem Betrieb mit den stupidesten Maschinenarbeitsplätzen gesehen – sei es nur, dass du deinen Bereich, deine Maschine so beherrschst, dass du eine gewisse Zeitsouveränität erreichst. Das gibt es. Wenn du die Abläufe durchschaust und verstehst, warum welche Macken auftreten, und du weißt, wie du das beheben kannst ... Und natürlich freust du dich gleichzeitig, wenn der Feierabend näher kommt. Also, aus der Position der Lohnarbeit allein ist der Wunsch, das Kapital zu überwinden, nicht zu entwickeln. Du brauchst eine andere Vorstellung, die du dagegensetzen kannst.«

Wo sollte so eine Vorstellung entstehen?

»Sie kann nur aus den Widersprüchen der Verhältnisse kommen. Was heißt denn Kapitalismus? Das heißt: Produktion für fremde Bedürfnisse im Austausch gegen Geld. Mit den fremden Bedürfnissen meine ich nicht nur, dass man für den Unternehmer oder die Kapitalgesellschaft produziert, sondern man produziert auch für Leute, die die Produkte konsumieren, ob das nun Betriebe sind oder Endverbraucher. Es ist eine *gesellschaftliche* Produktion. Das ist – oder könnte – ein positiver Ansatzpunkt sein: sich dessen bewusst zu werden, dass man für andere produziert, dass daraus eine Verantwortung entsteht und man aus dieser Verantwortung heraus die Produktion vernünftig regelt, sie vernünftigen Zielen unterstellt.

Nun wird dieser Zusammenhang, dass man für andere oder einen gesellschaftlichen Nutzen produziert, verschleiert durch den anonymisierten Tausch der Produkte auf dem Markt, durch den Austausch gegen Geld. Die Produktion für den Austausch gegen Geld bedeutet die Trennung von allen anderen. Und diese Trennung kann man, denke ich, nur überwinden, wenn man die Vorstellung entwickelt, gemeinsam die Produktion in eigener Regie zu machen, weil man sagt, man lehnt die herrschende, kapitalistische Zwecksetzung ab, weil sie unvernünftig ist oder zerstörerisch, und strebt eine vernünftige, humane oder auch ökologische Zwecksetzung im Sinne der Gesellschaft und der Nutzer an. Solche Traditionen gab es auch in der sozialistischen Bewegung. Nicht so sehr in der Sozialdemokratie und den Kommunistischen Parteien, wo am Ende alles auf die führende Rolle der Partei hinausläuft, aber in der anarchistischen Bewegung, in Spanien zum Beispiel, die sich da teilweise sehr ernsthaft Gedanken darüber gemacht hat. In Ansätzen gibt es das heute auch. Zum Beispiel die SUD-Gewerkschaften in Frankreich. Oder hierzulande im Ärztestreik zum Beispiel, oder in den verschiedenen Streiks im Gesundheitswesen. Da spielte diese Frage immer eine Rolle. Das Paradebeispiel ist der Oberarzt, der gegen die Arbeitszeitregelung geklagt hat mit dem Argument, nach 30 Stunden Dienst ist der Patient sein Feind. Seine Arbeitszeit war so bemessen, dass er in Widerspruch zum Patienten geriet und ihm nicht das geben konnte, weshalb er eigentlich arbeiten wollte, nämlich eine gute Versorgung. Ich denke, diese Einsicht ist leichter Leuten zugänglich, die in einer direkten Verbindung zum Nutzer stehen, wie das bei vielen Dienstleistungen der Fall ist. Aber auch in den Fabriken sind die Voraussetzungen für solche Gedanken besser geworden. Du machst heute eine viel vielseitigere Arbeit als früher. Man erhält einen sehr großen Einblick in die Produktion. Dass du jahrelang nur auf einem Punkt in der Produktion sitzt und dich dort einrichtest in deinem kleinen Reich, dort abstumpfst, das gibt es so nicht mehr. Die Arbeitsplatzrotation ist wirklich flächendeckend inzwischen, auch zwischen Facharbeiter und Produktion und innerhalb der Facharbeiter zum Beispiel zwischen Schlossern und Elektrikern. Es wird im Grunde eine höhere Qualifikation aufgebaut, das Produktionswissen wird erweitert und vertieft. Es ist von der Unternehmensseite organisiert, aber letztlich ist es ein Schritt in die Richtung, die eigentlich die Fähigkeit zur

Selbstproduktion, Selbstorganisation erhöht. Auch die ganzen Außenbeziehungen, Einkauf, Transport, Versand – das sind heute alles Arbeiten, die für Normalarbeiter auch beherrschbar sind.«

Werner Imhof hat recht; die Menschen, ob nun als Produzenten in der Fabrik oder anderswo, sind nicht auf ihre Rolle im Arbeitsprozess und der Kapitalverwertung, auf ihre Funktion als »Ware Arbeitskraft« zu reduzieren. Zum einen: Wer würde aus einer derart beschränkten Position heraus überhaupt Ansprüche formulieren? Zum anderen reduziert die Arbeit die Menschen heute nur noch selten auf ihr nacktes Arbeitsvermögen, auf die Hand, die die Maschine bedient. Sie verlangt stattdessen »mitzudenken«, oft sogar noch sehr viel mehr: die Mobilisierung kommunikativer und sozialer Fähigkeiten, von Kreativität und Emotionen, kurz: der ganzen Person und Persönlichkeit. Nicht nur die Arbeit mehr oder weniger prekärer, mehr oder weniger kreativ tätiger Akademiker ist davon geprägt, dass die Grenzen zur Freizeit verschwimmen, Kundenkontakte und freundschaftliche Beziehungen ineinander übergehen, dass man den Inhalt der eigenen Arbeit selbst definieren und auch regelmäßig neu erfinden muss. Auch in den Fabriken ist heute Projektarbeit verbreitet, und der Kunde ist im Kopf der Beschäftigten präsent. Natürlich gibt es immer noch Tätigkeiten, bei denen all das keine Rolle spielt und wo Eigeninitiative als lästig empfunden wird. Aber solche Aufgaben sind zur Ausnahme geworden, an die sich die Dauer-Mobilisierten bisweilen mit nostalgischer Sehnsucht erinnern. Die strikte Abgrenzung zwischen Arbeit und Nicht-Arbeit – und damit zwischen dem Menschen bei der Arbeit und dem Menschen in der Freizeit – funktioniert heute immer weniger.

Die Frage nach der gesellschaftlichen Bedeutung der Arbeit kann also dazu beitragen, die Beschränkungen der bestehenden Verhältnisse ins Bewusstsein zu rücken und die Frage nach anderen Zielen zu provozieren. In diesem Gedanken ist Werner Imhof zuzustimmen, denke ich. Aber die Sache hat noch eine andere Seite, denn auch in dieser Vorstellung ist das Bewusstsein wieder der Dreh- und Angelpunkt. Nicht weniger bedeutend ist aber die Frage, welches Beziehungsnetz die Arbeit aufbaut und auf welchen Beziehungen sie aufsetzt und ob es möglich ist, bereits in den gegebenen Arbeitssituationen solidarische Beziehungen zu knüpfen und Handlungen zu entwickeln, die die Logik der Konkurrenz unterlaufen. Es macht, um beim Beispiel von Werner Imhof zu bleiben, einen großen Unterschied, ob die Beschäftigten eines von Schließung bedrohten Unternehmens mit Betriebsbesetzung oder mit Verzicht für den Standort reagieren. Die Erfahrung, dass man Problemen nicht allein gegenübersteht, sondern sie kollektiv lösen kann, ist in ihrer Bedeutung dafür, dass man sich mehr vorstellt, nicht zu unterschätzen. Ob so etwas passiert, ob kollektives Handeln entsteht, hängt vor allem davon ab, welche Beziehungen es zwischen den Kolleginnen und Kollegen, zu den Projektpartnern und/oder Kunden gibt. Das klingt banal, wird aber durch die Betonung des »Bewusstseins« als Voraussetzung für kollektives Handeln häufig in den Hintergrund gedrängt. Dabei stellen alle meine Interviewpartner, die heute noch positiv über ihre Zeit in der Fabrik sprechen, das gute Verhältnis zu ihren Kollegen heraus und erzählen von gemeinsamen Erlebnissen und besonderen Begegnungen – in und außerhalb der Arbeit.

Allerdings ist das Beziehungsgeflecht, das die Voraussetzung für die mehr oder weniger alltägliche Renitenz in der Fabrik des Fordismus geliefert hat, verschwunden (wie u.a. die Schilderung von Peter B. weiter oben in diesem Kapitel zeigt). Die Frage ist, welche neuen Beziehungen entstanden sind und entstehen, die die Realität der Arbeit prägen, welche Möglichkeiten für Widerstand und solidarisches Verhalten sie schaffen – und was daraus für linke Organisierung folgt.

Mit dieser Frage hat sich die Hamburger Bürogemeinschaft »9to5« beschäftigt. Ihr Ausgangspunkt ist die Beobachtung, dass Arbeit heute – ob in der »Kreativwirtschaft« oder in der Fabrik – von wechselnden Projekten geprägt ist. An die Stelle weniger fester und dauerhafter Beziehungen sind viele flüchtige getreten, und diese Tendenz findet sich ebenso in der Freizeit, etwa in den sozialen Netzwerken im Internet, deren Nutzerzahlen in den letzten Jahren explodiert sind. Auch hier vervielfachen sich die Kontakte, und die Grenze zwischen »öffentlichen« und »privaten«, Arbeits- und Freizeitkontakten verschwimmt. Die Bürogemeinschaft schreibt: »Der fortdauernde Boom der sozialen Netzwerke macht deutlich, dass die gegenwärtigen gesellschaftlichen Verhältnisse nicht allein durch Vereinzelung, sondern auch durch eine Exzessivität sozialer Beziehungen gekennzeichnet sind. Ebenso wie Vereinzelung zu Passivität, führt Exzessivität zu Bewegung.«[2] Beispiele dafür gibt es viele, ob nun die spanischen Wohnungsproteste von 2006/2007, die Online-Petition für ein bedingungsloses Grundeinkommen, oder die Klage-Welle gegen Hartz IV, die ohne Internetplattformen wie das Erwerbslosenforum oder »chefduzen.de« nicht möglich gewesen wäre. Was bedeutet das für die

---

2   Bürogemeinschaft 9to5: Alle Menschen werden Freunde. Das politische Potenzial von sozialen Netzwerken, in: ak – analyse & kritik, Nr. 541, 2009, 13.

Frage der Organisierung? Die Bürogemeinschaft folgert: »Die Organisierungskonzepte vieler linker Gruppen verfehlen die Ambivalenz der neuen sozialen Beziehungen. Weil an Verbindlichkeit und Kontinuität, an Unsichtbarkeit und Konspiration sowie an Reinheit und Eindeutigkeit festgehalten wird, können die neuen sozialen Beziehungen nur als Zeichen des gesellschaftlichen Verfalls gesehen werden. Doch statt unverbindliche und flüchtige soziale Beziehungen zu verwerfen, geht es darum zu verstehen, dass Handlungsfähigkeit durch die spezifische Verbindung von festen und flüchtigen Beziehungen entsteht und dass gerade flüchtige Beziehungen eine entscheidende Bedeutung für soziale Verankerung haben. ... Die einseitige Betonung von Eindeutigkeit und Reinheit bringt eine abstrakte Radikalität hervor, in der die Schmutzigkeit der gegenwärtigen sozialen Beziehungen keinen Platz hat. Anstatt die fortwährende Überschneidung von politischen, freundschaftlichen und beruflichen Beziehungen als Chance zu begreifen und die eigenen sozialen Beziehungen zu politisieren, wird an der Trennung von Politik und eigenem Alltag festgehalten. Vor diesem Hintergrund fällt es vielen linken Gruppen und Organisationen schwer, sich auf die Dynamik der neuen sozialen Beziehungen einzulassen.«[3]

Diese Passage zeigt meines Erachtens, unter welchem Blickwinkel die Frage der Organisierung auch diskutiert werden müsste: Wie könnte man die eigenen sozialen Beziehungen zum Gegenstand politischer Auseinandersetzung machen? Wo geschieht das? Wo wird die marktförmige Dauermobilisierung unterlaufen, und wo entstehen Orte für Verständigung? In seinem Buch *Die große Wut und die kleinen Schritte* über das gewerkschaftliche Organizing begleitet Peter Birke bei einem Aktionstag ver.di-Organizerinnen und -Organizer auf die Stationen eines niedersächsischen Universitätsklinikums und nimmt an Gesprächen mit den dort Beschäftigten teil. Er schreibt: »Der Schritt über die Türschwelle der Station, des Besprechungszimmers, der Werkhalle eröffnet zunächst die Sicht auf und potenziell auch die Kommunikation über einen wesentlichen Teil des Lebens, in dem die ›Politik‹ und damit auch die formale demokratische Ordnung keine Rolle spielen.«[4] Diese Schritte sind zunächst mühsam, aber nach und nach entsteht ein Gespräch, und durch den kontinuierlichen Einsatz der Organizerinnen und Organizer auch mehr: eine Kollegengruppe, die sich regelmäßig trifft, erste Forderungen und schließlich gemeinsame Aktionen – und ein neues Selbstbewusstsein der

---

3   Ebd.
4   Peter Birke: Die große Wut und die kleinen Schritte, 23.

Beschäftigten, die sich weiterhin treffen, inzwischen ohne die Organizer. Einen ähnlichen Effekt stellt auch Barbara Köster heraus, wenn sie von der Wirkung der Opel-Flugblätter erzählt:»So ein Betrieb ist wie eine Festung, völlig abgeschlossen nach außen. Und durch die Informationen, die nach außen dringen und von dort wieder zurückkommen, wird das auf einmal löchrig. Da ändert sich was in der Wahrnehmung. Zum einen in der Führungsetage, die war aufgescheucht: ›Woher wissen die das? Wo sind die U-Boote?‹ Aber auch bei denen, die dort arbeiten. Das ist nicht mehr wie ›Ich bin hier im Knast‹, sondern da entsteht die Fantasie ›Ich könnte ja auch ein U-Boot werden‹.« Die Flugblätter der 1970er – ein Wikileaks der Arbeitswelt.

Sicher sind die Betriebe nicht mehr die Festungen, die sie in der Vergangenheit waren, meistens jedenfalls nicht. Und sicher wollten die wenigsten Arbeiter, von denen Barbara Köster erzählt, U-Boote werden; die, die sich von den Frankfurter Spontis anstecken ließen, beeilten sich lieber, die Fabrik zu verlassen. Auch das erkannt zu haben, ist wichtig und nicht der geringste Verdienst der damals Beteiligten. Doch es ist nach wie vor so, dass das Gespräch über die Arbeit in den seltensten Fällen von selbst entsteht, man muss es organisieren. Und man muss eine Sprache dafür finden – und nicht die Sprache linker Floskeln oder distanzierter Analysen, sondern eine, die aus dem gemeinsamen Gespräch und im Konflikt entsteht. Ein Beispiel: Wenn, wie vor einigen Jahren bei den Montagsdemonstrationen der Erwerbslosen, die Parole »nur« lautet »Weg mit Hartz IV«, dann ist das nicht in erster Linie ein Defizit dieses Protests, sondern die Sprache, in der die Beteiligten einen gemeinsamen Ausgangspunkt finden. Es muss nicht dabei bleiben, aber es beginnt damit. Es hilft wenig, diesen Punkt – so wie meine eigene Gruppe damals – durch das Rufen einer »radikaleren« Parole (»Alles für alle, und zwar umsonst!«) übertönen zu wollen. Wichtiger, als die eigene Botschaft unters Volk zu bringen, wäre zunächst einmal, zu hören, worum es geht, und ein Gespräch zu beginnen; statt nach Vereinheitlichung und dem zentralen Widerspruch nach den heterogenen Kämpfe zu suchen, ihre Anliegen zu respektieren und von diesem Punkt aus Verbindungen zu knüpfen (oder auch nicht). Das ist durchaus etwas, was Linke tun können und sollten: Möglichkeiten für Gespräche organisieren und eine neue Sprache suchen – vielleicht zuallererst über ihre eigenen Arbeitssituationen – Orte zu finden und zu schaffen, an denen sich eine Wut äußern kann. Dabei kann es nicht schaden, die Ambivalenz, von der Werner Imhof berichtet hat, anzuerkennen, die Arbeit nicht nur als lohnabhängige Ausbeutung, sondern auch als Tätigkeit, in der man sich verwirklicht, und insofern als Teilhabe zu fassen. Vielleicht kann gerade das, der Inhalt der Tätigkeit, ihr gesellschaftlicher Nutzen, das, was das Individuum von sich (und damit auch für andere) in seine Arbeit hineingibt, die Grundlage sein, die Verbindungen schaffen kann.

Die Möglichkeit, seine Wut zu formulieren und Beziehungen zu knüpfen, ist eine Voraussetzung für Handlungsfähigkeit. »Wut allein ist aber noch nichts, was zu Veränderung führt. Erst wenn sich aus irgendeinem Grund Mut entwickelt, passiert etwas.« Dieser Satz stammt nicht von mir, sondern von Peter B., mit dem ich auch darüber gesprochen habe, wann der Schritt von der Wut zur Aktion passiert. Mut, also der Glaube daran, dass man einen Unterschied bewirken kann, kann auf sehr unterschiedliche Weise entstehen, aber ich würde das Kapitel gern mit einer Geschichte von Peter B. enden lassen und damit den Bogen zurück zur Fabrik schlagen. Nicht zur Fabrik der 1970er, sondern zu der der späten 1990er Jahre, in der es nicht um Lohnerhöhungen und bessere Arbeitsbedingungen ging, sondern um Unternehmensfusionen und Modernisierung, und in der die Arbeiter weder Projektionsfläche revolutionärer Hoffnungen noch enttäuschter Erwartungen sind, aber auch keine passiven und duldsamen Objekte unternehmerischer Entscheidungen. Insofern geht es hierbei um die Möglichkeiten von Widerstand und eigenständigem Handeln, zugleich aber auch um die Grenzen von Kollektivität und Veränderung im Hier und Jetzt. Die folgende Episode behandelt die Umstände, unter denen Peter B. Betriebsrat geworden ist. Gehen wir also zurück in die Kölner Altbauwohnung, in der dieses Kapitel begann:

Wann bist du Betriebsrat geworden?

»Erst sehr spät, erst 1997. Damals hatte Hoechst die Zerschlagung des Konzerns beschlossen. Einige Konzernteile sollten verkauft werden, und wir sollten zum Teil zugemacht werden. Als wir das erfuhren, habe ich beim Betriebsrat angerufen, und der sagte, es gibt keine Alternative, anders können wir wirtschaftlich nicht existieren. Am Abend hab ich dann dem Betriebsrat einen Brief geschrieben, in dem ich meine Empörung darüber ausdrückte und ihm sagte, für wie verkehrt ich seine Entscheidung halte, denn aus meiner Sicht waren die Betriebsteile, die geschlossen werden sollten, hoch profitabel. Und ich beschwerte mich, dass er nicht mit uns vorher darüber gesprochen hat. Den Brief habe ich einem Kollegen auf Schicht gemailt – ich war damals 50 Jahre alt und schon Meister, also nicht mehr in der Schicht – er sollte da noch mal drübergucken. Das hab ich immer so gemacht, dass ich solche Initiativen mit Kollegen abgesprochen habe. Und am nächsten Tag wollte ich den Brief beim Betriebsrat abgeben. Aber als ich dann morgens zum Pförtner kam, da sagte der gleich, also dein Brief, ne, der ist echt gut! Die Kollegen hatten ihn in der Nacht kopiert und verteilt – und am Morgen, als ich zur Arbeit kam, kannte jeder diesen Brief! Der Betriebsrat sah das natürlich als riesigen Vertrauensbruch an. Ja, und dann haben wir eine Betriebsversammlung erzwungen – das kannst du nach dem Gesetz machen, wenn 30 Prozent der Belegschaft das fordern –, und zu dieser Betriebsversammlung sind wirklich alle Kollegen, die betroffen waren, gekommen. Es war rappelvoll. Und dann kommt das Management mit dem Betriebsratsvorsitzenden rein, und es ist kein Stuhl mehr frei. Und keiner steht auf. Die stehen also auf der Treppe, und wir sitzen. Ne, das zeigt schon, was für eine Wut da herrschte auf der Versammlung. Das Management hat dann eine Studie präsentiert, die nachgewiesen hat, dass unsere Betriebsteile nicht profitabel betrieben werden können. Mir war aber vorher die Datei mit der Präsentation zugespielt worden, sogar mit Hinweis auf Schwachstellen.«

Wer hatte dir die zugespielt? Jemand aus dem Management?

»Ja, denke ich. Ich weiß bis heute nicht, wer's war. Jedenfalls war ich dadurch im Bilde über die Argumentation und kannte deren Zahlen. Und so hab ich dann im Anschluss an die Präsentation gesagt, wenn Sie bitte Folie 7 noch mal auflegen könnten, ich wäre auch an der Erstellung der Zahlen beteiligt gewesen, und ich hätte andere Zahlen. Sie haben also gesagt, okay, ich hätte vielleicht aus meiner Sicht recht, aber sie hätten eine andere Sichtweise, und ich könne vermutlich nicht mitreden. Und da ist mein Chef aufgestanden und hat gesagt, nein, die Zahlen von Herrn Bach sind richtig, die hab ich auch.«

Und dann?

»Dann war die Hölle los! Es hat schließlich dazu geführt, dass das Management abgesetzt worden ist. Alle, bis auf einen Standortleiter, sind ausgetauscht worden. Es gab damals ein Joint-Venture zwischen Hoechst und BASF, und wegen der Tumulte an unserem Standort hat sich das BASF-Management die Zahlen noch mal angeguckt und gesehen, dass da in der Tat was nicht stimmt, dass ein Drittel der Produktion stillgelegt werden sollte, obwohl sie rentabel war durch die neuen Maschinen. Die relativ alten Anlagen hatten durch eine neue Steuerung Ergebnisse gebracht, die uns völlig in Erstaunen versetzten. Aber das Management hat mit den Plan-Zahlen gearbeitet, während wir die Ist-Zahlen hatten. Und die Planung sah vor, nur die Kern- und die Spezialproduktion am Standort zu behalten, der Rest sollte stillgelegt werden. Das hat natürlich einem Teil des Hoechst-Managements auch nicht gepasst, aber die konnten nichts machen.«

Also hat euch jemand aus dem Hoechst-Management, der am Erhalt des Standorts interessiert war, das zugespielt.
»Vermute ich jedenfalls. Sie selbst hätten die Diskussion nicht entfachen können, aber als sie sahen, dass es jemand mit Erfolgschancen machen kann ... Das alles konnte ich nicht wissen, als ich den Brief schrieb. Aber es hat eben den Leuten aus dem Herzen gesprochen, und dadurch bin ich dann nachher von über 90 Prozent der Leute gewählt worden. Ganz ohne Unterstützung durch die Gewerkschaft. Das ist wirklich eine Ausnahmesituation, so etwas gibt es sonst nicht. Und wir haben einen Super-Betriebsrat gekriegt.«

Wie ist es dazu gekommen?
»Ja, der Betriebsratsvorsitzende stand auf der Betriebsversammlung nun ziemlich blöd da. Und er warf mir vor, ich hätte zwar eine große Klappe, wär' aber nicht bereit, Verantwortung zu übernehmen. Und daran schloss er die Frage an, oder bist du bereit, als Betriebsrat zu kandidieren? Und wie diese Frage so kam – ich wollt's wirklich nicht machen. Ich konnte die IG BCE nicht ausstehen, und ich konnte diese Leute nicht leiden – aber als die Frage kam, hab ich spontan ja gesagt. Und hab nachher gedacht, du bist wirklich ein Idiot! Jetzt sitzt du hier mit diesen Leuten zusammen und musst dich rumärgern ... Aber nach der Versammlung, beim Rausgehen, kam schon der erste Kollege und sagte, wenn du kandidierst, kandidier ich auch. Und schließlich haben 29 Leute kandidiert! Die IG BCE hat noch versucht, Zwietracht zu säen, hat es aber schnell wieder aufgegeben. Und schließlich haben sie sogar ihre Kandidatur zurückgezogen. Es hätt' auch keinen Wert gehabt. Aber weil die Gewerkschaft uns nicht unterstützt hat, mussten wir uns unsere eigene Unterstützung organisieren, eigene Strukturen aufbauen, mit Ausbildung, mit juristischer Unterstützung. Das waren hocheffiziente Strukturen, die denen der IG BCE echt überlegen waren. Es war auch eine wahnsinnige Dynamik da drin nach den Ereignissen. Das war eine tolle Zeit.«

Wie hat das Management auf euch reagiert, nach allem, was geschehen war?
»Es war ein neues Unternehmen. Wir hatten es mit einem jungen Management zu tun; der Großteil der Manager hatte das erste Mal überhaupt mit Betriebsräten zu tun. Von daher ging's etwas undogmatisch daher. Zudem hatten wir einen unglaublichen Rückhalt in der Belegschaft. Diese Dynamik hat zweieinhalb Jahre ungefähr angehalten. Dann waren die wichtigsten Dinge geregelt, und ab da spürte man auch Ermüdungserscheinungen. Sowohl in unserer Betriebsratsgruppe als auch bei den Kollegen. Wir haben ja immer alles offen gemacht. Alle Briefe, die

wir der Geschäftsleitung schrieben, wurden in der Regel nachmittags per Mail an die Betriebsräte in den verschiedenen Bereichen gegeben, damit sie die mit den Leuten diskutieren und uns Rückmeldung geben können. Am nächsten Morgen um elf wurden sie dann losgeschickt. Irgendwann wollte sich das niemand mehr durchlesen. Es hat ja auch keiner die Zeit, um sich damit zu beschäftigen. Das ist ein Grundproblem der Repräsentation und speziell bei Betriebsräten. Du bekommst ein anderes Bild von der Lage im Unternehmen, du beschäftigst dich auf einmal mit dessen Wirtschaftlichkeit usw. Das verändert deine Sichtweise, ob du es willst oder nicht. Solange es ein Gegengewicht gibt durch eine aufmerksame und mobilisierte Belegschaft, kannst du das ein Stück weit auffangen. Das ist ein Korrektiv für dich im Betriebsrat, und das haben wir versucht zu fördern, indem wir alles offen und kritisierbar gemacht haben. Aber irgendwann ließ das Interesse nach, und viele Kollegen sagten, was soll ich mir den Scheiß durchlesen. Wir haben dich gewählt, guck dir das an, und mach es vernünftig.«

Bist du deshalb nicht noch mal angetreten?

»Ach, das war so: Zum einen war's sehr aufreibend. Wir hatten in dieser Periode drei Fusionen, das war ein sehr aufreibender Prozess, auch gesundheitlich. Ich hab mir in dieser Zeit Herzrhythmusstörungen eingehandelt. Auch wegen der großen Verantwortung sicherlich, das war ein neues Gefühl. Normalerweise wenn du Mist machst, dann sagt man dir, du hast Mist gemacht, und du musst es ausbaden. Wenn du als Betriebsrat Mist machst, müssen's die Kollegen ausbaden. Das ist was anderes. Bei jeder Verhandlung fragst du dich: Hätten wir noch mehr rausholen können? Zum anderen hatten wir ganz gute Möglichkeiten ausgehandelt, aus dem Betrieb auszuscheiden. Nach der letzten Fusion war klar, dass 20 Prozent der Leute abgebaut würden. Daraufhin hatten wir Vorruhestandsregelungen für Ältere verhandelt. Wer 55 Jahre alt war, konnte aufhören und bekam dann noch sein Nettogehalt, oder 90 Prozent davon, vier Jahre lang weiter. Ich habe mit 56 aufgehört zu arbeiten und bekomme jetzt seit kurzem meine Rente. Allerdings 30 Prozent weniger als ich bekommen hätte, wenn ich bis 65 gearbeitet hätte. Deshalb haben wir auch den Kollegen gesagt, sie sollen sich das gut überlegen und sich nicht von den hohen Zahlungen bis zum Sechzigsten blenden lassen, besonders wenn sie nicht sonderlich viel gespart haben. Die meisten haben sich das sehr genau überlegt, aber manche wollten auch einfach nur raus aus dem Unternehmen.«

Wirken sich diese Veränderungen durch die Fusionen auf die Bereitschaft der Leute aus, in Aktion zu treten?

»Also, die Bereitschaft, was zu unternehmen, war am höchsten, als wir noch keine Betriebsräte waren. Auf der Versammlung, von der ich vorhin sprach, habe nicht nur ich gesprochen, sondern auch andere Leute, die ermutigt waren und selbst etwas vorbereitet hatten. Das war eine hohe Mobilisierung. Danach war die alte desavouierte Vertretung weg, und unter uns tat sich was. Da war dann die Meinung bei den meisten, jetzt haben wir Betriebsräte gewählt, denen wir vertrauen, jetzt sollen die auch ihren Job machen. Wir haben versucht, die Stimmung wachzuhalten, und teilweise ist das auch gelungen. Ich will mal ein Beispiel geben. In einer Abteilung sollte die Organisation der Arbeit verändert werden. Das war uns vom Management vorgestellt worden als eine Verbesserung, auch für die Leute. Und da uns das nicht einleuchtete, haben wir in der Verhandlung gesagt, wissen Sie was, wir haben Schichtwechsel. Wir gehen jetzt in die Abteilungen und nutzen den Schichtwechsel, um diese Sache mit möglichst vielen Leuten zu diskutieren. Es ist dann auch wirklich eine volle Versammlung zustande gekommen, und das Management hat denen vorgetragen, was sie wollen. Und dann haben die Leute geredet, und da waren Redebeiträge dabei – unglaublich! Ich weiß noch, ein junger Kerl, vielleicht 24 Jahre alt, hat seine Situation auf der Mischerbühne erläutert und anhand dessen überzeugend dargestellt, dass das Vorhaben entweder dazu führen wird, dass er und vor ihm noch andere Kollegen zusammenbrechen, oder dass die Qualität bedroht ist. Der hat so gut gegen die Position des Managements argumentiert, dass danach die Diskussion einfach zu Ende war und die ihr Vorhaben nicht mehr wie geplant durchziehen konnten. Sie hatten sich ja drauf eingelassen und betont, dass es eine Verbesserung bringen würde – und danach war klar, dass sie es so nicht mehr machen können. Und solche Situationen gab es einige, teilweise haben die Leute die Fusionen sogar selbst in Arbeitsgruppen verhandelt, und wir aus dem Betriebsrat haben das höchstens noch moderiert. Manchmal nicht mal das. Von den Leuten, die das gemacht haben, haben anschließend welche für den Betriebsrat kandidiert.

Ich denke, in der Regel ist es so, dass das Vertreten, das der Betriebsrat übernimmt, die Belegschaft in eine passive Rolle drängt. Jetzt ist diese Rolle nicht nur unerwünscht, häufig ist sie auch erwünscht. Aber es gibt immer diese Punkte, wo die Leute die Rolle besser spielen können als der, der sie vertritt. Und wir haben jede Möglichkeit ausgenutzt, das zu fördern, dass sie selber in die Rolle kommen, was zu machen. Solche Möglichkeiten gibt es ja, du kannst Abteilungsversammlungen machen, Verhandlungsvollmachten geben und ihnen die Zusage geben, was ihr verhandelt, werden wir beschließen. Das können Betriebsräte immer machen; durch E-Mail und Internet ist es sogar noch leichter geworden. Das führt einerseits dazu, dass die Leute selbst über die Problematik nachdenken, die verhandelt wird. Und andererseits entlastet es auch. Der Druck auf den Betriebsrat nimmt ab, und die Leute bauen selber Druck auf. Und durch das gemeinsame Handeln entsteht natürlich auch ein höherer Druck auf das Management. Das Management ist ja normalerweise daran interessiert, wenn es einen Abschluss nach seinem Interesse hinkriegt, dass nicht sie, sondern der Betriebsrat das auszubaden hat. Ein Betriebsrat ist ein Puffer, und aus dieser Rolle musst du irgendwie rauskommen. Ich denke immer, wenn einer leidet, dann nach Möglichkeit nicht wir, sondern die. Natürlich ging das auf diese Weise auch nur, weil wir wegen der besonderen Umstände der Wahl den Betriebsrat komplett stellten. Das hat, wie gesagt, zwei Jahre lang ganz gut geklappt. Dann nahm es ab.«

Auch bei diesen Konflikten ging es nicht um die Revolution, sondern um die Rente – und andere nur scheinbar »kleine Fragen«. Es sind meist eher kleine Konflikte, an denen man sein eigenes Anliegen formuliert. Wer es nicht für möglich hält, dass man an diesen Punkten etwas ausrichten kann, wird sich auch kaum eine andere Gesellschaft vorstellen.

Dieser Punkt ist und bleibt zwiespältig, aber ich denke, man muss ihn anerkennen. Nicht wenige der in der Fabrik verbliebenen Aktivisten haben über die vielen kleinen Konflikte die Hoffnung auf Veränderungen im Großen aufgegeben oder vertagt und sie erst nach dem Ausscheiden aus dem Arbeitsleben wieder aufgenommen. Oder sie sind durch andere Ereignisse erschüttert worden. Der Zusammenbruch des Ostblocks und der Triumph des Kapitalismus 1989/90 war für viele ein solcher Einschnitt. Die Reste der Organisationen lösten sich auf, ihre Anhänger zogen sich zurück. Bei mehreren meiner Gesprächspartner fiel der Beginn chronischer Krankheiten in diese Zeit. Aber solche Brüche sind auch Brüche mit festgefahrenen Situationen und Ansichten, und manchmal schaffen sie Platz für etwas Neues. Peter B. berichtet, dass das Ende der Organisationen einen neuen Austausch zwischen ihren ehemaligen Mitgliedern bewirkte. Die Diskussionen, die er seit Mitte der 1990er Jahre geführt habe, seien nicht mehr von dem Wunsch geprägt gewesen, den Anderen auf Biegen und Brechen zu überzeugen. Auf einmal war es möglich, alte Gewissheiten in Zweifel zu ziehen und sich für neue Fragen zu öffnen. Peter B. beschreibt diese Erfahrung als überaus befreiend. »Die Verbindungen, die seitdem entstanden sind«, sagt er, »hätten eigentlich schon zwanzig Jahr vorher entstehen können, denn es waren großteils die gleichen Leute, die man schon kannte oder hätte kennen können. Aber vorher konnten sie nicht entstehen, weil man nicht auf diese Art miteinander reden konnte. Jeder hatte noch seine Organisation im Rücken und sprach mehr für die als für sich selbst. Das war nun anders, und auf einmal fingst du an, dir gegenseitig deine Situation zu erklären und weshalb du etwas auf eine bestimmte Art machtest, und du hattest plötzlich echt interessante Diskussionen, auch mit Leuten, mit denen du teilweise jahrelang zusammen in einer Organisation gewesen warst.«

Am Ende liegt genau hier das Faszinierende dieser Geschichten. Die Lebenswege meiner Gesprächspartner zeigen, dass es trotz unerwarteter Verläufe und Enttäuschungen, trotz zahlreicher, manchmal erschreckender Irrwege und Sackgassen, trotz eines Alltags, der wenig Raum lässt, möglich ist, eine Hoffnung zu behalten, sie in Zweifel zu ziehen, trotzdem nicht loszulassen, und wieder neu zu finden.

Wenn das kein Grund für Optimismus ist.

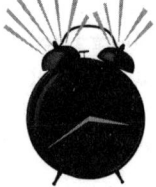

Quellenverzeichnis

Literatur

A.G. Grauwacke: Autonome in Bewegung. Aus den ersten 23 Jahren, Berlin/Hamburg/Göttingen 2003

Elmar Altvater/Jürgen Hoffmann/Willi Semmler: Vom Wirtschaftswunder zur Wirtschaftskrise. Ökonomie und Politik in der Bundesrepublik, Berlin 1979

Arbeitersache: Was wir brauchen müssen wir uns nehmen. Multinationale Betriebs- und Regionsarbeit der Gruppe Arbeitersache München, München 1973

Arbeitsloseninitiativen der Bundesrepublik und Westberlin: 1. Bundeskongreß der Arbeitslosen. Protokolle, Presse, Fotos, Initiativen, Frankfurt am Main 1983

Autonomie-Redaktion: Zu diesem Heft, in: Autonomie – Materialien gegen die Fabrikgesellschaft, Nr. 2, 1976, 2-3

Autonomie-Redaktion: Sozialrevolte und Antiimperialismus. Thesenpapier, in: Autonomie – Materialien gegen die Fabrikgesellschaft. Neue Folge, Nr. 10, 1982

Bommi Baumann: Wie alles anfing, Berlin 1994

Joachim Bergmann/Otto Jacobi/Walther Müller-Jentsch: Gewerkschaften in der Bundesrepublik. Gewerkschaftliche Lohnpolitik zwischen Mitgliederinteressen und ökonomischen Systemzwängen, Frankfurt/Köln 1975

Betriebsgruppe bei Osram Westberlin: Die Trommel ruft – die Banner wehn oder: wie die KPD bei Osram streikte, in: Probleme des Klassenkampfs, Nr. 11/12, 1974, 273-286

Peter Birke: Wilde Streiks im Wirtschaftswunder. Arbeitskämpfe, Gewerkschaften und soziale Bewegungen in der Bundesrepublik und Dänemark, Frankfurt/New York 2007

Peter Birke: Die große Wut und die kleinen Schritte. Gewerkschaftliches Organizing zwischen Protest und Projekt, Berlin/Hamburg 2010

Manuela Bojadžijev: Die windige Internationale. Rassismus und Kämpfe der Migration, Münster 2008

Luc Boltanski/Ève Chiapello: Der neue Geist des Kapitalismus, Konstanz 2006

Karl D. Bredthauer: Ölkrise?, in: Blätter für deutsche und internationale Politik, Nr. 12, 1973, 1264-1267

Bürogemeinschaft 9to5: Alle Menschen werden Freunde. Das politische Potenzial von sozialen Netzwerken, in: ak – analyse & kritik, Nr. 541, 2009, 13

Claus J. Carstensen: Gegenökonomie und Alternativkultur. Eine antagonistische Antwort?, in: Autonomie – Materialien gegen die Fabrikgesellschaft, Nr. 2, 1976, 9-12

Ralf Dahrendorf: Arbeiterkinder an deutschen Universitäten, Tübingen 1965

Tilman Fichter/Siegward Lönnendonker: Kleine Geschichte des SDS. Der Sozialistische Deutsche Studentenbund von 1946 bis zur Selbstauflösung, Berlin 1977

Joschka Fischer: Vorstoß in »primitivere« Zeiten, in: Autonomie – Materialien gegen die Fabrikgesellschaft, Nr. 5, 1977, 52-64

Frombeloff: Gespräch mit Karl Heinz Roth, in: Ders.: ... und es begann die Zeit der Autonomie. Politische Texte von Karl Heinz Roth, Hamburg 1993, 295-324

Gruppe Arbeiterkampf: Streik bei Ford Köln, Köln 1973

Willi Hajek: Der Geist der Rebellion. Wie im Bochumer Opelwerk die Basis für ein widerständiges betriebliches Milieu entstand – eine Spurensuche, in: Jochen Gester/Willi Hajek: Sechs Tage der Selbstermächtigung. Der Streik bei Opel in Bochum Oktober 2004, Berlin 2007, 9-16

Gerhard Hanloser: Zwischen Klassenkampf und Autonomie: Die Neue Linke und die soziale Frage, in: Peter Birke/Bernd Hüttner/Gottfried Oy: Alte Linke – Neue Linke? Die sozialen Kämpfe der 1968er Jahre in der Diskussion, Berlin 2009, 150-160

Dirk Hauer: Schwarze Katzen in der Hängematte. Aneignungsbewegung in den 1980er Jahren – ein Rückblick aus aktuellem Anlass, in: ak – analyse & kritik, Nr. 487, 2004

Wolfgang Heiermann: Das Urteil, in: Klaus Dethloff/Armin Golzem/ Heinrich Hannover/Wolfgang Heiermann/Frank Niepel/Roland Otto/Karl Heinz Roth: Ein ganz gewöhnlicher Mordprozess. Das politische Umfeld des Prozesses gegen Roland Otto, Karl Heinz Roth und Werner Sauber, Berlin 1978, 151-156

Stefan Heinz: Moskaus Söldner? Der Einheitsverband der Metallarbeiter Berlins, Hamburg 2010

Joachim Hirsch/Roland Roth: Das neue Gesicht des Kapitalismus. Vom Fordismus zum Post-Fordismus, Hamburg 1986

Willi Hoss: »Komm ins Offene, Freund«. Autobiographie, Münster 2006

Institut für Marxistische Studien und Forschungen (IMSF): Die Septemberstreiks 1969, Köln 1969

Otto Jacobi/Walther Müller-Jentsch/Eberhard Schmidt: Gewerkschaftspolitik in der Krise. Kritisches Gewerkschaftsjahrbuch 1977/78, Berlin
1978

Rainer Kalbitz: Gewerkschaftsausschlüsse in den 50er Jahren, in: Otto
Jacobi/Walther Müller-Jentsch/Eberhard Schmidt: Gewerkschaftspolitik in der Krise. Kritisches Gewerkschaftsjahrbuch 1977/78, Berlin
1978, 159-165

Serhat Karakayalı: Sechs bis acht Kommunisten, getarnt in Monteursmänteln [http://www.kanak-attak.de/ka/text/fordstreik.html] (Download 22. Juni 2010)

Serhat Karakayalı: Lotta Continua in Frankfurt, Türken-Terror in Köln.
Migrantische Kämpfe in der Geschichte der Bundesrepublik, in:
Bernd Hüttner/Gottfried Oy/Norbert Schepers: Vorwärts und viel
vergessen. Beiträge zur Geschichte und Geschichtsschreibung neuer
sozialer Bewegungen, Neu-Ulm 2005

Frank D. Karl: Die K-Gruppen. Entwicklung – Ideologie – Programme,
Bonn/Bad Godesberg 1976

Gerd Koenen: Das rote Jahrzehnt. Unsere kleine deutsche Kulturrevolution 1967–1977, Frankfurt am Main 2007

Wiebke Krüer-Buchholz: Gewerkschaften in der Defensive, in: Jörg
Huffschmid/Herbert Schui: Gesellschaft im Konkurs? Handbuch zur
Wirtschaftskrise 1973–1976 in der BRD, Köln 1976

Kühn, Andreas: Stalins Enkel, Maos Söhne. Die Lebenswelt der K-Gruppen in der Bundesrepublik der 70er Jahre, Frankfurt/New York 2005

W.I. Lenin: Was tun? Brennende Fragen unserer Bewegung, in: Institut
für Marxismus-Leninismus beim ZK der SED: W.I. Lenin. Ausge-
wählte Werke in sechs Bänden. Band 1, Berlin 1988, 333-541

Hans Limmer: Die deutsche Gewerkschaftsbewegung, München 1988

Karl Marx: Das Kapital. Kritik der politischen Ökonomie. Erster Band,
MEW 23, Berlin 1975

Mario Moretti: Brigate Rosse – Eine italienische Geschichte. Interview
von Carla Mosca und Rossana Rossanda, Hamburg/Berlin 1996

Peter Mosler: Was wir wollten, was wir wurden. Studentenrevolte – zehn
Jahre danach, Reinbek 1977

N.N.: Rotbuch zu den Gewerkschaftsausschlüssen, Hamburg 1978

N.N.: Subsumption und Camembert. Protokolle eines RK-Betriebsarbei-
ters, in: Autonomie – Materialien gegen die Fabrikgesellschaft, Nr. 9,
1977, 25-35

N.N.: »Vorstellungen von einem anderen Leben und einer ›anderen Welt‹ sind sehr geprägt von Nischen-Träumen.« Fragen an Wolfgang Schaumberg, in: Jochen Gester/Willi Hajek: Sechs Tage der Selbstermächtigung. Der Streik bei Opel Bochum Oktober 2004, Berlin 2007

N.N.: Wir warn die stärkste der Partein … Erfahrungsberichte aus der Welt der K-Gruppen, Berlin 1977

Toni Negri: Krise des Plan-Staats, Kommunismus und revolutionäre Organisation, Berlin 1973

Toni Negri: Massenautonomie gegen Historischen Kompromiss, München 1977

Arndt Neumann: Kleine geile Firmen. Alternativprojekte zwischen Revolte und Management, Hamburg 2008

Harry Oberländer: In der Maschine, in: Autonomie – Materialien gegen die Fabrikgesellschaft Nr. 9, 1977, 3-7

Emine Sevgi Özdamar: Die Brücke vom Goldenen Horn, Köln 2008

Richard David Precht: Lenin kam nur bis Lüdenscheid. Meine kleine deutsche Revolution, Berlin 2008

Projektgruppe Automation und Qualifikation: Widersprüche der Automationsarbeit. Ein Handbuch, West-Berlin 1987

Redaktionskollektiv »express«: Spontane Streiks 1973. Krise der Gewerkschaftspolitik, Offenbach 1974

Marco Revelli: Die gesellschaftliche Linke. Jenseits der Zivilisation der Arbeit, Münster 1999

Revolutionärer Kampf (RK): Untersuchung – Aktion – Organisation, in: Internationale Marxistische Diskussion: Arbeitspapier No. 3, Berlin 1971, 3-21

Revolutionärer Kampf (RK): Revolutionärer Kampf bei Opel, in: agit 883, Nr. 82, 1971, 6-7

Revolutionärer Kampf (RK): Putzpapier, 1972-1973

Revolutionärer Kampf (RK): Betriebsarbeit, diskus 4/1973, in: Redaktion diskus: Küss den Boden der Freiheit. Texte der Neuen Linken, Berlin/Amsterdam 1992, 273-286

Revolutionärer Kampf (RK): Arbeiterautonomie!?, in: Wir Wollen Alles, Nr. 18, 1974, 5

Vittorio Rieser: Studenten, Arbeiter und Gewerkschaften in Italien zwischen 1968 und den 1970er Jahren, in: Bernd Gehrke/Gerd-Rainer Horn (Hg.): 1968 und die Arbeiter. Studien zum »proletarischen Mai« in Europa, Hamburg 2007, 314-331

Meinrad Rohner: Wir Kinder der Tertiarisierung, in: Autonomie – Materialien gegen die Fabrikgesellschaft, Nr. 2, 1976, 4-8

Karl Heinz Roth: Die »andere« Arbeiterbewegung und die Entwicklung der kapitalistischen Repression von 1880 bis zur Gegenwart. Ein Beitrag zum Neuverständnis der Klassengeschichte in Deutschland, München 1974

Wolfgang Sachse: Das Aufnahme- und Verbleiberecht in den Gewerkschaften der Bundesrepublik. Unter besonderer Berücksichtigung der Unvereinbarkeitsbeschlüsse des Deutschen Gewerkschaftsbundes, Köln 1985

Werner Sauber: Mit dem Rücken zur Wand? [http://www.bewegung.in/mate_wand.html] (Download 19. August 2010)

Karl Schlögel: Was ich einem Linken über die Auflösung der KPD sagen würde, in: Willi Jasper/Karl Schlögel/Bernd Ziesemer: Partei kaputt. Das Scheitern der KPD und die Krise der Linken, Berlin 1981, 12-39

Thomas Schmid: Facing reality: Organisation kaputt, in: Autonomie – Materialien gegen die Fabrikgesellschaft, Nr. 1, 1975, 16-35

Thomas Schmid: Kuh und Computer. Technischer Fortschritt, Zentralismus, Idiotie des Landlebens, Biospinner, Separatismus, Animismus: für eine befreiende Technologie?, in: Autonomie – Materialien gegen die Fabrikgesellschaft, Nr. 3, 1976, 58-74

Thomas Schmid: Geschichte von unten und Modell Deutschland. Über Karl Heinz Roth, in: Autonomie – Materialien gegen die Fabrikgesellschaft, Nr. 5, 1977, 20-26

Christian Schmidt: Wir sind die Wahnsinnigen. Joschka Fischer und seine Frankfurter Gang, München/Düsseldorf 1999

Eberhard Schmidt: Ordnungsfaktor oder Gegenmacht. Die politische Rolle der Gewerkschaften, Frankfurt am Main 1971

Eberhard Schmidt: Arbeitskämpfe 1974 bis 1977. Ein Überblick, in: Otto Jacobi u.a.: Gewerkschaftspolitik in der Krise, Berlin 1978, 115-124

Michael Schneider: Kleine Geschichte der Gewerkschaften. Ihre Entwicklung in Deutschland von den Anfängen bis heute, Bonn 2000

Peter Schneider: Die Frauen bei Bosch, in: Kursbuch 21: Kapitalismus in der Bundesrepublik, Berlin 1970, 83-109

Peter Schneider: Lenz. Eine Erzählung, Berlin 1976

Statistisches Bundesamt: Statistisches Jahrbuch für die Bundesrepublik Deutschland, verschiedene Jahrgänge, Wiesbaden

Michael Steffen: Geschichten vom Trüffelschwein. Politik und Organisation des Kommunistischen Bundes 1971 bis 1991, Berlin/Hamburg/Göttingen 2002

T.V.B.: Kämpfen ist wichtig. Feiern aber auch, in: Arranca!, Nr. 10, 1996, 26-29

Marica Tolomelli: Studenten und Arbeiter 1968 in Italien. Möglichkeiten und Grenzen eines schwierigen Verhältnisses, in: Bernd Gehrke/Gerd-Rainer Horn (Hg.): 1968 und die Arbeiter. Studien zum »proletarischen Mai« in Europa, Hamburg 2007, 295-313

Mario Tronti: Fabrik und Gesellschaft, in: Mario Tronti: Arbeiter und Kapital, Frankfurt am Main 1974, 17-40

Vertrauenskörperleitung der IG Metall in den Ford-Werken: Untersuchungsergebnis der spontanen Arbeitsniederlegung in den Ford-Werken vom 24.8.1973 bis 30.8.1973, ohne Ortsangabe

Klaus Viehmann: Stadtguerilla und Klassenkampf – revised, in: jour fixe initiative berlin: Klassen und Kämpfe, Münster 2006

Peter Vollmer: 1976 bis 1978. Zwei Jahre im Kabelwerk Winckler Berlin. Ein Rückblick nach persönlichen Aufzeichnungen, Berlin 2003

Ulf Wolter: Vorwort, in: Willi Jasper/Karl Schlögel/Bernd Ziesemer: Partei kaputt. Das Scheitern der KPD und die Krise der Linken, Berlin 1981, 7-11

Steve Wright: Den Himmel stürmen. Eine Theoriegeschichte des Operaismus, Berlin/Hamburg 2005

Zentralkomitee der Kommunistischen Partei Deutschlands/Marxisten-Leninisten: Zehn Jahre KPD/ML. 10 Jahre Kampf für ein vereintes, unabhängiges, sozialistisches Deutschland, Dortmund 1979

ZK der KPD/ML: Was will die KPD/ML? Einige Fragen und Antworten, Hamburg 1974

Zeitschriften

agit 883, Nr. 82, 1971

Arbeiterkampf, Nr. 30, 1973

Arbeiterkampf, Nr. 40, Februar 1974

ak – analyse & kritik, Nr. 397, 1996

ak – analyse & kritik, Nr. 487, 2004

ak – analyse & kritik, Nr. 531, 2008

ak – analyse & kritik, Nr. 541, 2009

Arranca!, Nr. 10, 1996

Autonomie – Materialien gegen die Fabrikgesellschaft, Nr. 2, 1976

Autonomie – Materialien gegen die Fabrikgesellschaft, Nr. 3, 1976

Autonomie – Materialien gegen die Fabrikgesellschaft, Nr. 5, 1977

Autonomie – Materialien gegen die Fabrikgesellschaft, Nr. 9, 1977

Autonomie – Materialien gegen die Fabrikgesellschaft. Neue Folge,
   Nr. 10, 1982
Große Freiheit, Nr. 51, 1982
Metall – Zeitung der IG Metall für die Bundesrepublik Deutschland,
   Nr. 9, 1968
Metall – Zeitung der IG Metall für die Bundesrepublik Deutschland,
   Nr. 9, 1973
Metall – Zeitung der IG Metall für die Bundesrepublik Deutschland,
   Nr. 18, 1973
Politikon Band 1. Klassenkämpfe, Selbstverwaltung und Räte in Europa,
   1974
Roter Morgen, Dezember 1968/Januar 1969
Roter Morgen, Nr. 6, Juni 1970.
Roter Morgen: Nieder mit dem Verrat der IG Metall, Sonderausgabe,
   September 1970
Roter Morgen, Nr. 10, November 1970
Roter Morgen, Nr. 5, Februar 1972
Roter Morgen, Nr. 9, April 1972
Roter Morgen, Nr. 17, August 1972
Roter Morgen, Nr. 20, Oktober 1972
Roter Morgen, Nr. 21, Oktober 1972
Roter Morgen, Nr. 23, November 1972
Roter Morgen, Nr. 4, Februar 1973
Roter Morgen, Nr. 9, März 1973
Roter Morgen, Nr. 34, September 1973
Roter Morgen, Nr. 4, Januar 1976
Rote Turbine, Nr. 1, 1971
Schwarze Katze, Nr. 2, 1985
Schwarze Katze, Nr. 3, 1986
Schwarze Katze, Nr. 5, 1988
SDS Info 21, 1969
SDS Info 22, 1969
SDS Info 25, 1969
Signale. Dokumentation selbständiger Aktionen und Aktivitäten in der
   Arbeiterklasse, Nr. 3, 1984
THEKLA 8: Militante Untersuchung 1983–86, Berlin 1987
Karlsruher Stadtzeitung: Reprint wichtiger Artikel aus den letzten drei
   Jahren, Karlsruhe 1985
Wildcat, Nr. 42, 1987
Wir Wollen Alles, Nr. 2, März 1973

Wir Wollen Alles, Nr. 13/14, Februar/März 1974
Wir Wollen Alles, Nr. 16, Juni 1974
Wir Wollen Alles, Nr. 17, Juni 1974
Wir Wollen Alles, Nr. 27, Juni 1975

Interviews

Interview mit Peter B., 2008
Interview mit Christine Dombrowsky, 2008
Interview mit Werner Imhof, 2008
Interview mit Barbara Köster, 2007
Interview mit Reiner Schmidt, 2007
Interview mit Annette Schnoor, 2008
Interview mit einem ehemaligen Mitglied der KPD/ML aus Berlin, 2007

Peter Birke

Die große Wut
und die kleinen Schritte

Gewerkschaftliches Organizing
zwischen Protest und Projekt

Assoziation A | 2010
ISBN 978-3-935936-86-6 | 192 Seiten

Gruppe Blauer Montag

Risse im Putz
Autonomie, Prekarisierung und
autoritärer Sozialstaat

Assoziation A | 2008
ISBN 978-3-935936-72-9 | 192 Seiten

Michael Steffen

Geschichten vom Trüffelschwein
Politik und Organisation des
Kommunistischen Bundes 1971 bis 1991

Assoziation A | 2002
ISBN 978-3-935936-07-1 | 410 Seiten